2009 중국주식투자 바이블 2

홍콩/중국주식−업종, 종목, 분석 편

Chinese
investment
in stocks

2009
중국주식투자
바이블 2

홍콩/중국주식-업종, 종목, 분석 편

중국경제정보분석(CEIA) 지음

KSi 한국학술정보㈜

서문

　먼저 좀 긴 인사말로 서문을 대신하고자 합니다. 최근 "투자철학"이란 무엇인가를 나름대로 고민해보지만 짧은 지식과 사고의 한계만을 계속 노출하고 있습니다. 투박하나마 떠오르는 한 가지 개념은 "주식투자는 전쟁과 같은 것이 아니라 전쟁 그 자체"라는 것입니다. 다만 물리적 폭력을 제외한 모든 요소를 동원한다는 차이점이 존재할 뿐입니다. 증시는 하나의 전장(戰場)으로 생각할 수 있습니다. 전쟁에 승리하기 위해서 우리는 전략과 전술을 수립하고 개별 전투에 적절한 수단을 투입합니다. 다만 전쟁은 특정 상대방을 인식한 행위이지만 주식투자는 그 대상이 불특정 다수라는 차이점이 있습니다.

　그렇다고 다수의 압박에 위축될 필요는 없습니다. 최인호의 ≪상도商道≫를 보면 세도가 박종경이 "하루에 숭례문을 출입하는 이가 몇이냐?"라는 수수께끼를 상인 임상옥에게 던지는 장면이 있습니다. 그때 임상옥은 "이(利)가와 해(害)가 두 사람뿐"이라고 대답합니다. 숭례문을 드나드는 사람은 많지만 따지고 보면 이익이

되는 사람과 해로운 사람 두 부류만 존재하기 때문입니다. 주식시장 역시 동일합니다. 개인투자자, 기관투자자, 해외투자자 등 다수의 세력과 사람이 증시에 뛰어들지만 결국 손실을 보는 이와 수익을 얻는 이로 나누어집니다. 즉 나의 이익을 위하여 희생될 투자자와 나의 희생으로 이익을 볼 투자자만이 존재하는 셈입니다.

흔히 주식투자를 윈-윈 또는 제로섬 게임과 동일시하는 경향이 있습니다. 하지만 증시는 개별원소의 합이 항상 제로보다 적은 마이너스(-) 섬 원칙이 유지되는 장소입니다. "투자는 나의 이익을 실현하기 위해 상대방에게 손실을 강요하는 자유행위이다."라는 조금은 도전적인 마음가짐과 냉철한 이성으로 무장하시길 바랍니다. 투자현실은 머릿속에 그리는 이미지보다 훨씬 냉혹할 것이기 때문입니다.

그럼 본 서 내용으로 돌아가서 금번 중국주식투자바이블(Ⅱ)은 업종과 종목에 분석 포커스를 두었습니다. 중국주식투자바이블(Ⅰ)의 경우 탑다운(top-down) 방식으로 국제금융, 경제를 살펴본 후 중국사회, 경제, 금융, 증시 순으로 연결시켰습니다. 또한 7장 이후로는 기술과 기본적 분석 이외에 계량적 모형을 통한 현상과 현상 간의 관계를 파헤쳐 보았습니다. 그에 반하여 중국주식투자바이블(Ⅱ)은 바텀업(bottom – up) 방식으로 접근하였습니다. 물론 개별업종과 종목은 여전히 탑다운(top – down) 방식을 채택하고 있지만 홍콩/중국 증시 전체를 두고 본다면 바텀업(bottom – up) 방식으로 해석될 수 있습니다. 주가지수로 증시상황을 유추해볼 수 있지만 대표주 혹은 대장주로 향후 시황을 파악할 수도 있습니다. 종목의 경우 기업가치라는 개념이 상존하여 미시적 접근은 한결 부드럽게 넘어갈 수 있습니다. 숲도 나무가 모여 이루어지는 것입니다. 개별 나무가 부실하다면 그 숲도 그리 울창하지는 않을 것입니다. 그 반대 개념도 물론 성립됩니다.

　중국주식투자바이블(Ⅰ)은 전문가용이라는 평가도 있었습니다. 의도적으로 장벽을 설치하지 않았지만 일반 투자서적처럼 진도가 쉽게 나가지는 않았을 것입니다. 전체를 정독하는 것도 좋지만 홍미 있는 단락을 우선 체크한 후 하나하나 풀어가는 것도 괜찮은 접근법 같습니다.

　금번 중국주식투자바이블(Ⅱ)도 그리 쉽지는 않을 것 같습니다. 총 12개 업종을 선택하여 업종별로 4개 종목을 뽑았습니다. 기본적 분석과 기술적 분석의 토대 위에 가치투자 개념을 접목했습니다. 또한 3가지 투자모형을 이용하여 종목별로 8개 이론주가를 추정해보았습니다. 현재 형성되고 있는 주가와 8가지 이론주가를 비교해가면서 투자타이밍을 결정할 수 있도록 베이식 라인을 설정했습니다. 안전마진 개념과 경제적 해자에 대한 판단은 여러분의 기대수익률에 따라 변동될 것입니다. 종목별로 20% 혹은 30%를 다운시킬 수 있으며, 어떤 경우는 이론주가 그 자체를 받아들일 수도 있을 것입니다. 참고로 FCF모형을 통한 이론주가는 2010년까지는 참고 가능하도록 구성했습니다. 원고작성과 넘길 그 시기보다 경제상황이 더욱 빨리, 깊숙이 악화되고 있습니다. 경제, 사회현상 그 자체는 올해가 전년보다 좋지 않겠지만 신호 자체는 전년보다 올해를 좋게 보고 있습니다. 복지부동보다 어떤 움직임이 보이는 그 자체를 긍정적으로 평가하기 때문입니다.

큰 틀에서 보면 경제사이클은 호황(prosperity) → 버블(bubble) → 경제위기(economic crisis) → 공황(panic, crash) → 불황(depression) → 회복(recovery) → 호황이라는 순환사이클을 거칩니다. 현 단계는 경제위기를 넘어 공황이 진행된 상태입니다. 정부, 기업뿐만 아니라 가계경제에서 불황의 그림자가 점차 드리워지고 있습니다. 얼마나 길게 이어질지 아직은 모릅니다. 하지만 단기간에 마무리될 것 같지는 않습니다. 참고로 세계은행은 중국 GDP 증가율을 7.5% 수준으로 예측하고 있으며, 미국과 일본은 각각 마이너스(-) 0.5%와 마이너스(-) 0.1% 수준으로 전망하였습니다. 세계무역량은 2008년 6.2% 증가(추정치)에서 올해는 마이너스(-) 2.1%로 추산하였습니다. 개별기관의 전망치도 분기단위로 하향 조정될 것입니다. 증감률 수치로는 내년쯤 플러스(+)권으로 재반전되겠지만 회복이라고 논할 정도는 아닐 것입니다. 경기에 대한 판단은 변수들의 움직임을 지켜보면서 계속 수정할 필요가 있습니다. 다만 회복과 호황을 불러일으킬 유동성은 지금도 계속 풀리고 있습니다. 중요한 것은 무엇으로 호황을 이끌어낼 것인가 하는 것입니다. 녹색 성장이 그 대표주자로 떠오르고 있지만 이것이 경제성을 담보할 수 있을지, 또는 산업구조 자체를 변경시킬 핵심적 요인을 담고 있는지 살펴볼 필요가 있습니다. IT산업처럼 5년 정도 활활 타오른 후 그 성장동력을 소진할 수도 있습니다.

중국의 경우 역사상 처음으로 산업공황에 빠진 것이 아닌가 생각됩니다. 미국의 경우 1970년대 산업공황을 겪은 이후 제조업을 상당수 해외로 이전시켰습니다. 생산부문에서는 공황이 발생할 기반이 불충분한 상태입니다. 산업이 아닌 금융공황만이 언급되는 이유이기도 합니다. 반면 중국은 "세계공장"이라고 부를 만큼 생산시설이 밀집되어 있습니다. 중국도 21세기에 접어들면서 산업공황의 음영이 짙게 깔리고 있습니다. 과잉 생산능력과 경쟁으로 기업환경이 악화되자 제조업체들이 생산에 투입할 자금을 부동산과 증시로 이전시켰습니다. 상장회사 대부분이 부동산 개발분야에 직간접적으로 발을 담그고 있습니다. 주식투자는 말할 필요도 없을 것입니다. 중국정부가 11차 5개년 계획을 통하여 의욕적으로 추진하고 있는 산업구조 재편과 지속성장 가능성 모색도 이런 그림에서 나온 것으로 판단됩니다. 또한 최근 발표된 10개 업종 활성화 방안 역시 그 연장선상에 있습니다. 산업구조 재편이 실패로 돌아간다면 중국 역시 주기적인 버블과 공황 사이클에 놓일 가능성이 높습니다. 물론 중장기 투자매력도 그만큼 하락할 것입니다. 한계생산 시설을 동남아로 이전시키는 방안도 연구 중인 것으로 알고 있습니다.

중국이 생산과잉 상태인지에 대해서는 논란의 여지가 있습니다. 중국 자체로 보면 과잉생산 단계는 아닌 것 같습니다. 분배불균형 심화로 동맥경화 상태일 뿐입니다. 다만 중국 자체 소비능력에 비하여 생산능력이 과도한 것은 사실입니다. 앞서 잠시 언급했듯이 중국은 "세계공장"이라는 타이틀을 가지고 있습니다. 즉 중국 내수가 아닌 세계소비를 기초로 생산시설이 건립된 것입니다. 글로벌 경제가 호황을 구가할 때는 오버슈팅 하는 구조이지만 일단 불황으로 접어든다면 그만큼 골이 깊습니다. 공급과 수요의 원리에 따라 기존 균형점이 이동하고 있으며, 이는 중국경제에 직격탄이 되고 있습니다. 다시 균형상태(중국 고성장)로 되돌리기 위해서는 공급 축소 혹은 수요확대뿐입니다. 공급축소는 생산능력 감소, 즉 일부 공장폐쇄를 의미하며 수요확대는 소비촉진을 말합니다.

세계소비는 크게 중국을 제외한 소비와 중국 자체 소비(내수)로 구분될 수 있습니다. 중국을 제외한 소비는 이미 침체국면에 진입하였으며, 이는 중국정부가 컨트롤할 수 있는 부분도 아닙니다. 따라서 중국정부가 직접 개입할 수 있는 중국 자체소비, 즉 내수부문을 기존보다 확대시킬 수밖에 없습니다. 그 결과로 나온 것이 4조 위안 경기부양책입니다. 추가부양책 카드로 언급되고 있습니다. 문제는 기초 인프라가 부양책의 근간을 이룸에 따라 시간차라는 제약이 존재한다는 점입니다. 가계부문은 시간차를 동반하지 않는 소비가 주를 이룹니다. 이에 반하여 기초 인프라는 현실경제와 일정한 간격을 두고 그 영향이 표면화됩니다. 즉 효과의 적시성은 떨어집니다. 중장기 불황국면이면 적절한 선택일 수 있겠지만 당장 발등에 떨어진 불을 끄기에는 부족합니다.

공급능력 감소에 따른 문제점, 실업자 양산을 최대한 억제하려면 가계소비 확대를 제외하고는 답이 없습니다. 하지만 무엇으로 가계소비를 확대할 것인가 하는 문제가 대두됩니다. 중국 입장에서는 심각한 딜레마인 셈입니다. 여윳돈이 생기면 즉시 소비로 연결시키는 미국도 현재는 허리띠를 졸라매고 있는데, 중국은 말할 필요도 없을 것입니다. 소비쿠폰으로 내수활성화를 채찍질하지만 그 효과는 제한적입니다. 결국 세계경기 회복 때까지 재정정책을 통하여 자국공급능력 몰락을 최대한 완화시키면서 타국 생산기반이 붕괴되기를 기다리는 수밖에 없습니다. 글로벌 단위의 구조조정인 셈입니다.

중국경제가 지속적으로 발전하기 위해서는 자원확보도 중요하지만 무엇보다 부의 균등분배가 최우선적으로 선결되어야 할 것입니다. 금번위기로 이에 대한 심각한 고민이 이루어졌다면 중국의 미래는 정말 긍정적입니다. 이는 다양한 소비를 잉태할 것이며, 그만큼 산업이 세분화될 수 있습니다. 천편일률적인 산업이 아닌 다양성이 존재하는 세분화된 산업구조는 외부충격 저항을 높일 것이며, 재정정책의 레버리지 효과를 극대화할 것입니다. 현 중국정부가 추진한 거시경제조절 강도가 불충분한 점이 있지만, 이해집단과의 충돌을 불사하고 4년 동안 밀고 나간 점은 긍정적인 평가를 내릴 수 있습니다. 생산능력 확대에 제한을 가하지 않았다면 중국사회가 직면할 현실은 한층 힘들었을 것입니다. 또한 발전동력 역시 현 수준 이상으로 훼손되었을 것입니다. 일례로 GDP 1% 하락 시 중국 은행권 불량대출은 0.9%~1.5% 확대되는 것으로 알려져 있습니다. 인위적으로 투자를 일정부분 눌러주지 않았다면 하락폭은 한층 크게 다가왔을 것입니다. 또한 은행권 불량대출은 그만큼 확대되었을 것으로 생각됩니다.

2007년 중국증시가 도달한 수준은 경제규모를 감안할 때 버블임에 틀림이 없습니다. 하지만 2013년 이후에는 그 수준을 버블로 단정할 근거는 불분명합니다. 올해만 무사히 넘긴다면 중국의 중장기전망은 상당히 긍정적입니다. 2020년이 아닌 2015년 전후로 아시아 맹주 티켓을 확보할 수 있을 것으로 판단됩니다. 긍정적으로 보자면 내부적으로 하기 힘든 수술을 외부 환경이 대신 수행하고 있는 셈입니다. 위안화 부상도 예상보다 빨리 진행되고 있습니다. 미 달러 중심의 기축통화 질서에 유로화와 함께 위안화도 한 발 넣고 있습니다. 아웃사이더 입장에서 현재는 내부 플레이어로 부상하고 있습니다. 현 위기가 진정되기 전에는 그 움직임이 표면화되지는 않을 것입니다. "천자의 나라"라는 옛 영화를 회복하기 위하여 1세기 이상 기다린 중국에게 올해는 정말 신중한 처신이 요구되는 한 해입니다. 경제, 금융 흐름과 함께 사회현황도 함께 관심을 가지시길 바랍니다. "Easy come, Easy go"라는 말이 있습니다. 손실은 쉽게 오지만 수익은 쉽게 다가오지 않습니다. 증시로 유입된 돈은 골고루 분배되는 것이 아니라 최상위로 집중됩니다. 선부른 진입보다는 충분한 분석과 연구를 앞에 두시길 바랍니다. 투자를 일시적 과정이 아닌 영속의 과정으로 생각하기길 바랍니다. 투자자금 안배 역시 이의 연장선에서 수립하기길 바랍니다.

중국주식투자바이블(Ⅰ)에 이어 본서 출간에도 아낌없는 지원과 관심을 보내주신 한국학술정보(주) 임직원 여러분께 진심으로 감사를 드립니다. 특히 책 출간 전 과정에 걸쳐 커뮤니케이션과 조정 작업을 해주신 강태우 과장님의 배려에 고마움을 전합니다. 중국에 계신 은사님과 선후배, 동기들에게도 지면을 빌어 안부를 전합니다. 늦은 밤 원고를 검토할 때마다 떠오르는 바오즈[包子]에게도 그리움의 인사를 담아봅니다. 옆에서 날카로운 비판과 조언을 해준 파트너 경희, 묵묵히 지원을 아끼지 않는 부모님과 가족들에게 진심으로 사랑한다는 말을 전합니다. 끝으로 2009년 한 해 독자 여러분의 가정에 즐거움이 가득하기를 기원합니다.

차례

중국주식투자 2009년

바이블 ②

제1장　손에 잡히는 가치투자

1. 가치투자란?

　기술적 분석과 쌍벽을 이루는 투자기법이 바로 가치투자이다. 기술적 분석과 가치투자는 대립개념이지만 현실적으로는 보완 관계에 놓여 있다. 종목선택에는 가치투자가 유용할 수 있지만 매매 타이밍 결정은 그리 매끄럽지 않다. "기업가치가 주가보다 높을 때 매수하고 그 반대일 때 매도하라."는 말은 좀 막연하다. 반면 기술적 분석은 매매 시그널을 잡을 수 있지만 종목 선택에 관한 원론적 문제는 비켜간다. 따라서 업종, 종목에 대한 기본적 분석 위에 두 방법을 혼용하여 전체 기틀을 세우고자 한다. 기술적 분석은 2장부터 실제 사례를 통하여 알아보기로 하며, 본 장은 가치투자에 대한 이론과 실무 적용법을 살펴본다.

이론주가를 계산하는 방법은 크게 고정수치법과 상대비교법으로 구분될 수 있다. 고정수치법에 속하는 방법으로는 현금흐름할인법, EVA법, Gordon모형, 회귀분석법, 몬테카를로스 시뮬레이션 등이 존재한다. 여기서 현금흐름법, EVA법, Gordon모형은 회계적 접근법이고 그 외는 통계적 기법이다. 대다수 투자자에게 결코 쉽지만은 않은 영역이며 주관적이라는 함정도 존재한다. 반면 상대비교법은 객관적인 측면이 강하다. 주가수익률(PER), 주가순자산비율(PBR), 자기자본이익률(ROE) 등이 이에 속한다. 고정 수치법이 절대적 진리를 향한다면 상대비교법은 선택의 미학을 추구한다. 일례로 A, B, C라는 기업을 대상으로 종목선택의 기로에 서 있다고 가정해 보자. 고정수치법은 이론주가와 실제주가를 일일이 대조하여 저평가 종목을 선택한다. 반면 상대비교법은 종목별 PER를 비교해 봄으로써 A, B, C 가운데 상대적 저평가 기업을 찾아낸다. 절대평가가 아닌 상대평가인 셈이다.

　실무적 접근에 앞서 '가치'라는 용어를 우선 알아보도록 하자. 가치란 가격과는 조금 상이한 개념이다. 경제학에서는 가치를 사용가치와 교환가치로 구분한다. 사용가치란 어떤 재화를 소비함으로써 얻을 수 있는 주관적 만족 또는 효용을 뜻하며, 교환가치란 그 재화가 다른 재화와 교환될 수 있는 능력, 즉 상품으로서의 가격을 의미한다. 주식시장에서 가치라고 할 경우 효용보다는 교환에 더 중점을 둔다. 배당, 경영권 등은 효용가치에 포함된다. 거래상품은 차이나모바일 주식, 교환될 재화는 홍콩달러라고 가정해 보자. 현재 차이나모바일의 교환가치는 60홍콩달러이다. 매수자는 교환가치의 상대적 상승, 즉 60홍콩달러 이상에 매도할 수 있다는 전망하에 매매행위를 할 것이다. 반면 매도자는 교환조건 악화를 예상하고 서둘러 상품을 처분할 것이다. 투자자마다 교환가치에 대한 판단이 다른 것이다. 그 결과 주식시장에서 협상이라는 절차가 발생한다. 쌍방이 만족하는 선에서 상품가격(주가)은 일시 형성되지만, 이 역시 유동적이다. 교환은 확률적 개념인 셈이다.

종목가치의 척도로 삼고 있는 내재가치(Intrinsic Value)는 이론적 교환비율이다. 내재가치란 주식의 본질적 요인에 바탕을 둔 가치이다. 구체적으로는 주식의 미래이익을 기대수익률로 할인하여 얻어진 현재가치를 의미한다. 과거와 현재가 아닌 미래에 대한 예상을 바탕으로 이루어진 작업으로 볼 수 있다. 확률적 개념이라는 의미도 여기서 출발한다. 여기서 기대수익률은 일반적으로 무위험투자이익률(일반적으로 국채수익률)을 적용한다. 가치에 대한 상기 흐름을 따라가다 보면, 우리 앞에는 안전마진(margin of safety)이라는 개념이 돌출한다. 안전마진은 '가치투자의 대부'인 벤저민 그레이엄이 제시한 용어로 가치투자의 핵심이다. 안전마진은 기업의 내재가치와 주가와의 차이이다. 내재가치가 주가보다 높을 경우 안전마진은 상승하게 되며 우리는 그만큼 위험에 대한 대응능력이 향상되는 것이다. 예로 차이나모바일 주당 내재가치가 80홍콩달러이고 주가가 60홍콩달러라면 여러분은 20홍콩달러만큼의 안전마진을 확보하게 된다. 만일 경쟁력 감퇴로 내재가치가 10홍콩달러 하락하여도 여러분은 시장상황을 지켜볼 여유를 가질 수 있다. 그 반대로 차이나모바일 내재가치가 65홍콩달러로 계산되었다면 심각한 고민에 휩싸일 것이다. 경쟁력 하락은 곧 과대평가를 의미하기 때문이다.

충분한 수익률을 실현하기 위하여서는 반드시 안전마진을 확보할 필요가 있다. 그럼 안전마진 범위는 어느 정도가 적당할까? 모닝스타의 경우 넓은 경제적 해자를 확보한 기업은 20%, 리스크가 매우 높고 경쟁력이 미약한 기업은 60% 안전마진을 권장하고 있다. 그 외 기업은 30%~40% 정도가 적정한 것으로 보고 있다. 차후 특별한 언급은 하지 않을 것이다. 하지만 이론주가를 실무투자로 연결할 경우 적어도 20~30% 디스카운트하는 습관을 기르자. 여러분의 투자목적은 가치측정이 아닌 이익실현이기 때문이다. 다음 단락에서는 기업가치(혹은 이론주가) 추정방법을 실제 사례를 통하여 알아보도록 한다.

2. 실무사례를 통한 기업가치 추정방법 이해

　본 단락은 누구나 쉽게 FCF법을 이용하여 기업가치(주가)를 분석할 수 있도록 구성하였다. 기초개념과 가정을 따라가다 보면 가치투자 개념도 친숙해질 것이다. 주가가 움직이는 원리 역시 눈에 보일 것이다. 주식투자 이외에 기획, 재무, M&A 파트 등에도 응용될 수 있다. 그럼 자본비용 추정으로 첫 테이프를 끊어보도록 한다.

2.1. 자본비용 추정

　자본비용이란 투자자가 주식을 매입하였을 때 기대하는 최소 수익률이다. 본 단락에서는 증권시장선(SML)과 세금효과를 계산한 조정SML모형을 통하여 계산하였다. 증권시장선이라는 말 자체가 어려울 수 있다. 그 의미는 체계적 위험인 베타계수와 증권 기대 수익률과의 선형관계를 나타낸 것이다. 체계적 위험이 높으면 기대 수익률도 높고, 체계적 위험이 낮으면 기대수익률도 저하된다는 의미이다. 벌써 지루해하는 독자들도 있을 것이다. 그냥 눈으로 읽으면서 넘어가길 바란다. 텍스트를 통한 설명이 어렵다면 공식(1)을 통하여 파악하면 된다. 공식은 간결함과 명확성에 있어 텍스트보다 더 효율적이다. 공식(1)의 핵심은 위험과 수익은 동일방향이라는 것이다. 흔히 자본비용을 계산할 때 세금문제를 간과하는 경우가 있다. 세금조정 유무가 결과에 큰 차이를 초래하지 않지만 참고할 사항임에는 분명하다. Benninga – Sarig는 세금을 고려한 조정SML을 발표하였다. 그 내용은 공식(2)와 같다. 본서는 조정SML을 기준으로 자본비용을 추정하였다.

SML모형을 통한 자본비용 계산
자본비용 = 무위험수익률 + 베타계수[(기대수익률) – 무위험수익률] **공식(1)**
자본비용 = 무위험수익률(1 – 세율) + 베타계수[기대수익률 – 무위험수익률(1 – 세율)]
       공식(2)
초기수치: 무위험수익률 3.0%, 베타계수 0.7957, 기대수익률 25.0%, 세율 17.5%

사칙연산만 알 수 있다면 누구나 자본비용을 계산할 수 있다. 베타계수는 차이나모바일과 H지수 수익률을 이용하여 도출하였다. 무위험수익률은 1년 국채수익률을 대용하였다. 공식(2)에 초기수치들을 대입한 결과 우리는 20.5%라는 수치를 얻을 수 있었다. 차이나모바일의 조정SML 자본비용은 20.5%인 셈이다. 이는 차이나모바일 주식의 매입을 결정한 때, 마지노선으로 잡은 최소수익률이 연 20.5%라는 의미이다. 이상으로 자본비용을 도출하는 방법을 간단히 살펴보았다.

혹시 베타계수 도출이 어려운 분들도 있을 것이다. 하지만 베타계수 추정은 특별한 능력이 요구되는 사항은 아니다. 간단한 키보드와 마우스 조작에 불과하며 5분 이내에 여러분의 것으로 만들 수 있다. EXCEL을 이용할 경우 결과치 도출에는 10초도 걸리지 않는다. 그럼 아래의 순서에 따라 EXCEL을 이용하여 베타계수를 도출하여 보자. 종목수익률과 그 종목이 속한 지수수익률(H지수 혹은 B지수)은 EXCEL상에 놓인 상태를 가정하였다.

1. 도구: EXCEL 위쪽 상단에 도구(T) 메뉴를 클릭한다.
2. 데이터분석: 도구 메뉴 내 제일 아래 부문 데이터분석(D)을 클릭한다.
3. 회귀분석: 분석도구 상자에 다양한 분석 툴(tool)이 있는데, 그중 회귀분석을
　　　　　 클릭한다.
4. Y축 입력 – 회귀분석 메뉴 Y축 입력란에 종목수익률 자료범위를 설정한다.
5. X축 입력 – 회귀분석 메뉴 X축 입력란에 지수수익률 자료범위를 설정한다.
6. 확인을 클릭한 후 새로 생성된 워크시트 내 X1 계수자료 값을 찾는다.
　　X1 계수 값이 바로 베타수치이다.

상기 6단계를 통하여 베타수치를 쉽게 구할 수 있을 것이다. 주가(혹은 주가지수)수익률이란 용어가 생소한 분들도 있을 것이다. 용어가 조금 낯설게 느껴질 뿐이지 우리가 매일 뉴스로 접하는 말이다. 차이나모바일 주가가 몇 % 올랐다 혹은 내렸다 할 때 언급되는 그 수치가 바로 주가수익률이다. 만일 2008년 9월 1일 차이나모바일 주가가 87.50홍콩달러이고, 그 다음 날 88.75홍콩달러로 변동되었다면 주가수익률은 1.43% 정도가 된다. 지금 당장 EXCEL을 이용하여 도출해 보길 바란다. 데이터 수량에 상관없이 도출공식을 기입한 후 원하는 기간만큼 아래로 드래그(drag)하면 된다. 경험만큼 좋은 가르침은 없다. 눈이 아닌 경험을 통하여 이해하길 바란다. 그럼 도출된 자본비용을 바탕으로 가중평균자본비용을 계산해 보자. 이미 계산된 자본비용에 몇 가지 사칙연산을 첨부한 것에 불과하다.

2.2 가중평균자본비용 추정

가중평균자본비용은 자본비용보다는 조금 더 세련된 면이 있다. 자본비용은 투자자 입장에서 자금투입 대가로 요구되는 최저 수익률이지만, 기업 입장에서는 투자와 자금조달 결정의 가이드라인이 된다. 이런 점을 고려한 것이 가중평균자본비용이다. 쉽게 말하자면 기업 총자본에 대한 평균조달비용을 말하는데, 학자마다 접근법은 다를 수 있다. 단순히 장부상의 자본구조에 집중할 수도 있고 시장 평가금액을 고려하는 경우도 있다. 본 단락에서는 시장평가금액을 고려한 수치를 중심으로 설명한다. 가중평균자본비용을 구하는 공식은 아래와 같다.

가중평균자본비용 = [자본비용*(자기자본/총자본)] + [타인자본조달비용*(타인자본/총자본)] 공식(3)

가중평균비용(WACC) = {자본비용*[시가총액/(시가총액 + 부채총액)]} + {[시가총액/(시가총액 + 부채총액)]*평균이자율*(1 − 세율)} 공식(4)

두 공식상의 차이점은 바로 시장가치 개념이 들어있는가 또는 그렇지 않은가 이다. 공식(3)이 공식(4)보다 그 수치가 낮게 계산되는 것이 일반적이다. 기업은 총자본을 부채, 자기자본, 보통주, 유보율 정도로 한정하려고 한다. 하지만 주식투자자는 본인이 매입한 주가를 총자본으로 인식하는 경향이 강하다. 아파트 원가 개념으로 이 문제를 전환해 보자. 주택을 구입할 때 높은 시장가격으로 매입하였는데, 막상 팔려고 하니 원가매도를 주장한다면 누구도 동의하지 않을 것이다. 기대수익률 25%를 기준으로 차이나모바일 WACC를 계산할 경우 공식(3)은 15% 정도로 나타났다. 반면 공식(4)은 22% 정도로 공식(3)보다 7포인트 높게 산출되었다. M&A 사례에 적용할 경우 M&A 매도자는 공식(3), 매수자는 공식(4)을 더 선호할 것이다. 매도자 입장에서는 WACC 수치를 15% 확정할 경우 더 높은 가격에 기업을 처분할 수 있다. 반면 매수자는 그 반대 상황이다.

그럼 가중평균자본비용 산출절차를 구체적으로 살펴보자. 이 역시 기초적인 산술문제로 시가총액 자료는 5년 평균을 기초로 계산하였다. 다음 단락에서 자세히 설명하겠지만, 2년 재무데이터로 기업가치를 산출하길 원한다면 2년 시가총액 평균을 대입하면 된다. 부채총액 역시 이와 같은 원리이다. 문제는 평균이자율 산출과정인데 용어만 조금 복잡할 뿐이지 내용은 간단하다.

평균이자율은 부채금액(이자지급을 전제로 한 장단기부채)에서 이자지출액이 차지하는 비율을 나타낸 것이다. 본 단락에서는 5년 평균 부채금액과 평균 이자지출 비용을 대상으로 계산하였다. 자세한 내용은 <표 1-1>을 참조하길 바란다. 이것도 귀찮은 분들은

〈표 1-1〉 평균부채이자율 계산

단위: 백만 위안

부채를 이용한 직접계산 방법			베타수치를 이용한 방법		
부채금액	2004년	44,813	부채베타단기	0.0	0.0
	2005년	36,545	부채베타(1년~3년)	0.1	0.1
	2006년	36,570	부채베타(3년~10년)	0.35	0.35
	2007년	33,582	부채베타 10년 이상(저위험)	0.6	0.6
	2008년	33,670	부채베타 11년 이상(고위험)	0.8	0.8
평균이자지출	1,668		세율		0.175
평균이자율	0.045		평균부채이자율	0.074	0.075

자료제공: 중국경제정보분석(CEIA)

부채 베타수치를 이용하여 계산할 수 있는데, 산출 결과에 일정한 차이가 존재한다. 본서는 부채를 이용한 계산방법을 선택하였다. 참고로 차이나모바일 시가총액과 부채총액 평균은 2.1조 위안과 2,300억 위안으로 도출되었다.

<표 1-1>의 과정을 통하여 우리는 평균 부채이자율 4.5%를 계산해 낼 수 있었다. 이는 중국 1년 만기 국채수익률 3.3%보다 1 포인트 정도 높은 수치이다. 이해되지 않는다면 앞 문장을 다시 살펴보길 바란다. 기초적인 산술과정에 불과하다. 이해되지 않는다고 조급해하지 말고 그냥 읽어 나가길 바란다. 한번 만에 모두 파악될 내용은 아니다.

<표 1-2>는 위 공식에 따라 기대수익률 변화에 따른 WACC 변화를 표와 그래프로 나타낸 것이다. 기대수익률이 높아질수록 자본비용과 WACC 수치가 모두 상승하는 것을 알 수 있다. 또한 WACC

〈표 1-2〉 기대수익률 변화에 따른 WACC 수치변화

기대수익률	자본비용	WACC
20%	12.29%	17.96%
22%	13.33%	19.39%
24%	14.37%	20.83%
26%	15.41%	22.26%
28%	16.45%	23.70%
30%	17.49%	25.13%

예상수익률 변화에 따른 WACC 추이

자료제공: 중국경제정보분석(CEIA)

수치가 자본비용보다 높다는 점 역시 확인할 수 있었다. 우리는 이상의 절차를 통하여 기업가치 추정에 필요한 기초변수 대부분을 확보하였다. 이제 잉여현금흐름을 추정한 후 WACC 수치를 대입하기만 하면 된다. 7부 능선은 이미 돌파한 것과 다름없다.

2.3 FCF(잉여현금흐름 추정)

잉여현금흐름 추정은 차이나모바일 5개년 재무제표 자료를 토대로 계산하였다. 관련데이터는 차이나모바일 홈페이지 또는 홍콩증권거래소 공시자료를 이용하여 획득할 수 있다. 2~3년 재무데이터를 이용할 수 있지만 안정적 결과를 위해서는 5년을 권장하고 싶다. <표 1-3>은 재무자료 가운데 잉여현금흐름 추정에 필요한 데이터만 따로 정리한 것이다. 잉여현금은 현금흐름에서 투자자금 흐름을 감안한 지표로 자유현금흐름 혹은 잉여자금이라고도 불린다. 흔히 투자에 소요되는 자금을 초과하는 현금 흐름을 말한다. 잉여현금흐름 증가는 투자대상 부족으로 해당 기업이 투자보다는 자금축적에 더 높은 비중을 둔다는 의미로 재해석될 수 있다. 성장에 무게를 두는 분석가는 간혹 부정적으로 보기도 한다. 잉여현금흐름 계산공식은 다음과 같다.

단위: 백만 위안

구분	2004년	2005년	2006년	2007년	2008년(E)
당기순이익	41,749	53,549	66,026	87,062	112,536
감가상각	44,186	56,368	64,574	67,354	64,221
순이자비용	1,679	1,346	1,510	1,825	1,979
유동자산증감	10,452	41,167	50,431	36,128	42,779
유동부채증감	19,516	12,288	30,653	14,346	38,091

구분	2004년	2005년	2006년	2007년	2008년(E)
고정자산증감	50,997	11,108	23,218	32,689	58,924
FCF	45,681	71,276	89,114	101,770	115,125

자료제공: 중국경제정보분석(CEIA)

잉여현금흐름 = 당기순이익 + 감각상각비 + 이자지출 - 이자수입 - 유동자산증감 + 유동부채증감 - 고장자산증감 **공식(5)**

주주입장에서 잉여현금증가는 긍정적인 요인이다. 그만큼 배당여력이 존재한다는 의미이며, 대규모 투자자금 역시 충족하다는 것을 암시한다. 또한 유동성 위험이 기업파산의 주된 원인이라는 점에서 투자안정성을 담보하는 수단이 되기도 한다. 기업가치 판단의 중요한 지표인 셈이다. 특히 차이나모바일이 속한 통신업은 시장개발과 점유율 확대에 대규모 자금이 소요된다는 점에서 잉여현금보유규모 그 자체가 경쟁력이 될 수 있다. <표 1-3>에서 보듯이 차이나모바일 잉여현금흐름은 2004년과 2005년을 제외하고는 상승추세를 지속하고 있다. 그럼 실무사례를 통하여 기업가치와 적정주가를 분석해 보자.

3. 차이나모바일 적정주가 추정

    가중평균자본비용과 잉여현금흐름을 이용하여 기업가치를 산출하는 절차만 남았다. 실무매뉴얼 절차를 보면 매출증가율 수치도 필요한데, 만약 5년 회계자료를 이용할 경우 5년 평균자료를 대입시키면 된다. 2005년을 제외하고는 차이나모바일 매출신장률은 21% 전후를 기록하고 있으며 2008년에는 20%를 하회할 것으로 추정된다. 참고로 2008년 상반기 이 수치는 15.5%로 조사되었다. 최종적으로 평균 매출신장률을 구한 결과, 5년 평균은 21.1%, 2년 평균은 18.2%로 계산되었다.

3.1 기업가치와 주가 도출

▣ 실무매뉴얼

1. 5년 회계자료를 이용하여 FCF의 합을 구한다.

2. 5년 매출 증가율 평균치를 구한다.

3. 우선 2008년 FCF값*[(1 + 매출액증가율)/(WACC – 매출액증가율)] 수치를 구한다. 그 이후 해당 수치를 2008년 FCF값에 더한다. 이렇게 도출된 최종 값을 2008년 FCF값으로 삼는다.

4. WACC 수치를 이용하여 연도별 순 현재가치 합을 구한다. 참고로 순 현재가치는 EXCEL 프로그램 내 NPV 함수를 이용하면 구할 수 있다. 함수 사용법은 NPV(WACC 수치, 첫 해: 마지막 해 FCF값)와 같다.

5. 4번 결과 값에 마지막 연도 현금과 현금등가물 수치를 더한다. 이 수치가 바로 기업가치이다. 하지만 여러분은 기업가치 그 자체보다 이론 시가총액에 관심이 더 많을 것이다. 왜냐하면 시가총액을 통하여 주가를 산출할 수 있기 때문이다. 시가총액은 기업가치에서 부채총계를 제하면 된다.

6. 산출된 이론 시가총액을 발행주식 수로 나누면 여러분이 구하려는 종목주가가 된다.

상기 과정을 통하여 FCF법을 이용한 주가도출 과정을 모두 마무리하였다. 아래는 기대수익률, 매출증가율 등의 변화에 따라 종목주가가 어떻게 변하는지 살펴본 것이다. 본서는 독자 여러분의 편의와 분석결과 해석을 위하여 각 장마다 모든 종목주가를 직접 산출하였다. 하지만 앞 과정이 이해되었다면 여러분이 직접 도출해 보길 권하고 싶다.

▣ 기대수익률 변화와 주가

<표 1-4>는 매출 증가율을 21.1%로 고정한 후 기대수익률 변화에 따른 차이나모바일 주가 흐름을 추정한 것이다. 기대수익률이 높아질수록 주가는 하락하는 경향이 있다. 기대수익률이 높다는 것은 자본비용이 상승한다는 것을 의미하며, 이는 투자자가 투자의 대

〈**표 1-4**〉 기대수익률 변화에 따른 차이나모바일 주가추이

단위: 홍콩달러(HKD), 백만 홍콩달러(HKD)

기대 수익률	시가총액	주가	
		연기준	반년
28%	2,156,260	96.17	107.75
30%	1,422,952	59.57	67.46
32%	1,074,304	42.16	48.31
34%	870,470	31.99	37.11
36%	736,698	25.31	29.76
38%	642,134	20.59	24.56

자료제공: 중국경제정보분석(CEIA)

가로 높은 수익률을 요구한다는 것과 같다. 이익유보보다는 환원에 무게중심이 옮겨짐에 따라 기업가치는 자연스럽게 하락하게 된다.

앞서 살펴본 공식들을 통해서도 검증할 수 있는 내용이다. 기대 수익률이 상승할수록 WACC값도 동반 상승한다. WACC 상승은 결국 기업가치 하락으로 연결된다. 여러분은 차이나모바일 적정주가를 어느 수준으로 보고 있는가? 2008년 9월 말 현재 차이나모바일 주가는 76.9홍콩달러인 것으로 나타났다. 이론에 따르면 차이나모바일에 투자자는 현재 연 30% 수익률을 기대하든지 또는 2009년 매출상황을 좀 부정적으로 보는 것 같다.

▣ 매출증가율 변화와 주가

<표 1-5>는 기대수익률을 30%로 고정한 채 매출증가율을 변화시킨 것이다. 매출증가율이 22%로 산출될 때 주가는 76홍콩달러로 추산되었다. 매출증가율이 23%에 도달한다면 주가는 110홍콩달러에 근접하는 것으로 나타났다. 매출 1% 상승치고는 그 격차가 너무 현저하다. 하지만 9장에 나타난 차이나모바일 매출신장률 추이를 보면 수긍이 갈 것이다. 시장규모가 구조적으로 도약되지 않는 한 매출신장률 23%는 상당히 힘들 것이다. 3G 활성화와 소득수준 향상에 기댈 수밖에 없으며 이는 중장기 과제이다.

블루칩이라고 일컫는 기업들의 이익창출 능력은 단기간에 전환

<표 1-5> 매출증가율 변화에 따른 차이나모바일 주가추이

단위: 홍콩달러(HKD), 백만 홍콩달러(HKD)

매출증가율	시가총액	주가	
		연	반년
12%	616,021	19.29	22.40
14%	680,260	22.49	25.99
16%	772,635	27.10	31.15
18%	916,816	34.30	39.20
20%	1,173,369	47.11	53.53
22%	1,757,543	76.27	86.15

자료제공: 중국경제정보분석(CEIA)

되지 않는다. 5개년 재무자료를 기준으로 분석을 이끌어 가는 이유이기도 하다. 미래 5개년 예측수치를 이용할 수도 있다. 하지만 이는 숫자 장난에 불과한 경우가 태반이다. 1년 앞도 장담하기 힘든 것이 현실이다. 분석의 축을 과거와 현재에서 미래로 이동하는 순간 분석모델은 주관적 세계로 빠져들 것이다. 추정1개년을 마지노선으로 그 이상은 넘지 않기를 바란다. 그럼 5년 데이터(2004년~2008년)와 2년 데이터(2007년~2008년)로 구분한 후 상호 간 주가 차이를 비교해 보기로 한다.

◼ 데이터 이용에 따른 차이

2년 재무자료가 5년 재무자료보다 이론주가 수준이 대체로 높게 추산되었다. 기대수익률 28%일 때 예외적으로 5년 수치가 높게 산출되었는데, 이는 매출증가율과 WACC 격차가 2% 전후로 축소되었기 때문이다. 모형상의 예외로 받아들일 수 있다. FCF값과 투자회수 값만 본다면 5년이 2년보다 월등히 높은 수치를 제시하였다. 하지만 순 현재가치 산출과정에서 이런 관계는 역전되었다. 여러분에게 중요한 것은 현재 차이나모바일 가치가 얼마인가일 것이다. 결론적으로 30% 예상 수익률을 기준으로 이론주가를 책정한다면 2년 실적자료는 63홍콩달러~72홍콩달러를 제출한 반면 5년 수치는 60홍콩달러~67홍콩달러 전후를 기록하였다. 2008년 10월 10일 현재 차이나모바일 주가는 66.4홍콩달러이다. 한편 주가저점은 20홍콩달러까지 추산하고 있는데, 이를 비이성적 결과로 간주할 필요는 없다. 2004년 말까지 차이나모바일 주가는 30홍콩달러 이하에 머물렀다. 또한 2005년에도 40홍콩달러를 돌파한 적이 없으며 2006년에도 70홍콩달러 이상을 기록한 적이 없다. 주가가 100홍콩달러를 돌파하고 160홍콩달러에 육박한 것은 2007년에 접어들면서 발생한 일이다. 그럼 매출증가율 변화에 따른 차이를 한 번 살펴보기로 한다. 기대수익률은 30%로 설정해 둔다.

<표 1-7>은 2년과 5년으로 나누어 매출증가율 변화에 따른 주가추이를 살펴본 것이다. 데이터 이용 기간에 상관없이 매출증가율이 높아질수록 주가가 기하급수적으로 확장되는 것을 관찰할 수 있다. 2년 자료의 경우 22% 수준에서 이론주가를 144홍콩달러~162홍콩달러 사이로 추정하고 있다. 반면 5년 자료는 그보다 상당

〈표 1-6〉 기대수익률 변화에 따른 추정주가 차이

기대 수익률	주가			
	2년		5년	
	연	반년	연	반년
28%	81.61	91.55	96.17	107.75
30%	63.31	71.65	59.57	67.46
32%	51.28	58.57	42.16	48.31
34%	42.78	49.32	31.99	37.11
36%	36.44	42.42	25.31	29.76
38%	31.54	37.09	20.59	24.56

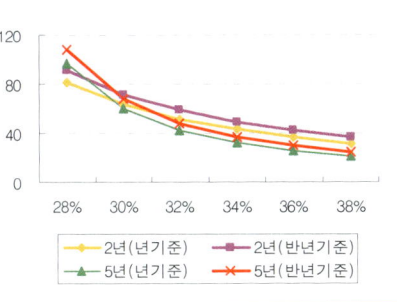

자료제공: 중국경제정보분석(CEIA)

〈표 1-7〉 매출증가율 변화에 따른 추정주가 차이

매출 증가율	주가			
	2년		5년	
	연	반년	연	반년
12%	32.03	36.66	19.29	22.40
14%	38.32	43.69	22.49	25.99
16%	47.35	53.80	27.10	31.15
18%	61.45	69.57	34.30	39.20
20%	86.55	97.64	47.11	53.53
22%	143.68	161.56	76.27	86.15

자료제공: 중국경제정보분석(CEIA)

히 낮은 76홍콩달러~86홍콩달러를 제시한다. 2009년 차이나모바일 매출신장률이 22% 이상 기록될 것으로 예상한다면 현 증시상황에 관계없이 2008년보다 긍정적인 포지션을 택하여도 될 것이다. 현실적으로는 20% 신장률도 장담하기 힘들 것 같다.

가치투자의 핵심은 종목가치보다 낮은 주가, 즉 일정한 안전마진을 확보할 수 있는 주가에 주식을 매입하고 가치를 초과하는 가격에 매도하는 것이다. 현재 차이나모바일 주가가 130홍콩달러이고 그 가치가 100홍콩달러라고 가정해 보자. 여러분이 120홍콩달러에 주식을 매입하였다면 여러분은 가치투자를 실현한 것일까? 결코 아닐 것이다. 가치투자를 지향하는 분들은 가치와 가격이 다르다는 사실을 분명히 기억하여야 한다. 안전마진 확보는 필수 명제이다. 증시가 구조적 붕괴를 보인 2008년, 혹자는 가치투자 자체에 회의를 느낄 수도 있다. 하지만 최소한의 심리적 마지노선은 확보할 필요가 있으며, 그 해답은 가치투자가 제공한다. 냉정함을 잃는 순간 손실은 기하급수적으로 확대될 것이다. 시장에 잠식되지 말기를 바란다.

3.2 Merton모형을 통한 주가산출

옵션상품을 매매하는 투자자라면 블랙-숄즈(Black & Scholes)에 대하여 한번쯤 들어보았을 것이다. 옵션가격 결정에 대한 이론적 기초를 마련함으로써 파생상품 시장을 획기적으로 확장시킨 인물이다. 비록 블랙-숄즈(Black & Scholes)에 묻혀 세인들의 주목을 받지 못하였지만 머튼(Merton)역시 블랙-숄즈모형 탄생의 숨은 공로자이다. 사실 블랙, 숄즈 - 머튼 옵션가격결정모형이라고 부르는 것이 더 합당할 것이다. 머튼모형은 기업부도확률을 바탕으로 한 신용관리 부문에 자주 인용된다. 물론 주가계산에도 확장될 수 있으며 그 토대는 블랙 - 숄즈모형과 동일하다. 다만 주가 대신 자산, 행사가격 대신 부채를 대입한 것뿐이다. 머튼 모형을 공식으로 표현하면 아래와 같다.

$$E = S_0 N(d_1) - Xe^{-rT} N(d_2)$$

E : 주식가치(옵션모형의 경우 옵션가치)

S_0 : 자산총계(옵션모형의 경우 주가 혹은 주가지수)

X : 부채총계(옵션모형의 경우 행사가격)

T : 기업존속 예상 기간(옵션모형의 경우 만기)

r : 무위험이자율(국채수익률)

σ : 자산변동성(옵션모형의 경우 주가 혹은 주가지수 변동성)

N : 누적표준정규분포

$$d_1 = \frac{In(S_0 / X) + (r + \sigma^2 / 2)T}{\sigma\sqrt{T}}$$

$$d_2 = \frac{In(S_0 / X) + (r - \sigma^2 / 2)T}{\sigma\sqrt{T}} = d_1 - \sigma\sqrt{T}$$

참고로 $N(d_2)$는 옵션이 행사될 확률을 의미하며, 본 공식에서는 자산이 부채보다 많아 주식가치가 0 이상일 확률을 의미한다. 블루칩의 경우 $N(d_2)$가 거의 90% 이상을 상회할 것으로 판단된다. 만약 기업존속 기간을 10년 이내로 추정한다면 주식가치는 자산총계에서 부채총계를 뺀 수치보다 약간 상회하는 수준에 머물 것이다. 무슨 내용인지 도대체 이해가 되지 않는다면 그냥 말하고자 하는 의미만 체크하고 넘어가길 바란다. 이 모형에 대한 용도는 2장부터 실무사례를 통하여 점검해 볼 것이다.

그럼 중하이요우를 일례로 머튼모형을 살펴보기로 하자. 주당가격, 즉 주가는 도출된 주식가치를 발행주식 총수로 나누어 계산하였다. 중하이요우 자산과 부채총계는 244.4억 위안과 57.0억 위안으로 추정되었다. 연 변동성은 0.23%로 설정하였으며 무위험이자율은 0.03%로 고정시켰다.

FCF법을 기초로 추정한 주식가치와 머튼모형 이론가치를 비교하면 <그림 1-1>과 같다. 머튼모형의 경우 기업존속 기간 변화에 따라 주식가치 역시 변동되는 구조를 가지고 있다. 중하이요우는 해상유전자원 서비스 분야에서 거의 독점적 위치를 점하는 기업이다. 단기간에 디폴트를 선언할 기업은 아니며 장기존속이 기대된다. 머튼모형 이론가치가 FCF모형(연/반년기준) 추정치 사이에 놓인 것을 발견할 수 있다. 머튼모형과 FCF모형 값이 일정한 차이를 보이지만 모형 자체의 유의성을 상호 부정하지 않는다. 그럼 도출된 주식가치를 토대로 1주당 주가를 산출해 보자.

M&A를 염두에 둔 기관투자자가 아니라면 주식가치 총계보다는 주가 그 자체를 살펴보는 것이 훨씬 유용할 것이다. 연기준 FCF법

〈그림 1-1〉 기업생존 연도별 주권가치흐름

단위: 백만 홍콩달러(HKD)

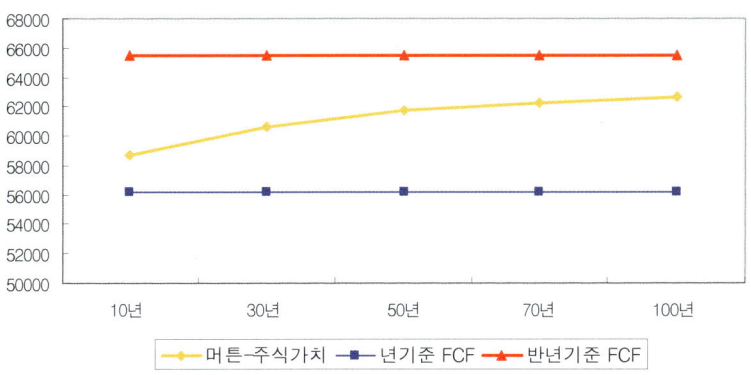

머튼-주식가치   년기준 FCF   반년기준 FCF

자료제공: 중국경제정보분석(CEIA)

〈그림 1-2〉 기업생존 연도별 주가흐름

단위: 홍콩달러(HKD)

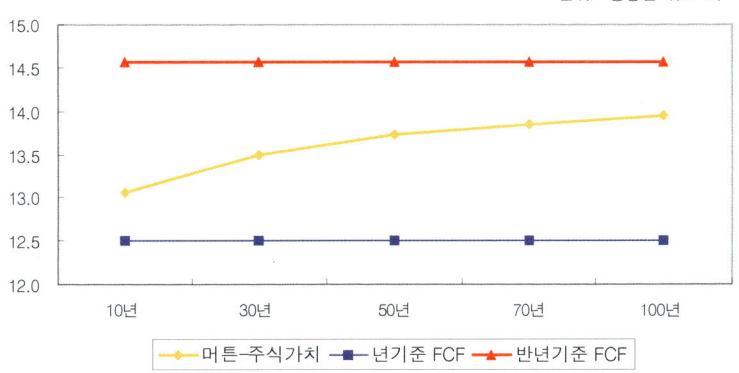

머튼-주식가치   년기준 FCF   반년기준 FCF

자료제공: 중국경제정보분석(CEIA)

3. 차이나모바일 적정주가 추정 45

을 통해 산출된 중하이요우 주가는 12.5위안 정도이며 반년기준으로는 14.6위안으로 나타났다. 머튼모형은 13위안~14위안 사이로 추산되었다. 2008년 3분기 말 현재 중하이요우 주가는 7~8홍콩달러에 머물러 있다. 두 모형 모두 중하이요우 주가를 시장가보다 고평가한 셈이다. 관점을 달리하면 현 주가대가 상당히 저평가된 것일 수도 있다. 참고로 중하이요우 주가는 2007년 10월 22홍콩달러를 돌파하였으며, 하락세로 전환된 2008년 7월까지도 12홍콩달러 전후에 머물렀다. 증시상황을 별개로 두고 기업가치만 포커스를 둔다면 7~8홍콩달러 수준은 상당히 매력적인 수치이다. 본 장을 토대로 2장부터는 업종과 종목분석을 진행하고자 한다.

제2장 권불십년 부동산주

1. 황금알을 낳는 거위로 남을 것인가?

　　수많은 논란에도 불구하고 2007년 중국 부동산 시장은 커피잔 속의 태풍에 머물러 있었다. 하지만 2008년 금융위기가 경제전반으로 확산됨에 따라 부동산문제가 표면화되고 있다. 중국정부는 2007년 10월 전국인민대회를 거치면서 공식적으로 긴축경제정책을 표방하였다. 이전에는 부분적 과열로 부동산문제를 다루었지만 거시경제 전체를 두고 정부가 적극적 개입을 천명한 것이다. 하지만 2008년 이후 들이닥칠 쓰나미를 막기에는 조금 늦은 감이 있었다. 2006년 좀 더 과감한 조치를 취하였다면 그 대가는 훨씬 경감되었을 것이다. 부동산 업종은 타 산업과 달리 파급효과가 상당히 크다. 부동산 버블은 시멘트, 철강, 유리 등 관련 산업 전반을 버블로 몰고 갔다. 부동산 버블 붕괴는 곧 연관산업 붕괴로 이어지며 최종적으로는 중국은행권을 정조준하고 있다. 부동산 업종 자체가 선행보다는 후행적 성격이 강하여 정책 반등속도가 제조업보다는 느린 특징이 있다. 올림픽 특수효과도 2008년 상반기 이내에 대부분 반영되었다.

2008년 하반기 본격화된 글로벌 경기둔화로 인플레이션 위기가 디플레이션으로 전환되고 있다. 160달러까지 치솟던 유가는 40달러 선도 위협받고 있다. 철강, 구리, 석탄 등 원자재 가격도 하락세로 반전되었다. 중국정부도 기존 긴축정책에서 경기부양으로 방향을 선회하고 있다. 4조 위안규모 경기부양책을 발표하였으며, 이를 골간으로 금융, 재정 분야의 세부조치들도 속속 전면에 등장하고 있다. 수출환급세율 인상과 품목 확대를 통하여 수출 진작을 독려하고 있으며 인위적인 환율조정 가능성도 흘러나오고 있다. 발등에 떨어진 불을 끄기도 바쁜 지금 구축효과(crowding - out effect) 논의 자체가 사치인 것 같다. 중국정부는 2009년 이미 대규모 적자재정을 공식화하고 있다.

그럼 중국 부동산시장도 2009년 경기활성화 정책과 함께 재도약을 할 수 있을까? 그 답은 그리 긍정적이지 않다. 확장적 재정정책에 따른 구축효과가 표면화될 영역이기 때문이다. 재정정책 유효성에 대한 이론적 고민은 생략하기로 한다. 구축효과는 정부지출 증가가 민간투자 감소를 초래하여 소득에 미치는 순 효과는 뚜렷하지 않다는 의미이다. 정부지출이 인프라건설로 집약되고 있는 현실에서 그 상대개념은 아마 민간 부문 투자일 것이다. 만약 정부지출과 민간투자가 동시에 확대된다면 인플레이션이 초래될 것이며 이는 중국정부가 바라는 상황은 아니다. 2008년 12월 발표된 부동산 구제책은 디플레이션 진입방지와 은행권 보호를 위한 안전핀이다. 증시와 달리 부동산 버블은 시간을 두고 거품을 제거할 것 같다. 시장이 통제 불가능한 상태로 진입된다면 중국 정부가 배분작업에 직접 개입할 수도 있다. 즉 활성화 대책은 아니라는 사실이다.

부동산 구제책을 살펴보면 저소득층 위안 주택보급, 세제혜택, 개발상에 대한 자금지원으로 요약될 수 있다. 저가주택 약 1,000만 가구(저소득층 750만, 광산, 산림 등지 240만)를 향후 3년 이내에 공급한다는 것이다. 현재 미분양물량은 '보이지 않는 손'이 고통을 감내하면서 자체 해결해야 될 것 같다. 부동산 개발업자들이 버틸 수 있는 숨통만 열어둔 것이다. 버릴 곳은 M&A를 통하여 구조조정하고 이때 소요자금은 대출로 처리할 것이다. 금번 구제책에도 이에 대한 언급은 분명히 있었다. 또한 현실적으로 중국 부동산 시장은 2~3년간의 침체가 불가피하다. 중국국가통계국은 2008년 10월 기준 중국 부동산 공실(미분양 주택) 규모를 1.3억 평방미터(㎡) 정도로 집계하고 있다. 하지만 관련 업계는 이보다 0.2억~0.8억 평방미터(㎡) 정도 더 큰 것으로 보고 있다. 현재 거래량을 감안할 경우 베이징, 상해, 심천 등 15개 주요 도시 상업부동산 재고량은 27개월(2년 3개월)이 지난 후에야 소화될 것으로 추측된다. 적어도 2010년까지는 부동산 경기 활성화를 기대할 수 없다는 말과 진배없다.

그럼 중국 중앙정부의 강력한 의지에도 불구하고 부동산 가격 안정화에 실패한 근본적인 이유는 무엇일까? 본서는 그 원인을 5가지 정도로 요약해 보았다.

첫째로 중국이 빠르게 도시화로 진입함에 따라 주택 수요와 공급 사이에 불균형 현상이 심화되었기 때문이다. 즉 심천, 베이징 등 주요 도시 내 개발가능 토지자원은 갈수록 축소되는 상황에서 주민들의 현대식 주택 소유 욕구가 분출되었다.

둘째로 중앙정부와 지방정부 사이의 부동산 정책이 혼선을 빚고 있기 때문이다. 중앙정부가 거시경제 조절정책의 연장선에서 부동산 시장을 바라본다면 실제 집행기관인 지방정부는 세수확대와 경제성장 면에서 접근하고 있다. 조세권이 없는 지방정부 입장에서는 토지 사용권 이전, 부동산 인허가와 관련된 부수비용이 모두 지방정부 자체 자금 집행능력을 확대할 수 있는 수입원으로 부각되고 있다.

셋째, 부동산 버블 방지의 토양은 바로 자금차단이다. 하지만 자기자금 혹은 민간을 통한 조달능력이 이미 충분한 상태에서 은행권을 통한 자금관리만으로는 한계가 존재하였다. 참고로 중국 상장기업 대부분은 직간접적으로 부동산 시장과 연결되어 있다. 주 사업 분야인 제조업에서 부동산개발로 전환한 사례로 있으며, 계열사

지분출자를 통한 간접 진출 역시 존재한다.

넷째, 고소득층이 부동산 가격 상승을 주도하고 있는 형국에서 자기자금 비율을 통한 관리는 그 실효성이 의문시된다. 가격주도 세력은 실수요자가 아닌 투기세력이다. 또한 해외자금이 공식, 비공식적으로 시장에 흘러 들어오는 상황에서 정책적 효용은 떨어질 수밖에 없다.

마지막으로 중국 정부는 농촌에서 도시로 스며들고 있는 농민공(農民工)에 대한 일자리 창출 압박에 시달리고 있는데 농민공(農民工) 대부분이 부동산 업계로 진출하는 상황에서 강력한 부동산 조절 정책을 시행하기는 정치적 부담이 너무 높다. 또한 은행권 부실문제로 비화될 가능성이 높아 강력한 제재수단을 사용하는 데 일정한 제약이 따른다.

이상과 같은 이유로 버블 붕괴 전까지 몇 년째 지속된 부동산 조절정책은 제자리를 맴돌았다. 2008년 중국 부동산 시장 붕괴 가능성이 본격적으로 제기되었으며 시장은 중앙정부에 구제책을 요구하고 있다. 지방정부가 권한 내에서 구제책을 내놓았지만 추세를 돌리지 못하였다. 참고로 2008년 11월 70개 중대형도시 주택판매가격은 전년대비 0.2% 상승한 것으로 조사되었는데, 이는 10월보다 1.4포인트 하락한 수치이다. 7월 이 수치는 7.0%를 기록한 것으로 집계되었다. 불과 몇 개월 만에 7.0%에서 0.2%로 주택판매가격 상승률이 급속히 하락한 셈이다. 상기 추세를 감안한다면 12월에는 상승이 아닌 실질적인 감소로 돌아설 가능성 역시 존재한다.

중국 부동산 업계에서는 "밀가루 가격이 빵 가격보다 높다."는 한탄이 2006년부터 흘러나왔다. 주요 도시 개발가능 토지자원이 한계를 보임에 따라 건물가격보다 토지가격이 더 높은 현상이 발생한 것이다. 정부의 부동산 조절정책이 아니더라도 시장 자체가 감당할 수준을 이미 초과한 셈이다. 붕괴가 이미 기정사실화된 상태에서 금리와 지급준비율 인상, 공개시장 조작, 외국자본 유입 제한, 부동산 대출 총량규제 등은 버블 붕괴의 뇌관으로 작용하였다. 앞뒤 선후의 문제이지 미국과 중국 부동산시장 버블은 언젠가는 터질 사항이었다. 다만 미국은 국제공조를 통하여 자국문제를 해결하려고 시도하는 반면 중국은 철저히 내부적 사안으로 취급하고 있을 뿐이다. 미국과 중국에서 터진 부동산 버블이 한국만 비켜나갈 것으로 생각하지는 않는다. 순차적으로 밀려올 것이다.

<그림 2-1>은 금융기관의 위안화 대출과 모기지론 증가추세를 비교한 것이다. 두 대출금 사이의 추세흐름은 비슷하지만 2007년 모기지론 증가율이 대출금 증가율을 훨씬 앞서는 것으로 나타났다. 또한 중국정부의 거시경제조절 정책에도 불구하고 부동산 부문으로 유입되는 자금은 2007년 9월까지 꾸준한 증가세를 유지하였다. 중앙정부의 정책방향이 부동산 시장에 투과되는 강도가 생각만큼 크지 않다는 것을 반증한다. 그 원인은 앞서 살펴본 5가지 부동산 가격안정화 실패요인에서 유추할 수 있을 것이다. 2007년

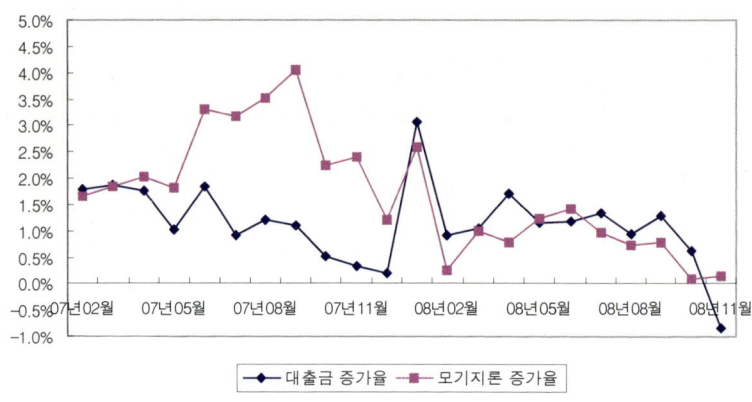

〈그림 2-1〉 월별 대출금, 모기지론 증가율 추이

자료제공: 중국인민은행, 중국경제정보분석(CEIA)

대비 2008년 모기지론 증가율이 대폭 둔화양상을 나타내고 있지만 이미 때늦은 감이 존재한다. 남은 일은 얼마나 충격을 최소화하느냐 하는 문제이다. 참고로 2008년 9월 이후 대출금과 모기지론 증가율이 급격히 하락하고 있다. 대출금은 감소세로 돌아섰으며, 모기지론은 거의 정체현상을 그리고 있다.

<그림 2-2>는 2005년 초부터 2008년 3분기까지 월 부동산 투자액을 살펴본 것이다. 앞서 살펴본 그림상의 결론을 다른 각도에서 재확인한 것이다. 중국 부동산 투자규모는 해마다 한 단계 도약하고 있다. 계절적으로 보면 상반기보다는 하반기에 더 많은 투자가 이루어졌으며 특히 6월과 12월 투자액이 다른 월보다 상당

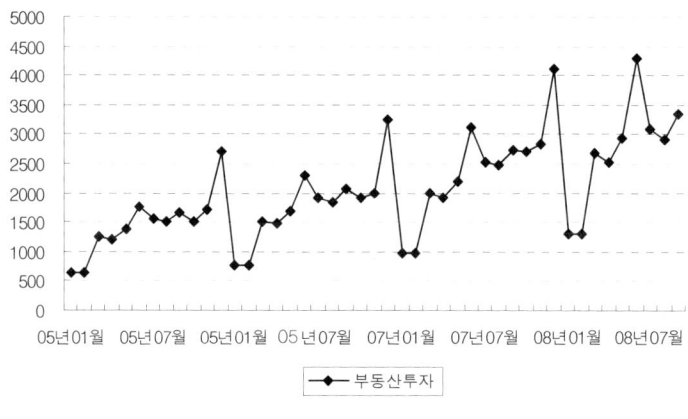

사료제공: 중국국가통계국

히 높게 나타났다. 관련 기업 대부분이 증시와 직간접적 연계성을 가지고 있다. 세금효과 이외에 활발한 사업진행 상황을 투자자에게 보일 요인이 존재하는 셈이다. 올해도 비슷한 그림을 그리고 있다.

<그림 2-3>에서 보듯이 시공과 준공 면적에서도 상기 현상을 감지할 수 있다. 준공 면적 대부분이 12월에 집중되어 있으며 다른 달보다 4배~10배 정도 더 큰 것으로 나타났다. 매출집계가 월별 진척도가 아닌 준공일을 기준으로 일괄 반영된다는 점을 참고할 필요가 있다. 부동산 개발규모는 절대적 수치로는 여전히 확장되고 있다.

〈그림 2-3〉 월별 시공 및 준공규모 추이

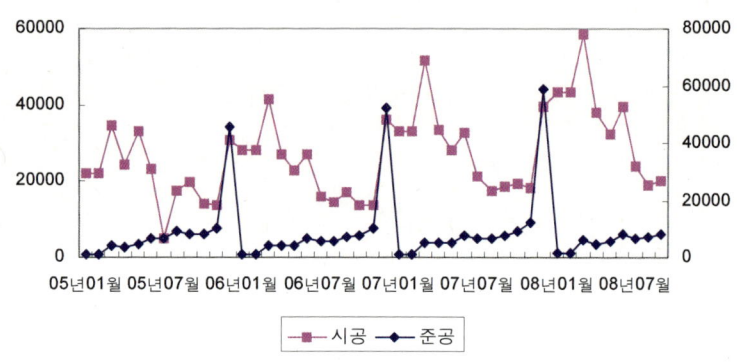

자료제공: 중국국가통계국

〈그림 2-4〉 2008년 상반기 개발대상별 부동산 투자비중

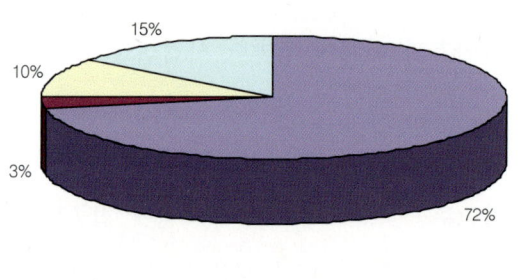

자료원천: 중국국가통계국

<그림 2-4>는 개발대상별 투자비중을 나타낸 것이다. 72% 정도가 주택 부문이고, 상업용과 사무실은 각각 10%와 3%로 집계되었다. 그 외 부문은 15%를 차지하고 있다. 2008년 상반기 주택 투자액은 36.6% 확대된 것으로 조사되었다. 이는 2007년 동기보다 5.8포인트 하락한 수치이다. 사무실은 26.9 포인트 감소한 0.1% 신장세에 그쳤다. 상업 건축물은 3.6포인트 상승한 20.7% 신장세를 기록하였다. 2007년 대비 사무실과 주택 부문은 둔화양상을 그리고 있지만 상업용지는 여전히 탄력을 받고 있다. 실물경기 둔화가 본격화될 2009년, 상업부동산 역시 하향화 추세로 돌아설 것이다. 참고로 올해 집행된 자금은 2007년부터 진행 혹은 계획된 프로젝트일 가능성이 높다.

1.1 대표종목 소개

▣ 중국해외발전(中國海外發展, 0688.HK)

중국해외발전은 북경(北京), 상해(上海), 광조우(廣州), 홍콩 등 중국 내 17개 주요 경제개발 지역에서 부동산 개발, 운영 및 관리 업무를 영위하는 회사이다. 주요 사업대상은 아파트 단지와 주택 건물이다. 사업규모는 만과에 미치지 못하지만 수익성은 만과보다 높으며 동종업계 기준으로도 최상위 그룹에 속한다. 2007년 매출액은 166.3억 홍콩달러이다. 지역별 매출구조는 중국본토가 79.7%

를 점하고 있으며 그 외는 마카오와 홍콩에서 실현된다. 2008년 상반기 말 현재 매출액은 107억 홍콩달러로 전년대비 120% 이상 신장된 것으로 나타났다. 다만 순이익 증가율은 72% 수준에 머문 것으로 조사되었다. 절대적 규모는 확대되고 있지만 수익성은 전년보다 7포인트 정도 하락한 셈이다.

▣ 베이징베이천(北京北辰, 0588.HK)

베이징베이천은 북경(北京)을 중심으로 부동산 개발, 투자 및 관리업무를 영위하는 업체이다. 사업 부문은 크게 부동산 개발, 부동산 투자, 소매업 부문으로 나누어 볼 수 있다. 베이징 올림픽 특수를 바탕으로 2007년 폭발적인 매출신장세를 기록하였지만 2008년 성장동력이 모두 소진된 모습을 보이고 있다. 주요 경쟁종목과 달리 사업 지역이 북경에 집중됨에 따라 실적의 부침현상이 심하다. 2007년 매출액은 40억 위안으로 그중 토지와 부동산 판매 부문이 70% 내외로 가장 높고 그 다음은 소매업(9.7%), 호텔(9.5%), 부동산 투자(7.9%) 등의 순이다. 2008년 상반기 매출액과 순이익은 14.9억 위안과 1.5억 위안 정도로 집계되었다. 매출신장률은 거의 제로수준까지 떨어졌으며 순이익은 56% 감소세를 그리고 있다.

▣ 완커B주(万科B股, 000002/200002)

완커는 주산지아오(珠三角), 장삼각(長三角), 환보하이(环渤海區) 지역을 중심으로 부동산 개발, 판매 및 관리업무를 수행하는 기업이다. 주요 경제권을 대상으로 부동산 사업을 영위함에 따라 중국 부동산 현황의 바로미터 역할을 수행하기도 한다. 2007년 매출액은 355.3억 위안으로 지역별로는 심천(深圳)이 23.4%로 가장 높으며, 그 다음으로 상해(17.0%), 광주(广州, 7.7%), 성도(成都, 5.7%), 북경(北京, 4.9%) 등의 순이다. 판매 부동산 면적은 613.7만 평방미터로 그중 393.7만 평방미터 정도가 2007년 회계연도에 반영되었다. 2008년 3분기 매출액과 순이익은 225억 위안과 23억 위안 정도로 집계되었다. 매출과 순이익 신장률은 각각 59%와 19% 내외로 조사되었다. 참고로 매출액 대비 순이익은 10.1%로 전년대비 3포인트 이상 하락한 것으로 나타났다.

▣ 루지아B주(陸家B股, 600663/900932)

상해(上海) 지역을 중심으로 부동산 개발업을 영위하는 기업이다. 2007년 매출액은 20.5억 위안으로 그중 66% 이상이 토지사용권 이전에서 실현되었다. 부동산 판매는 23% 정도로 추산된다. 동종 업체와 달리 부동산 조절정책 여파에서 한 발짝 벗어난 상태이다. 참고로 주택이 아닌 금융무역지구 개발 프로젝트에 사업역량이 집중되어 있다. 2008년 3분기 말 기준 2.5% 매출감소에도 불구하고 순이익 규모는 65% 이상 확대된 것으로 조사되었다. 상해시 정부가 2006년 상해국제금융중심 건설을 천명하는 등 정책적 환경도 긍정적이다. 현재 토지사용권 이전에서 한 걸음 더 나아가 부동산 프로젝트 개발 분야로 그 업무 영역을 확대하고 있다.

1.2 경영실적 비교분석

앞 단락에서 우리는 중국 부동산 시장 현황을 간략히 살펴보았다. 주택판매 가격, 부동산 투자액, 모기지 대출증가율 추이 등의 지표를 통하여 2008년 중국 부동산 경기둔화를 목격할 수 있었다. 그럼 개별종목은 어떤지 한번 살펴보도록 하자. 부동산 대장주로 흔히 만과를 꼽고 있다. 매출규모에서 선두를 차지할 뿐만 아니라 중국 전역을 사업 지역으로 삼고 있다. 일반적으로 탑다운 방식이 바텀업(bottom - up) 방식보다 밑그림을 그리는 데 유리하다. 하지만 때로는 bottom - up 방식도 효율적일 때가 있다. 탑다운 방식은 평균추세라는 이름으로 위험 혹은 급변사태(Extreme event)를 축소할 가능성이 존재한다. 또한 시장통계치보다 개별기업실적이 더 선행적 결과를 도출할 수도 있다. 만과와 같은 대표주 실적을 통하여 전체 시장을 가늠해 보는 것도 좋을 것이다.

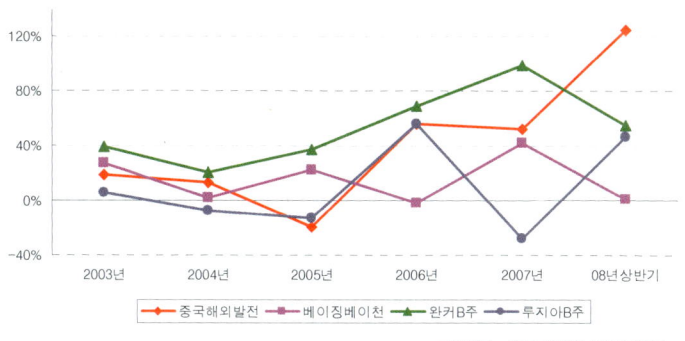

〈그림 2-5〉 주요 부동산주 성장성 지표

사료제공: 중국경제정보분석(CEIA)

   만과 매출증가율은 2004년부터 2007년까지 해마다 신기록을 갱신하였다. 2007년 매출증가율은 100% 수준에 근접한 것으로 나타났다. 하지만 2008년은 55% 수준으로 급락하는 모습을 보이고 있다. 연말에 매출이 집중된다는 사실을 고려해도 하락세는 분명한 것 같다. 베이징베이천은 해마다 성장성이 급등락을 보인다. 과거 추이를 감안할 때 하락에 무게가 실리며 그 강도도 강할 것 같다. 주 사업지대가 북경(北京)이라는 점을 감안한다면 2008년 매출급락이 수긍된다. 베이징올림픽이라는 상승재료가 이미 소진된 것이다. 중국해외발전과 루지아B주는 앞서 두 종목과 달리 매출이 확대되었다. 중국해외발전은 장삼각과 주삼각보다는 서부, 동북, 발해만 비중이 큰 것이 주요한 것 같다. 루지아B주는 주택항목이 아닌 금융무역지구 개발이라는 정책 프로젝트가 영향을 발휘하였다.

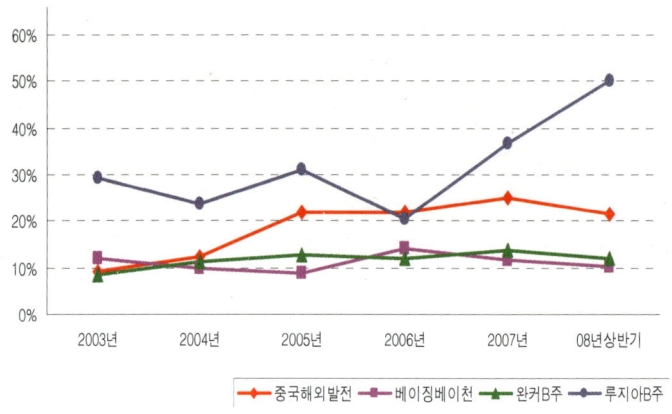

〈그림 2-6〉 주요 부동산주 수익성 지표

자료제공 : 중국경제정보분석(CEIA)

또한 2007년 마이너스(-) 신장률에 따른 통계적 착시현상 역시 감안해 둘 필요가 있다. 그럼 2008년 수익성 지표는 어떠할까? <그림 2-6>을 통해 살펴보기로 하자.

120% 이상 매출확대에도 중국해외발전 수익성은 소폭 하락하였다. 절대 수익성은 완커B주와 베이징베이천보다 여전히 2배 정도 높다. 루지아B주는 매출액 대비 순이익이 50% 수준을 유지하고 있다. 대부분의 매출이 토지사용권 이전으로 비용부담이 낮고, 마진율이 높은 특성을 보이고 있다. 은 매년 10% 내외 수익률을 유지하고 있다. 매출확대가 수익성 향상으로 전이되지는 않지만 절대적 규모는 팽창시키고 있다. 이런 측면에서 2008년 매출증가율 둔

화는 완커B주와 베이징베이천에게 상당히 부정적인 시그널이다. 다만 기업평가와 주식투자는 또 다른 문제이다. 여러분은 좋은 기업을 사는 것이 아니라 저평가된 종목을 발굴하여 그 차익을 실현하는 것이기 때문이다. 그럼 종목별로 투자가치를 살펴보기로 한다.

2. 개별종목 투자가치 분석

　　FCF모형을 적용할 경우 부동산 4종목 가치는 모두 가치제로로 평가되었다. 머튼모형은 중국해외발전을 제외한 3종목 모두 시가총액(2008년 10월 말 기준)이 이론가보다 저평가된 것으로 나타났다. 중국해외발전은 시가총액이 이론가치보다 146억 홍콩달러 높게 책정되었다. 2008년 10월 기준 중국해외발전 주가는 여전히 고평가된 셈이다. 반면 베이징베이천, 완커B주, 루지아B주는 127억 홍콩달러, 369억 홍콩달러, 9억 홍콩달러 정도 저평가된 것으로 나타났다. FCF모형에 따르면 2009년 부동산주는 회피종목인 셈이다. FCF모형과 머튼모형 가운데 어느 것이 정답인지는 단정할 수 없다. 다만 FCF모형은 내부적 기업가치가 높지 않다는 사실을 강변하고 있을 따름이다.

〈표 2-1〉 부동산주 시가총액 추정

단위: 백만 홍콩달러(HKD)

종목명	시가총액			베타계수	상관관계
	실제	FCF 모형	Merton 모형		
중국해외발전	66,035	0	51,397	1.04	0.68
베이징베이천	3,261	0	16,009	0.88	0.56
완커B주	34,518	0	71,426	1.12	0.64
루지아B주	10,400	0	11,288	0.97	0.82

자료제공: 중국경제정보분석(CEIA), 시가총액은 2008년 10월 기준임

　　<표 2-1> 결과를 종목주가로 연결하면 <표 2-2>와 같다. FCF모형 적용 시 4종목 모두 이론주가는 제로(0)인 것으로 나타났다. 현실적으로 FCF모형 결과가 현실화될 가능성은 거의 없다. 부도상태 혹은 상장폐지가 아니라면 주가가 제로에 근접할 확률은 낮기 때문이다. 하지만 부동산주 비중축소를 고려하고 있는 이들에게는 이론적 바탕을 제공한다. 이와 반대로 저가매수에 관심이 있는 투자자는 PER모형과 머튼모형에 더 높은 점수를 줄 것이다.

　　그럼 종목별 현황을 간략히 살펴보기로 하자. 중국해외발전 이론주가 범위는 최소 0~최대 12.24홍콩달러로 추산되었다. 2008년 10월 말 주가는 8.53홍콩달러이다. 실제주가가 이론주가 범위 내에 포진된 셈이다. PER모형과 머튼모형 모두 6홍콩달러대를 최저가격으로 제시하고 있다. 만약 실제주가가 6홍콩달러를 하회한다면 투자를 고려해 볼 수도 있을 것이다.

〈표 2-2〉 부동산주 주가 추정

단위: 위안, 홍콩달러(HKD), 미달러(USD)

종목명	실제주가	PER 수치도출		머튼모형		FCF모형			
						기대수익률 20%		기대수익률 30%	
		최소	최대	10년	50년	장부	시가	장부	시가
중국해외발전	8.53	6.86	12.24	6.61	10.15	0.00	0.00	0.00	0.00
베이징베이천	0.97	1.78	3.17	4.75	7.15	0.00	0.00	0.00	0.00
완커B주	5.02	4.87	11.69	6.50	10.16	0.00	0.00	0.00	0.00
루지아B주	0.80	1.18	2.62	0.86	1.13	0.00	0.00	0.00	0.00

자료제공: 중국경제정보분석(CEIA). 실제 주가는 2008년 10월 평균주가를 의미함.

베이징베이천 현 주가는 PER모형과 머튼모형 최소값을 하회하고 있다. 저평가된 종목으로 볼 수 있다. 참고로 베이징베이천 PER모형 최소값은 1.78홍콩달러로 2008년 10월 말 주가보다 2배 정도 높다. 완커B주의 경우 개별모형 최대값보다는 최소값에 근접한 수치를 제시한다. PER모형을 따를 경우 시장상황에 따라 여전히 하락공간은 존재하는 것 같다. 루지아B주 역시 완커B주와 동일한 결론을 나타내고 있다. 시장주가가 머튼모형 주가 0.86달러(USD)(10년 생존기준)에 거의 근접하고 있다. 4종목 시장주가가 머튼모형 50년이 아닌 10년에 가깝다는 사실은 그만큼 이들 종목 부도확률이 높다는 것을 의미한다. 중국 부동산업은 2009년 상당히 힘든 한 해를 보낼 것 같다. 시장은 주가로 이 점을 사전 통보하고 있다.

3. 기술적 분석으로 본 부동산주

3.1 부동산주 주가흐름

상승과 하락이라는 추세적 동조화는 일치하더라도 종목별로 그 폭과 강도는 일정한 격차를 보이고 있다. '산이 높으면 골이 깊다.' 는 증시 격언이 있다. 물론 이 격언에서 벗어나는 종목도 분명히 존재할 것이다. 하지만 일반적 궤도를 벗어난 종목까지 탐색하고 분석할 여유는 그리 많지 않을 것이다. 사정권에 포착되는 종목만을 집중분석하기도 벅찬 것이 현실이다. <그림 2-7>은 여러분에게 어떤 사실을 던져주는 것일까? 중국해외발전은 2005년 대비 주가가 10배 이상 상승하였다. 2008년 10월 말 현재 5배 이하 수

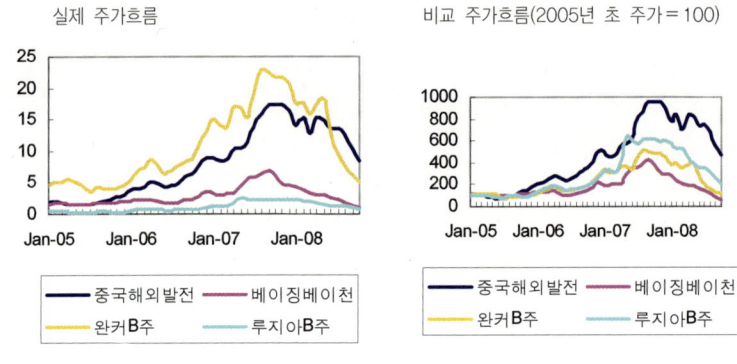

〈그림 2-7〉 부동산주 주가흐름

실제 주가흐름

비교 주가흐름(2005년 초 주가＝100)

중국해외발전　베이징베이천
완커B주　루지아B주

중국해외발전　베이징베이천
완커B주　루지아B주

자료제공: 중국경제정보분석(CEIA)

준으로 떨어졌다. 추가 하락을 기대하는 이는 여전히 과대평가된 것으로 판단할 것이다. 하지만 어떤 투자자는 낙폭과대에 따른 반등 타이밍을 조절할 수도 있다. 동일한 데이터도 투자자에 따라 다른 결론이 도출되는 셈이다.

<그림 2-7>에서 보듯이 중국해외발전은 3년이라는 짧은 기간에 거의 10배 정도 주가가 상승하였다. 반면 베이징베이천, 완커B주, 루지아B주는 4~6배 수준에 불과한 것으로 나타났다. <그림 2-5>와 <그림 2-6>을 통해 우리는 4종목 가운데 중국해외발전 성장성과 수익성이 가장 뛰어나다는 사실을 알 수 있었다. 엄밀히 말하자면 루지아B주는 전형적인 부동산주로 보기 힘들다. 부동산 개발, 건축이 아닌 토지소유권 이전이 주 사업이기 때문이다.

완커B주는 25홍콩달러 문턱에서 좌절된 채 5홍콩달러도 위협받고 있다. 업계 대장주라는 타이틀이 무색하다. 주가수준도 중국해외발전에 못 미치고 있다. 2008년 10월 기준 중국해외발전은 8.5홍콩달러 수준을 유지하고 있다. 루지아B주는 주가폭락을 거듭하고 있지만 2005년 1월 대비 2배 수준을 유지하고 있다. 2008년 10월 평균주가는 0.8달러(USD) 내외인 것으로 집계되었다. 베이징베이천은 4개 종목 가운데 가장 참담한 수치를 제시하고 있다. 2008년 10월 평균주가는 0.97홍콩달러로 2005년 초 대비 60% 수준에 머물러 있다.

3.2 부동산주와 MACD

<그림 2-8>은 2008년 3분기 말 기준 부동산주 MACD 시그널 추이를 나타낸 것이다. 4종목 모두 마이너스(-) 시그널을 유지하고 있다. 플러스(+) 권으로 전환된 단계는 아니다. 완커B주와 중국해외발전은 여전히 가파른 하락세를 나타내고 있다. 다만 동일업종이라도 베이징베이천과 루지아B주는 바닥을 다지고 있다. 종목별로 MACD 시그널이 차별화된 형태를 보이고 있다. 부동산주가 시장 관심을 다시 회복하더라도 맹목적 종목선택은 피하여야 한다.

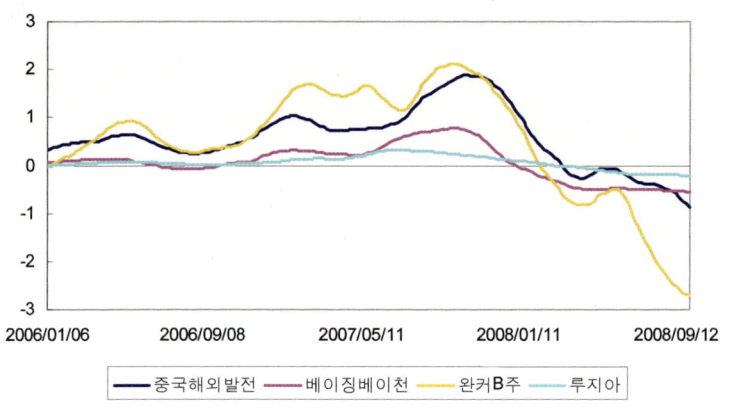

〈그림 2-8〉 MACD로 살펴본 종목별 주가현황

자료제공: 중국경제정보분석(CEIA)

MACD 시그널 자체는 부동산주에 대한 관망적 의견을 제시하고 있다. 중국해외발전과 완커B주는 여전히 추가하락 가능성을 내포하고 있다. 베이징베이천과 루지아는 바닥을 다지고 있지만 그것이 상승을 의미하지는 않는다. 상승과 하락을 반복하면서 2009년을 소비할 수도 있다. 단기투자자에게 횡보는 지루할 수밖에 없는 구간이다. 다만 중장기투자를 염두에 두었다면 손실구간은 아니다. MACD 시그널이 플러스권(+)으로 접어든 순간 굳이 언급하지 않더라도 증시에 훈풍이 불고 있다는 사실을 느낄 것이다. 다만 그 훈풍이 스쳐가는 바람인지 혹은 봄이 오는 징조인지는 확인해 둘 필요가 있다.

3.3 매물대로 본 부동산주

중국해외발전 매물대는 크게 두 구간으로 나눠진다. 첫 번째는 9∼10홍콩달러 구간으로 상위 구간보다는 매물대가 두텁지 않다. 10홍콩달러를 일단 돌파하면 14홍콩달러 문턱까지 기대해 볼 수 있다. 12홍콩달러에 약간 긴 막대구간이 형성되어 있지만 강력한 저항선으로 작용할 것 같지는 않다. 다만 8홍콩달러 이하에서 매집한 투자자들이 12홍콩달러, 즉 50% 이익실현 구간에서 1차 매물을 던질 수도 있다. 이때는 손 바뀜 현상이 활발히 전개될 것이다. 14∼16홍콩달러 구간은 활황이 아니라면 쉽게 넘기는 힘들 것 같다. 2006년 증시와 같은 상승장이 아닌 2007년 상반기 활황장에 버금가는 동력이 필요할 것이다.

3홍콩달러 이전까지 베이징베이천은 특별한 매물대가 없다. 상승이 아닌 분위기 반전만으로도 2홍콩달러 수준까지는 회복 가능하다. 반면 3홍콩달러 구간은 상당히 두터운 매물벽이 존재한다. 일단 3홍콩달러를 넘어선다면 그 다음 구간대는 6홍콩달러가 될 가능성이 높다. 내년 3홍콩달러를 돌파하는 데에는 회의적 시선을 가지고 있다. 2010년 이내에 3홍콩달러를 넘어선다면 이익실현보다는 5∼6홍콩달러를 목표로 좀 더 느슨한 전략을 취하여도 될 것 같다. 완커B주의 경우 10∼13홍콩달러 구간이 상당히 취약한 것으로 나타났다. 즉 14홍콩달러를 하회한 후 손 바뀜 없이 바로 10홍

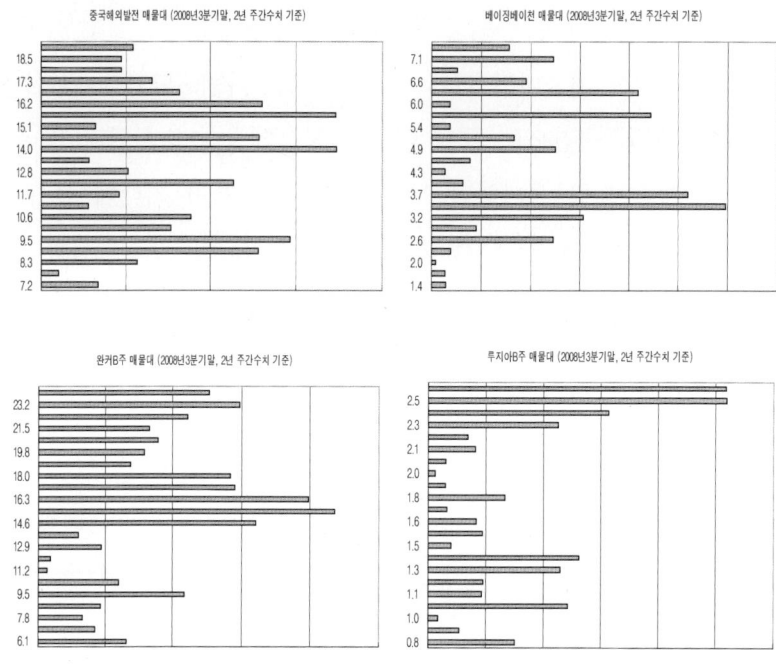

〈그림 2-9〉 종목별 매물대(2008년 3분기 말, 2년 주가수치 기준)

자료제공: 중국경제정보분석(CEIA)

콩달러까지 급속히 밀렸다고 볼 수 있다. 9홍콩달러 구간에서 일단 낙폭 과대에 따른 기술적 반등이 보이지만 큰 의미를 가진 구간은 아니다. 완커B주의 경우 13~14홍콩달러 수준에서 1차 상승저항이 구축될 것으로 판단된다. 그 이하는 저가매집 세력의 차익실현 구간이다.

루지아B주는 저가보다 최상위 구간에 매물대가 집중된 양상을 그리고 있다. 2.3달러 이전에 형성된 긴 막대구간은 저항선이라기보다는 숨돌리기 구간으로 파악된다. 투자자 충성도가 타 종목보다 높은데 이는 우수한 수익성을 너무 맹신한 결과로 판단된다. 루지아B주 같은 우량주는 '결코 2달러 밑으로 떨어지지 않을 거야' 혹은 '2달러 밑으로 떨어진다면 이는 비정상적인 거야'라고 스스로 최면을 걸었을 수도 있다. 하지만 현실은 결국 0.8달러라는 수치로 나타났다. 투자종목에 대한 애증은 손실로 연결될 수 있다. 표면적 재무데이터와 달리 루지아B주 투자매력이 상상 이상으로 높은 것은 아니다. <표 2-2> 모형별 이론주가를 다시 한 번 살펴보길 바란다.

중국주식투자 2009년

바이블 ②

제3장 긍정적 미래, 불안한 현실 보험주

1. 중국 보험시장 파헤치기

투자자는 생명과 재산보험 가운데 어느 영역을 택할 것인가라는 선택의 기로에 놓인다. 재산보험이란 중국식 표현으로 화재보험과 거의 동일한 의미이다. 여러분이 중국 보험시장 미래를 긍정적으로 평가한다면 생명과 재산보험에서 각각 한 종목씩 매입하면 된다. 하지만 한 종목만을 선택할 입장이라면 고민에 휩싸일 것이다. 참고로 생명보험에는 차이나라이프(中國人壽, 2628.HK)와 중국평안(中國平安, 2318.HK)이 있고, 재산보험에는 중국재산(中國財險, 2328.HK)이 존재한다. 중바오국제(中保國際, 0966.HK)는 생명과 재산 두 영역에 걸쳐 사업을 영위하지만 규모 면에서 앞서 보험사들보다 중량감이 떨어진다.

우선 중국 보험시장에 대하여 살펴보기로 하자. 2000년 600억 위안 정도에 불과한 보험료 수입은 2007년에는 5,000억 위안 내외로 8배 정도 증가하였다. 15억 인구에도 불구하고 빈부격차와 소득불균형으로 실제 가입인구는 예상보다 적다. 중류층이 두텁지 않다는 사실 역시 성장을 제약하고 있다. 2007년 중국은 심각한 인플레이션 위협에 직면하였다. 하지만 보험료 수입은 20% 전후 신장된 것으로 나타났다. 그 원인을 증권시장을 통하여 살펴보기로 하자. <그림 3-1>은 보험료 수입과 주가지수 증감률을 나타낸 것이다. 주가지수는 연 평균주가지수 자료를 이용하였다.

<그림 3-1>에서 보듯이 2006년까지 주가지수와 보험료수입은

<그림 3-1> 보험료 수입 증가율과 증시 변화율 추이

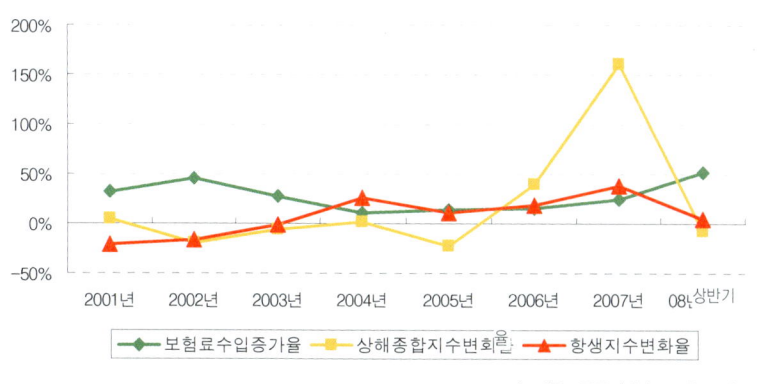

자료제공 : 중국경제정보분석(CEIA)

정반대 흐름을 그렸다. 주가지수가 하락하면 보험료 수입 증가율은 상승하였으며, 그 반대로 상승하면 하락하는 패턴을 나타내었다. 하지만 2007년은 기존 패턴과 달리 동일한 추세흐름을 보이고 있다. 증시가 폭등함에 따라 실현이익 일부를 보험권으로 이전한 것 같다. 증시붕괴가 본격화된 2008년 보험료 수입은 2001년 이후 최고 증가세를 기록하고 있다. 2008년 3분기 말 현재 보험료 수입은 전년동기 대비 50% 정도 확대된 것으로 나타났다. 상식적으로 이해하기 힘든 현상이다. 물가상승과 더불어 경기둔화가 본격화된 2008년 보험은 후순위로 밀릴 수밖에 없다. 하지만 한층 탄력을 받고 있는 그림을 그리고 있다. 여러분이 중국사회를 좀 깊게 이해한다면 수긍이 가는 현상이다.

중국인은 유비무환(有備無患)적 사고가 생활에 깊숙이 파고들어 있다. 국가, 민족에 의지할 생각 자체를 하지 않는다. 친족과 동향을 벗어난 범위는 한마디로 메이관씨(沒關系, 관계없다. 혹은 신경을 쓰지 않는다.)이다. 경기가 심각한 침체기로 전이되지 않는다면 보험시장은 오히려 탄력을 받을 수 있다. 한국과 달리 중국 생명보험시장은 양로보험, 즉 연기금적 성격이 강하다. 다만 보험사 대부분이 증시에 깊숙이 개입하고 있어 시장환경과는 별개로 수익성은 저하될 것으로 판단된다. 일례로 중국평안(2318.HK)은 FORTIS GROUP 투자손실로 2008년 3분기 적자로 전환되었다. 중국평안이 FORTIS GROUP에 투자한 금액은 239억 위안 정도이며, 3분기 손실준비금으로 157억 위안을 적립해 둔 상태이다. 10월 현재 기준 총투자금액의 실가치는 10억 위안을 조금 상회하는 수준으로 추산 되고 있다. 중국평안을 제외한 다른 보험사 역시 대동소이할 것으로 판단된다.

1.1 중국 생명보험시장 현황

생명보험시장 규모는 2004년 이전 30%대 고성장을 지속한 이후 10% 내외로 떨어졌다. 금융시장이 활성화됨에 2007년 20%대를 회복하였으며, 올해 3분기에는 60% 수준을 육박하고 있다. 반면 재산보험은 전년 32% 수준에서 2008년 3분기 20%에 조금 못 미 치는 실적을 기록하고 있다. 경기호황일 때는 재산이 생명보다 높 은 신장률을 보이지만 경기불황일 때는 그 반대의 결론을 도출하 고 있다. 한편 생명보험시장을 상해, 건강, 양로보험으로 세분하여 보면 <그림 3-2>와 같다.

<그림 3-2>에서 보듯이 생명보험시장 대부분을 양로보험이 차지하고 있다. 2007년 88.5%에서 올해 상반기에는 89.4%로 1포 인트 정도 확대되었다. 상해보험과 건강보험은 2.5%와 8.1%에 불 과하다. 노후대책 혹은 투자 수단으로 생명보험을 이용하고 있는 셈이다. <그림 3-2>는 생명보험시장 한계와 더불어 구조적 불 균형을 잘 보여준다. 긍정적으로 보자면 발전잠재력이 그만큼 높다

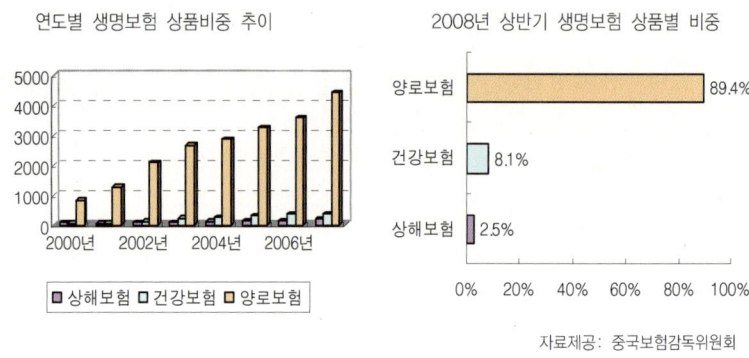

〈그림 3-2〉 생명보험 시장 현황

연도별 생명보험 상품비중 추이

2008년 상반기 생명보험 상품별 비중

양로보험 89.4%

건강보험 8.1%

상해보험 2.5%

□ 상해보험 □ 건강보험 □ 양로보험

자료제공: 중국보험감독위원회

고 볼 수 있다. 보험시장이 성숙된 한국에서도 보험사고가 빈번하게 발생하고 있다. 전 세계적으로는 지급 보험료의 10% 정도를 보험사기 규모로 잡고 있다. 생명보험시장이 양로보험 위주로 재편됨에 따라 지급보험료 대비 10% 정도를 절약하고 있는 셈이다. 이는 곧 중국 보험사 이익확대로 연결된다. <그림 3-3>은 보험지급률을 상품별로 세분화한 것이다.

여기서 보험지급률이란 보험료수입 대비 보험금지급액을 말한다. 보험시장 혹은 개별보험사 수익성 지표로 자주 언급되는 용어이다. 보험지급률이 낮을수록 보험사 이익은 증가하게 된다. 상해와 건강보험은 30%~40% 사이를 배회하고 있는 것으로 나타났다. 양로보험은 2000년 21%에서 하락한 끝에 2005년 9% 수준까지 떨어졌다. 하지만 2006년부터 상승세로 돌아섰다. 특히 2007년 양로보

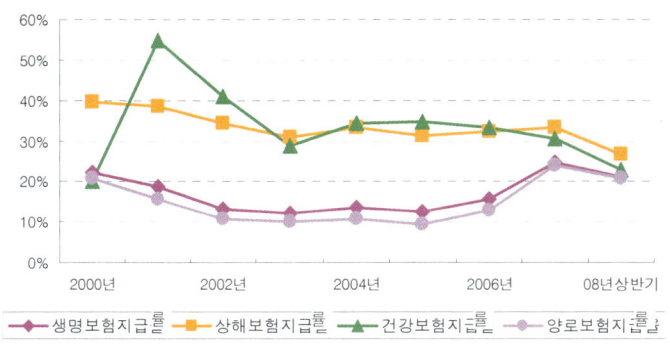

〈그림 3-3〉 생명보험 부문 보험지급률 추이

자료제공: 중국보험감독위원회

험 지급률은 24%로 전년대비 80% 이상 확대되었다. 2008년 상반
기 이 수치는 21%를 기록하고 있다. 양로보험 가입자가 보험금을
수령하는 입장으로 전환되고 있는 셈이다. 전체 생명보험 지급률
역시 양로보험과 비슷한 궤적을 그리고 있다. 2008년 상반기 생명
보험 지급률은 21%로 2007년보다 4포인트 정도 하락하였다. 참고
로 한국 생명보험사 전체 보험지급률은 50%~60% 수준이며 선진
국은 80%에 육박하고 있다. 이는 중국 생명보험사가 한국보다는
2~3배, 선진국보다는 4배 정도 수익성이 좋다는 의미이다. 보험시
장 발전을 놓고 볼 때 현 생명보험시장 구도는 이상적이지 않다.
하지만 양로보험 중심으로 재편된 생명보험 시장은 수익 측면에서
더 없이 이상적이다. 좋은 방향이 언제나 좋은 결과를 창출하는
것은 아니다.

1.2 중국 재산보험시장

재산보험시장은 2004년을 제외하고는 15% 이내의 비교적 완만한 성장을 지속하였다. 2006년 20%대에 안착한 이후 2007년에는 30%를 돌파하였다. 2003년 이후 형성된 성장률 우위(생명보험 대비)기조가 2007년까지는 유효하였다. 다만 경기둔화와 증시폭락이 본격화된 2008년 두 시장 간 성장률 역전현상이 나타났다. 그림 생명과 재산보험 성장률 추이를 그래프를 통하여 살펴보자.

<그림 3-4>는 2001년부터 2008년 상반기까지 보험료수입 증가율을 생명과 재산보험으로 나눈 것이다. 재산보험은 그동안의 성장세를 일단락한 것 같다. 2007년 32%를 정점으로 2008년 상반기

〈그림 3-4〉 생명, 재산보험금 증가율 추이 비교

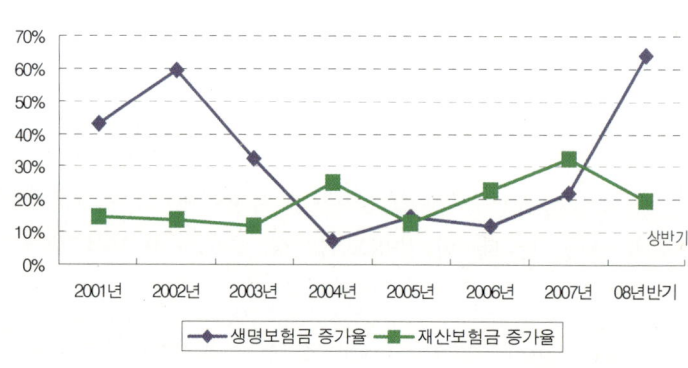

자료제공: 중국보험감독위원회

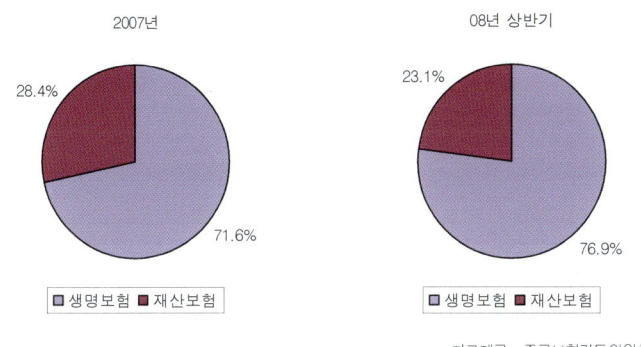

〈그림 3-5〉 생명, 재산보험 시장점유율

2007년

28.4%

71.6%

□ 생명보험 ■ 재산보험

08년 상반기

23.1%

76.9%

□ 생명보험 ■ 재산보험

자료제공: 중국보험감독위원회

약 20%로 떨어졌다. 반면 생명보험은 2006년 이후 형성된 상승세가 한층 탄력받고 있다. 2008년 상반기 두 시장 간의 상승폭은 40포인트 이상 벌려지고 있다. 3분기 역시 동일한 흐름을 보이고 있다. 2002년 46포인트 차이 이후 최대 격차를 실현한 셈이다. 과거 사례가 재현된다면 2009년 재산보험은 올해보다는 둔화양상을 나타낼 것이다. 생명보험 성장률 역시 급감할 것으로 예측된다. 이는 단지 과거 추이를 빗대어 설명한 것뿐이다. 실제 이런 양상으로 전개될지는 장담하기 힘들다.

<그림 3-5>는 두 시장 간 보험료 수입비중을 나타낸 것이다. 2007년에서 2008년으로 넘어서면서 생명보험 우위현상이 한층 강화되고 있다. 2008년 상반기 말 현재 생명보험이 전체보험시장의 76.9%를 점하는 것으로 집계되었다. 2008년 재산보험 시장위축은

〈그림 3-6〉 생명, 재산보험 지급률 추이

자료제공: 중국보험감독위원회

자동차보험 부진에 따른 결과이다. 참고로 자동차보험은 재산보험 시장의 70% 이상을 차지하고 있다. 2007년 재산보험 시장이 30% 이상 팽창한 배경에는 자동차시장 확대가 존재하였다. 자동차시장 상황에 따라 재산보험사 경영실적이 좌우된다는 의미와 동일하다.

한편 생명보험과 재산보험 보험지급률 차이는 얼마나 될까? 이 지표를 통하여 우리는 어떤 시장이 고수익 구조인지 알 수 있다. <그림 3-6>은 2000년부터 2008년 상반기까지 생명보험과 재산 보험 보험지급률 추이를 나타낸 것이다. 생명보험과 달리 재산보험 은 50% 수준에서 거의 일정한 흐름을 유지하고 있다. 두 시장 간 의 보험지급률 차이는 매년 2배 이상 유지되고 있다. 시장 간 격 차가 이렇게 큰 이유는 생명보험의 경우 양로보험 시장으로 성장 함에 따라 정기예금적 성격이 강하기 때문이다. 이에 반하여 재산 보험은 순수한 보험적 특성이 강조되고 있다. 성장성과 수익성 모두 생명보험이 재산보험을 앞지르는 것으로 나타났다. 2009년에도 이 결론은 동일하게 적용될 것 같다. 다만 투자종목 선택문제는 약간 별개로 취급하길 바란다. 보험시장 자체로는 검증 불가능한 개별위험이 존재하기 때문이다. 영업과는 별도로 환 관리, 투자 실패로 흑자 도산하는 경우도 종종 발생한다. 다음 단락에서 이 문제를 조명해 보기로 한다.

1.3 보험권 투자현황

2006년, 2007년 증시활황세를 바탕으로 보험회사들의 적극적인 투자가 이루어졌다. 보험사들은 보험료 수입을 토대로 배상금을 지불하고 남은 여유자금을 운용한다. 보험사 고유 영역에서 이익을 창출하는 것이 가장 이상적이지만 현실은 투자수익에 기운다. 주요 투자대상은 금융상황에 따라 다르다. 대체로 예금, 채권, 주식 등을 들 수 있다. 증시가 활황을 보일 때는 주식비중을 확대할 것이고 그 반대의 경우 예금과 채권비중을 높일 것이다. 그럼 보험사들의 투자형태를 간략히 살펴보도록 하자. 중국 보험회사 자산총액은 일취월장이라는 말이 실감날 정도로 급격히 확대되었다. 2000년 3,374억 위안에 불과하던 것이 2006년에는 1조 9731억 위안으로 5.8배 이상 확대되었다. 2007년에는 2006년보다 57% 정도 급팽창하였다. 7년이라는 짧은 기간에 자산규모는 9배 이상 확대된

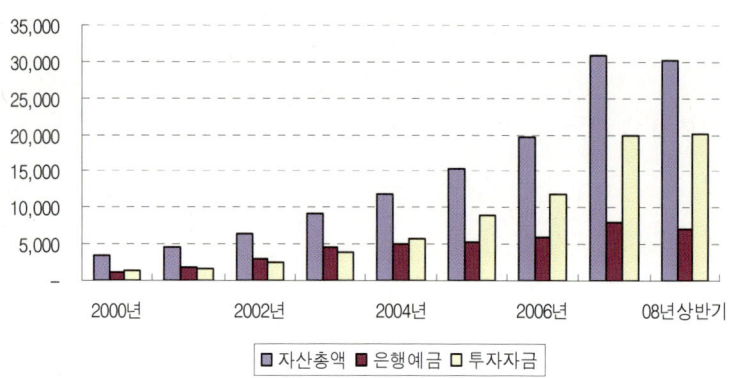

〈그림 3-7〉 보험권 자산구조 현황

자료제공: 중국보험감독위원회

셈이다. 하지만 증시폭락을 경험한 2008년 자산규모는 위축양상을 보이고 있다. 2008년 상반기 보험권 자산규모는 3조 236억 위안으로 2007년보다 715억 위안 감소한 것으로 집계되고 있다.

그럼 보험권 자산은 어떤 형태로 운영되고 있을까? 2003년까지는 예금이 투자를 약간 상회하는 수준이었다. 하지만 2004년부터 그 관계는 역전되었으며 2007년에는 그 격차가 2배 이상 확대되었다. 2007년 전체 자산에서 투자자금이 차지하는 비중은 64% 정도로 집계되었다. 참고로 은행예금은 26% 비중을 나타내고 있다. 2008년 상반기 이 두 수치는 각각 66%와 23%를 기록하고 있다. 대세는 여전히 투자자금인 셈이다.

그럼 투자자금 구성비율을 한번 살펴보기로 하자. 보험사가 주식시장의 큰손이라는 사실은 이미 공인된 사실이다. 보험회사 투자 포트폴리오는 어떤 형태로든지 주식시장에 영향을 미친다. 보수적 접근법을 선호하는 연기금, 보험사 자금은 증시 균형추를 이동시킬 수 있기 때문이다. 참고로 중국보험감독위원회는 2005년 이후 투자자금 구성내역을 비밀에 부치고 있다. 주식시장에 유입된 보험권 자금규모 추적이 그만큼 불투명하게 변한 셈이다. 다만 추산 자체가 전혀 불가능한 것은 아니다. 증시(중국/홍콩)에 유입된 자금흐름을 파악할 공식루트는 없지만 과거자료를 통하여 대강은 유추할 수 있다. 아래 <표 3-1>는 중국경제정보분석(CEIA)이 추산한 보험권 자금운용표이다.

〈표 3-1〉 보험권 자금운용구성표

단위: 억 위안

연도	예금	투자자금						자산총계
		국채	펀드	주식		채권 등	소 계	
				금액	비율			
2000년	1,235	956	134	213	8.4%	-	1,303	3,374
2001년	1,931	796	209	451	12.4%	257	1,713	4,591
2002년	3,026	1,108	308	712	12.9%	376	2,504	6,494
2003년	4,550	1,407	463	799	9.5%	1,160	3,829	9,123
2004년	4,969	2,652	673	656	6.1%	1,731	5,712	11,854
2005년	5,241	3,588	1,099	1,512	10.7%	2,695	8,894	15,226
2006년	5,989	4,759	1,458	2,005	11.3%	3,574	11,796	19,731
2007년	8,032	8,011	2,454	3,376	12.1%	6,017	19,858	30,951
08년 상반기	6,978	9,240	1,855	2,905	10.7%	6,086	20,086	30,236

자료제공: 중국보험감독위원회, 중국경제정보분석(CEIA)

보험업계 투자자산을 국채, 펀드, 주식, 채권 등으로 구분하였다. 주식이라고 표시된 부문은 전체 투자자산에서 국채, 펀드, 채권 등을 차감한 금액이다. <표 3-1>에 기입된 추정치가 실제 주식자산(상장 및 비상장 주식) 규모와 100% 일치한다고 단정하기는 힘들다. 다만 개괄적인 수치는 비슷할 것으로 판단된다. 보험업계 주식자산 규모를 고정비율로 추정할 경우 9,393억 위안 정도로 추정된다. 과거 추세흐름을 감안한다면 1조 1,582억 위안까지 평가금액이 확대될 것으로 판단된다. 이는 당시 시가총액의 3.2%~4.0% 정도에 해당하는 수치이다. 이 수치는 비공식 투자자금을 감안하지 않은 것이다. 비공식 루트를 통하여 증시로 흘러간 자금을 포함한다면 추정 주식자산 규모는 2,000~3,000억 위안 정도 상향 조정될 것이다. 대외적으로 언급되고 있는 수치보다 투자손실이 더 확대될 수 있다는 사실을 의미한다. 평안보험 사례가 그 좋은 예일 것이다.

2. 중국 보험시장을 질주하는 이들

2.1 대표종목 소개

■ 차이나라이프(中國人壽, 2628.HK/601628.SS)

중국 최대 생명보험사로 2007년 생명보험 시장점유율은 40% 내외로 집계되었다. 주 사업인 보험업무 이외에 투자업무도 병행하고 있으며 2007년 주식증권 규모는 1,952억 위안으로 나타났다. 2007년 사업부별 보험료 수입은 개인(양로)보험이 88.0%로 가장 높고 그 다음은 상해와 건강(10.6%), 단체(1.4%) 보험 순이다. 사업부별 순이익 기여도는 생명보험이 91.3%, 상해와 건강보험이 5.2%, 단체보험이 3.5%로 집계되었다. 수익은 보험보다 투자에 좌우되는 경향이 강하다. 2008년 NPI 증가율은 확대된 반면 매출증가율은 마이너스(－) 상태를 기록하고 있다. 투자, 금융서비스 부문 매출감소에 따른 결과로 판단된다. 2008년 상반기 수익성 지표는 2007년과 비슷한 수치를 기록하였다. 다만 3분기로 접어들면서 수익성 악화가 현실화되고 있다.

▣ **중국평안(中國平安, 2318.HK/601318.SS)**

생명, 재산보험 업무 이외에 증권, 은행, 자산관리, 신탁, 기업연금 등으로 사업 영역을 확장하고 있는 다목적 금융회사이다. 중국평안 산하 계열사로 평안신탁(平安信托), 평안증권(平安証券), 평안자산관리(平安資産管理)가 있다. 생명보험은 3위(시장점유율 16.0%), 재산보험은 6위(10.3%)를 점하고 있다. 보험료 수입 가운데 생명과 재산보험 비중은 80%와 20% 정도로 집계되었다. 2007년 주식형 자산은 1,289.3억 위안으로 2006년보다 3배 정도 확대되었다. 2008년 NPI 증가율은 신장된 반면 매출증가율은 마이너스(－) 상태를 나타내고 있다. 그 하락폭도 차이나라이프보다 깊다. 2008년 상반기 말 현재 수익성 지표는 2007년과 비슷한 수치를 나타내지만 2008년 전체 수치는 부정적으로 변할 것이다. FORTIS GROUP 투자손실로 2008년 3분기 적자 전환된 것으로 알려지고 있다.

▣ 중국재산(中國財險, 2328.HK)

중국 최대 재산보험사로 시장 점유율은 43% 전후로 집계되었다. 주 사업 부문은 크게 자동차보험, 상업재산보험, 적하보험 등으로 구분된다. 순 보험료 수입에서 각 사업부가 차지하는 비중은 자동차 보험이 69.9% 가장 높고 그 다음은 상업재산(10.1%), 책임보험(4.1%), 적하보험(3.4%), 상해보험(3.2%) 순이다. 2007년 자동차 보험 손실률은 68% 정도로 나타났다. 상업재산보험은 76% 수준을 기록하였다. 생명보험사와 달리 NPI와 매출신장률이 동조화를 보이고 있다. 2008년 이 두 수치는 전년보다 소폭 하락한 것으로 나타났다. 2008년 상반기 말 현재 적자상태에 빠져 있다. 자동차 시장이 반등하지 않는다면 2009년 역시 부정적이다.

▣ 중바오국제(中保國際, 0966.HK)

타이핑런쇼유(太平人壽)와 타이핑바오시엔(太平保險)이 각각 생명과 재산보험을 양분하고 있다. 재보험사로 중짜이꿔지(中再國際)를 산하에 두고 있다. 생명보험·시장점유율은 3% 전후로 높은 편은 아니다. 최근 시장 점유율 상승을 위하여 공격적인 전략을 추구하고 있다. 2007년 생명과 재산보험 보험료 수입이 50%와 75% 이상 신장하였다. 재산보험의 79% 내외를 자동차보험이 점하고 있다. 2007년 기준 재산보험은 적자상태이다. NPI 수치는 상승세를 지속하고 있지만 투자 부문 위축으로 2008년 상반기 매출증가율은 하락세로 돌아섰다. 수익성 지표가 악화되고 있지만 적자단계는 아니다. 2009년 상승모멘텀을 찾지 못한다면 적자전환 가능성도 존재한다.

2.2 경영실적 비교분석

보험주는 제조업과 달리 3가지 지표로 경영실적을 비교분석하기로 한다. 영업수입(매출액 개념) 증가율로 성장성을 탐색하며 NPI 증가율을 이용하여 사업부 경쟁력을 살펴본다. 마지막으로 영업수입 대비 순이익을 통하여 수익성을 판가름한다. 지면상 생략하였지만 투자자산 비중, 적립금 변화추이 등도 살펴보길 바란다.

〈그림 3-8〉 주요 보험주 성장성 지표(매출증가율)

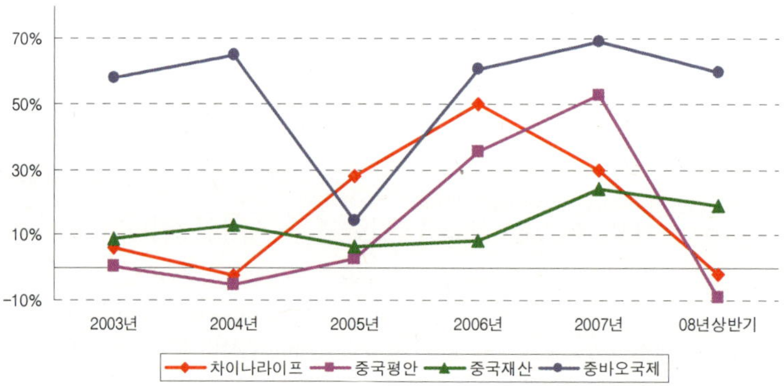

자료제공: 중국경제정보분석(CEIA)

<그림 3-8>은 영업수입 증가율을 나타낸 것이다. 차이나라이프를 제외하고 3종목 모두 2007년을 정점으로 하락반전되었다. 특히 중국평안은 50% 이상 증가율에서 마이너스(-) 9%로 수직 하향하였다. 차이나라이프는 중국평안보다 1년 앞선 2006년에 이미 정점 도달하였으며 2007년, 2008년 모두 영업수입 증가율이 급락한 것으로 나타났다. 2008년 상반기 차이나라이프 영업수입 증감률은 마이너스(-) 2% 수준을 기록하고 있다. 생명보험과 달리 재산보험은 2008년 하락세로 반전되었지만 그 속도는 비교적 완만한 모습을 그리고 있다. 이는 고유의 시장상황 이외에 증권투자자산 비중이 생명보험보다 낮다는 점이 크게 작용한 것 같다.

〈그림 3-9〉 주요 보험주 성장성 지표(NPI증가율)

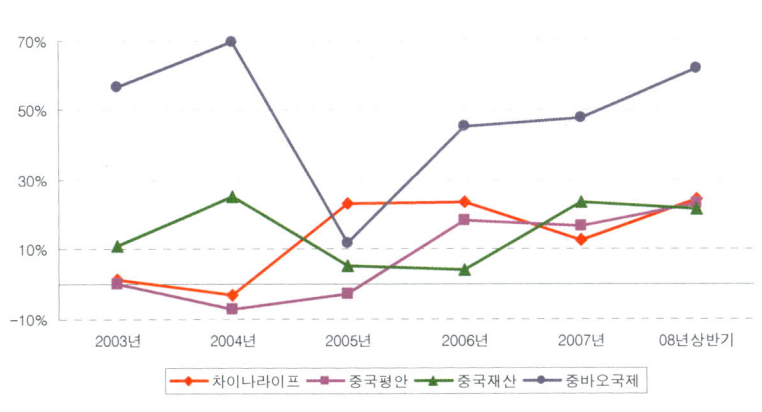

자료제공: 중국경제정보분석(CEIA)

<그림 3-9>는 NPI 증가율을 나타낸 것이다. 앞서 살펴본 <그림 3-8>와 달리 중국재산을 제외하고는 모두 상승세를 나타내고 있다. 즉 보험 부문 자체 성장동력은 퇴색된 것이 아니라 2007년보다 오히려 강화된 셈이다. <그림 3-8>과 <그림 3-9>를 통하여 우리는 보험사 주 성장동력이 보험시장이 아닌 증시라는 점을 발견할 수 있다. 2008년 중국평안과 차이나라이프 영업수입 감소 이면에는 증시 폭락이 존재한 셈이다. 그럼 수익성은 어떠한지 살펴보기로 하자.

〈그림 3-10〉 주요 보험주 수익성 지표

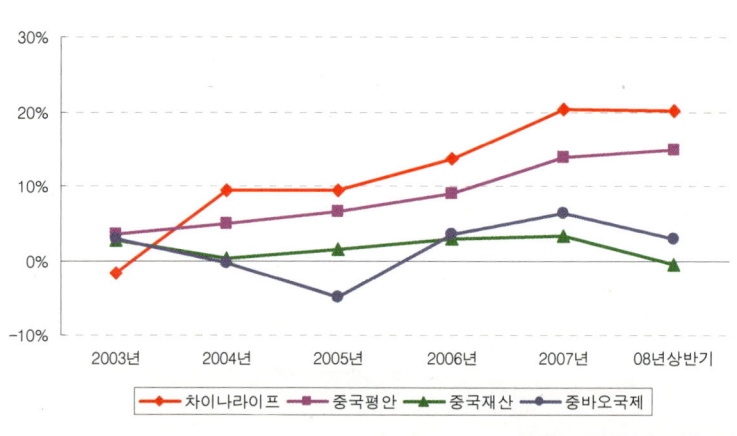

자료제공: 중국경제정보분석(CEIA)

영업수입 감소에도 중국평안 수익성 지표는 2007년보다 약간 호전된 것 같다. 차이나라이프 역시 2007년과 비슷한 20% 수준을 유지하고 있다. 중국재산과 중바오국제는 하락세로 반전되었으며, 중국재산의 경우 마이너스(-) 0.5%를 기록하고 있다. 예상과는 상당히 다른 결론이 도출된 셈이다. 성장률 급락이 수익성 악화로 연결되지 않고 있다. 우리는 그 이유를 크게 두 가지로 가정할 수 있다. 첫째는 손실을 2008년 상반기 회계 반영하지 않은 경우이다. 둘째는 2008년 이전에 안전자산으로 투자포지션을 대부분 이동한 경우이다. 중국평안 사례로 비추어 후자보다는 전자에 추론이 기운다. 참고로 차이나라이프 3분기 수익성은 5% 미만으로 떨어졌으며, 중국평안은 적자를 실현하였다.

3. 개별종목 투자가치 분석

　　금융주의 경우 FCF모형을 통한 가치산출 효용성이 높지 않다. 따라서 종목별 시가총액 산출은 머튼모형만을 이용하고자 한다. 차이나라이프와 중국평안 시가총액은 여전히 머튼모형 추정치보다 과대평가된 것으로 나타났다. 차이나라이프의 경우 거의 2배 수준을 기록하고 있다. 차이나라이프 정도는 아닐지라도 중국평안 역시 추정치와 260억 홍콩달러 정도 격차를 나타내고 있다. 이들 두 종목이 과대평가된 것과 달리 중국재산과 중바오국제는 이론가치를 보다 낮게 시가총액이 형성된 것으로 추산된다. 중국재산은 이론가치 대비 거의 반 토막 수준으로 떨어졌으며, 중바오국제 역시 77% 수준에 불과하다. 생명보험주는 과대평가, 재산보험주는 과소평가된 것이다.

단위: 백만 홍콩달러(HKD)

종목명	시가총액		베타계수	상관관계
	실제	Merton 모형		
차이나라이프	659,712	338,382	1.13	0.87
중국평안	270,894	244,987	0.78	0.47
중국재산	28,263	52,283	1.07	0.81
중바오국제	17,853	23,086	0.71	0.45

자료제공: 중국경제정보분석(CEIA). 시가총액은 2008년 10월 기준임.

　베타계수가 1을 상회하는 종목은 차이나라이프와 중국재산으로 나타났으며 중국평안과 중바오국제는 0.7 수준을 기록하고 있다. 홍콩증시 변화에 중국평안과 중바오국제보다 차이나라이프와 중국 재산이 더 민감한 주가흐름을 보인다고 할 수 있다. 이런 결론은 상관관계 수치를 통해서도 재발견할 수 있다. 두 종목 모두 0.8 이상을 나타내고 있다. 추세뿐만 아니라 그 등락폭 면에서 H지수와 상당히 높은 동조화를 보인 셈이다. 그럼 이들 종목의 이론주가를 살펴보기로 하자.

　앞서 <표 3-1>과 달리 <표 3-2>는 PER모형을 추가하여 살펴보았다. PER모형의 경우 차이나라이프 주가를 최소 16, 최대 31홍콩달러로 추산하고 있다. 머튼모형 역시 큰 격차를 보이지는 않지만 PER모형보다는 약간 적정주가를 낮게 보고 있다. 12~28 홍콩달러를 적정주가로 제시한다. 차이나라이프 실제주가가 모형을 통한 추정 값 범위에 걸쳐 있지만 보수적 투자자라면 15홍콩달러

〈표 3-3〉 보험주 주가 추정

단위: 홍콩달러(HKD)

종목명	실제주가	PER 수치도출		머튼모형	
		최소	최대	10년	50년
차이나라이프	23.34	16.63	31.29	11.97	27.97
중국평안	36.88	30.61	57.60	33.35	75.51
중국재산	2.54	3.37	6.12	4.69	11.30
중바오국제	12.61	8.98	24.72	16.27	39.83

자료제공: 중국경제정보분석(CEIA). 실제 주가는 2008년 10월 평균주가를 의미함.

전후까지 관망하여도 무방할 것이다. 중국평안 역시 추정범위 안에서 주가가 형성되고 있다. 다만 차이나라이프와 달리 최대값보다는 최소값에 더 가까운 행보를 나타낸다. 기타 요인을 고려하지 않는다면 추가 하락폭은 그리 크지 않다.

앞서 살펴본 2종목과 달리 중국재산은 상당히 저평가된 모습을 그리고 있다. 모형 최저가보다 거의 1홍콩달러 낮게 형성되고 있다. 매수 시그널을 시장에 뿌리고 있는 셈이다. 중바오국제는 조금 혼란된 모습을 나타낸다. 실제주가가 추정치 범위를 벗어나지 않는다는 점에서 차이나라이프와 중국평안과 동일한 결론을 제시한다. 다만 최소주가에 포커스를 둔다면 좀 생각해 볼 필요가 있다. 머튼모형 최소값보다는 4홍콩달러 정도 저평가되어 있지만 PER모형을 대입할 경우 여전히 3.5홍콩달러 고평가된 상태이다. 4종목 가운데 명확히 매수 시그널을 보이는 것은 중국재산밖에 없는 것 같다.

4. 기술적 분석으로 본 보험주

4.1 보험주 주가흐름

<그림 3 - 11>은 상대비교의 중요성을 실감나게 하는 그래프이다. 주가를 놓고 보았을 때 중국평안에 견줄 보험주는 없는 것 같다. 100홍콩달러를 넘어 110홍콩달러 수준을 넘본 때도 존재하였다. 차이나라이프만이 50홍콩달러에 턱걸이 한 적이 있으며 타 종목들은 30홍콩달러 문턱도 넘지 못하였다. 주가수준에 포커스를 둔다면 상승장은 중국평안 홀로 만끽한 것 같다. 하지만 우측 그래프를 보면 이런 생각을 수정할 것이다. 최대상승률을 기록한 종목은 중국평안이 아닌 차이나라이프이다. 중바오국제 역시 중국평

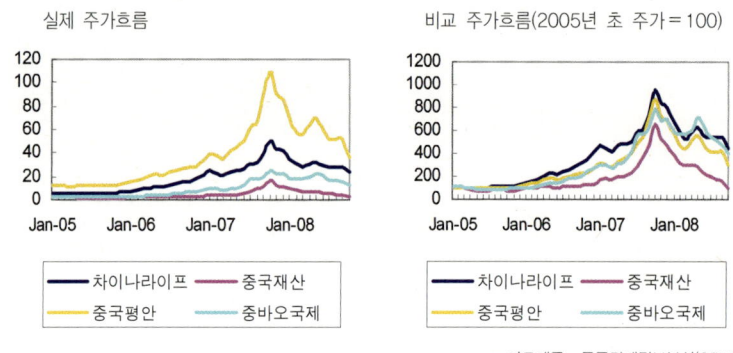

〈그림 3-11〉 종목별 주가흐름 추이

실제 주가흐름

비교 주가흐름(2005년 초 주가 = 100)

자료제공: 중국경제정보분석(CEIA)

안과 큰 격차는 보이지 않는다.

　[좌측] 그림에는 그저 밋밋한 상승세로 밖에 표현되지 않던 중국재산 역시 실제로는 최대 6배의 주가상승률을 기록하였다. 증시상승 과실은 보험주가 모두 누린 것 같다. 타 업종은 그래도 종목별로 상승폭이 이원화되는 모습을 보였다. 하지만 보험주는 종목 전체가 동반 상승한 것 같다. 2007년 10월 이후 비록 하락세로 반전하였지만 차이나라이프와 중바오국제의 경우 2005년 1월 대비 4배 수준을 여전히 유지하고 있다. 중국평안 역시 3배 수준을 기록하고 있다. 4종목 가운데 중국재산만이 유일하게 2005년 초 수준으로 회귀하는 모습을 그리고 있다. 추가 하락 압력은 중국재산이 가장 낮을 것으로 판단된다.

4.2 보험주와 MACD

〈그림 3 - 12〉 MACD로 살펴본 종목별 주가현황

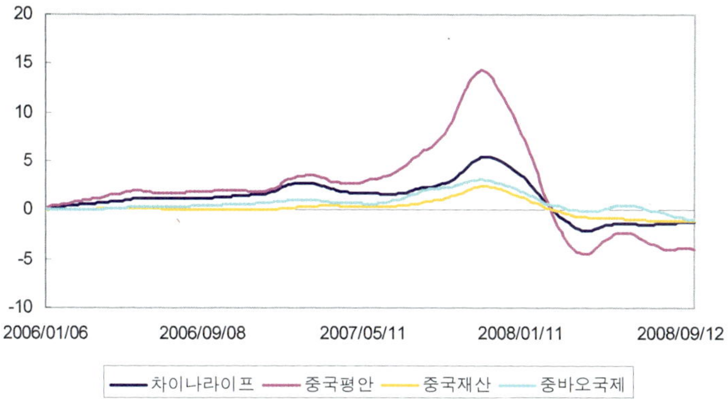

자료제공: 중국경제정보분석(CEIA)

중국평안 MACD 시그널은 여전히 출렁이는 모습을 그리고 있다. 횡보를 통한 바닥점검보다는 한차례 물결을 더 예고하는 그래프이다. 안정에 포커스를 둔 투자자라면 타 보험주보다 좀 더 타이밍을 늦출 필요가 있다. 돌다리를 좀 더 두들겨 보는 투자자세가 요구된다. 차이나라이프는 하락에서 우상향하는 모습을 나타내고 있다. <그림 3 - 12>상에서는 명확히 표시되지 않지만 중국평안을 제외할 경우 상향 시그널이 뚜렷이 감지되고 있다. 다만 마이너스(-) 구간에서 (+)로 전환된 것은 아니다. 중바오국제는 유일하게 시그널이 추가 하락세를 나타내고 있다. 하락세가 일단락된

것은 아닌 것 같다. 매수 시그널을 가장 늦게 발생시킬 가능성이 높다. 한편 중국재산은 상대적으로 안정적인 시그널 흐름을 보이고 있다. 타 종목이 시그널 등락을 보이는 데 반하여 횡보세를 차분히 지속하고 있다. 매수 시그널이 발생한다면 그 신뢰도 면에서 높은 점수를 줄 만하다. 그럼 매물대 분석으로 넘어가기로 한다.

4.3 매물대로 본 보험주

차이나라이프의 경우 25～34홍콩달러 사이에 매물대가 집중된 모습을 그리고 있다. 그중 특히 28～30홍콩달러 구간에 긴 막대그래프가 형성되어 있다. 25홍콩달러 아래, 35홍콩달러 위쪽 구간은 상당히 취약한 것으로 나타났다. 이 말은 35홍콩달러 이상에서 차이나라이프를 매수한 투자자는 거의 고점수준에 들어갔다고 보면 된다. 25홍콩달러 아래 구간이 취약한 이유는 지지선이라 생각한 매물대 구간이 붕괴됨에 따라 매도타이밍을 놓친 투자자가 상당수 존재한다는 것을 의미한다. 이 구간은 지켜지겠지 하는 막연한 기대감이 강하게 작용한 것으로 볼 수 있다. 차이나라이프 정도는 아니더라도 중국평안 역시 중간 구간(45홍콩달러～65홍콩달러)이 상당히 두텁다. 현재 주가가 그 구간 위에서 놓여 있다면 강력한 지지선으로 작용하겠지만 불행히도 실제 주가는 그 밑에서 머물러 있다. 또한 하락 와중에 38홍콩달러에 매물대가 하나 더 추가된

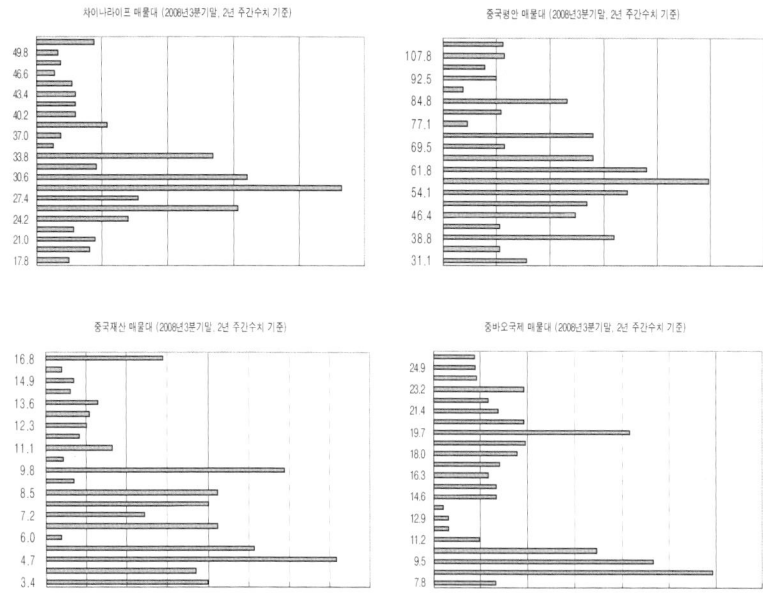

〈그림 3 - 13〉 종목별 매물대(2008년 3분기 말, 2년 주가수치 기준)

자료제공 : 중국경제정보분석(CEIA)

모습을 나타내고 있다. <그림 3 - 11>에 나타난 기술적 반등 구간에 형성된 매물대인 것 같다. 차이나라이프보다 상승을 가로막는 요인이 두텁다.

중국재산은 상대적으로 매물 집중현상이 차이나라이프와 중국평안보다 약하다. 4~5홍콩달러에 1차 매물대가 형성되어 있으며, 그 위쪽으로는 9~10홍콩달러 사이에 2차 매물대가 구축되어 있다. 10홍콩달러 이상에서는 뚜렷한 매물대가 감지되지 않는다. 1차 매물대(4~5홍콩달러) 이하에서 진행 중인 추가 매물대가 주가상승의 부담으로 작용할 소지가 크다. 중바오국제는 매물대는 뚜렷한 구간성을 나타낸다. 9홍콩달러를 기준으로 상하좌우에 두터운 장벽이 있으며, 그 구간을 넘어선다면 바로 14홍콩달러 턱밑까지 다다를 것 같다. 그 이후 19홍콩달러 전후로 앞서 살펴본 9홍콩달러와 같은 매물벽이 존재한다. 1차 매물대보다는 2차 매물대가 더 견실하며 중간 중간에 장벽도 놓여 있다. 홍콩증시가 구조적 상승을 보이지 않는 한 2차 매물벽은 종목 자체 동력으로는 돌파하기 힘들 것 같다.

제4장 계록과 같은 은행주

1. 중국 은행업 분석

1.1 은행업 현황이해

은행주에 대한 분석에 앞서 중국 은행권 현황을 살펴보고자 한
다. 2008년 상반기 말 현재 중국 은행권 자산총액은 57조 7420억
위안으로 2007년 중국 GDP의 2.3배 정도를 유지하고 있다. 부채
총액은 54조 4001억 위안으로 집계되었다. 자산대비 부채비율은
94.2%로 2007년과 거의 비슷한 수치를 제시한다. 참고로 2005년
과 2006년보다는 1.3포인트, 0.7포인트 정도 하락한 것으로 조사되
었다. 위 수치를 통해 우리는 자산(대출)이 부채(예금)보다 더 빠른
속도로 팽창하고 있다는 사실을 알 수 있다. 2008년에는 정체현상

을 나타내고 있지만 이는 통화정책 영향 이외에 규모팽창 범위가 정점에 도달하였다는 것을 암시한다. 자산대비 부채비율 하락 원인은 대출금 증가와 예금축소에서 찾을 수 있다. 경제성장이 소비보다는 투자 중심으로 달성됨에 따라 은행권 부담이 확대되고 있는 셈이다.

한편 신장률 둔화현상은 2008년 2분기에 이어 3분기에도 동일하게 관찰되었다. 자산신장률은 1분기 20.8%에서 2분기 19.0%, 3분기 17.2%로 집계되었다. 부채증가율은 1분기 20.0%, 18.4%, 16.6%를 기록하였다. 다만 두 수치 간 신장률 감소는 거의 비슷한 수준을 그리고 있다. 중국 은행권 이익규모는 2001년 232억 위안에서 2006년 2,568억 위안으로 11배 이상 신장되었다. 2007년에는 2006년보다 1.7배 이상 확대 것으로 집계되었다. 은행권 평균 자본이익률과 자산이익률은 16.73%와 0.92%로 나타났다. 불량대출비율은 2001년 25.4%에서 2008년 상반기 말 현재 5.58%로 대폭 하락하였다.

참고로 경제성장률이 1% 하락할 때 중국 은행권 불량대출률은 최소 0.9%에서 최대 1.5%까지 확대되는 것으로 알려진다. 2007년 중국경제는 연 11%라는 경이적인 성장률을 실현하였다. 하지만 2008년은 9%대로 주저앉을 것이 유력하며 내년은 8%대도 장담하기 어렵다. 2008년 상반기 불량대출비율은 5.58%로 집계되고 있지만, 실제수치는 이보다 최소 2포인트 이상 높을 것으로 추측된다.

또한 2009년은 잠재 불량대출 규모가 10%대를 넘어설 수도 있다. 2009년은 수익보다는 안정이 투자의 최우선 과제이다. 그럼 은행주 매입에 있어서 고려하여야 할 사항을 한번 살펴보기로 하자.

1.2 종목 매입 시 고려할 사항

▣ 자본시장과 화폐시장

2006년 이전에는 증시와 은행권 자금흐름 간의 연관성이 그리 크게 부각되지 않았다. 전혀 별개의 시장으로 인식된 것이 좀 더 명확한 표현일 것이다. 중국인 입장에서 은행예금은 미래를 보장하는 최선의 수단으로 자리 잡았으며, 사회보장비용을 국가에서 개인으로 이전함에 따라 이런 관념은 더욱 심화되었다. 그 결과 은행들은 저비용으로 막대한 예금을 흡수할 수 있었으며 이를 기업과 개인에게 대출함으로써 손쉽게 프리런치(Free Lunch)를 즐길 수 있었다. 하지만 2005년 이후 증시가 활황세를 보임에 따라 이런 구조에 변화가 감지되었다. 여유자금을 맹목적으로 은행에 예치하던 단순 재테크에서 주식과 펀드로 투자수단을 다양화한 것이다. 그렇다고 은행의 지배적 위치가 무너졌다고 볼 수는 없다. 중국 금융시장은 여전히 화폐시장 중심으로 움직이고 있다. 자본시장은 기업 자금통로 역할에 방점이 놓인 상태이다. 자본시장 관련 거의 모든

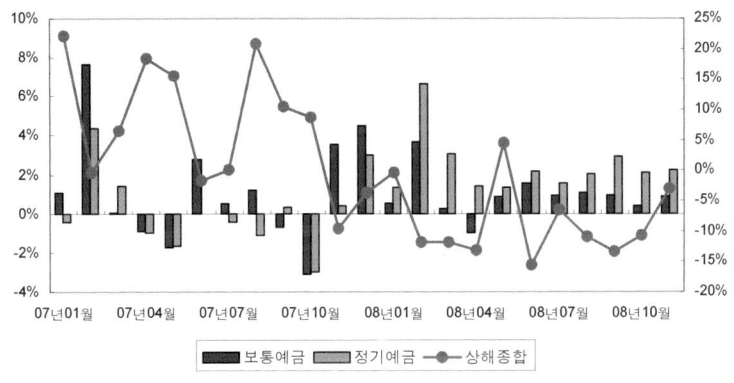

〈그림 4-1〉 본토증시와 예금유출입 간의 관계

자료제공: 중국경제정보분석(CEIA)

정책이 투자자보다는 자금수요자에 포커스를 둔 채 집행되고 있다.

<그림 4-1>은 2007년 1월부터 2008년 11월까지 예금과 상해 종합주가지수 변화율 추이를 나타낸 것이다. 보통과 정기예금이 확대된 월에는 대체로 증시가 하락하는 경향을 보이고 있다. 그 반대 역시 성립한다. 위 그림은 중국 투자자들이 2007년 그동안 신주단지처럼 모셔두었던 정기예금을 해약하고 주식시장으로 자금을 전환시켰다는 것을 반증한다. 혹자는 은행권 예금감소에 별 의미를 부과하지 않을 수 있다. 하지만 이 사실은 은행권뿐만 아니라 주식시장에도 상당한 의미로 다가온다. 중국이 개혁개방을 실시한 이후 은행권 예금이 감소세를 보인 해는 2000년 초 IT 버블 당시를 제외하고는 거의 없다. IT 버블 붕괴와 함께 당시 중국 증시는 하

락세로 반전되었으며 예금 역시 상승 전환되었다. <그림 4-1>에서 보듯이 예금액이 증가한 2007년 2월과 6월 상해종합 주가지수 하락폭이 상대적으로 컸다. 2007년 4월의 경우 보통예금과 정기예금 모두 감소된 반면 상해종합주가 지수는 큰 폭의 상승세를 기록하였다. 2007년 5월의 경우 예외적으로 예금감소에도 불구하고 증시가 하락된 것으로 나타났다. 하지만 그 정도는 그리 크지 않았다. 2008년에도 이런 추세는 유지되고 있다. 2008년 2월 예금은 큰 폭으로 확대된 반면 증시는 급락세로 마감되었다. 6월, 8월, 9월 역시 비슷한 모습을 보이고 있다. 예금이 확대된 월에는 증시가 대체로 탄력을 받지 못하고 있다. 다만 그 인과관계, 즉 선후 영향력은 면밀히 검토할 필요가 있다.

▣ 투명성과 불량채권

2001년 중국 은행권 불량대출 비율은 25.4%로 은행권 전체가 부실화 상태에 있었다. 당시 자주 언급된 문제가 바로 중국 금융위기 가능성이다. 중국 정부는 1997년 은행권이 대출한 국영기업 불량채권 1조 4,000억 위안을 처리하기 위해 4개의 금융자산관리 공사를 설립하였다. 2006년 3월 말 기준 8,663억 위안이 처리 완료된 상태이며 현금회수 금액은 1,806억 위안 정도로 알려진다. 또한 2001년부터 2006년까지 중국 정부는 은행권 부실화 방지를 위해 15번에 걸쳐 3조 4,700억 위안을 투입하였다. 그 결과 중국 은행권 전체 불량채권비율은 25.4%에서 수직 하향하게 되었다. 중국 정부의 구제금융과 IPO를 통한 자본확충이 없었더라면 4대 국유상업은행은 디폴트 위기에 직면하였을 것이다.

중국 정부는 직간접으로 주요 상업은행의 지분 70% 정도 보유하고 있다. 정부를 기관투자자라고 가정한다면 2007년 중국 정부는 기록적인 투자성과를 실현한 셈이다. 주요 상업은행(농업은행 제외, 2007년 말 기준) 시가총액 합계만 4조 위안을 초과한다. 문제는 중국 은행권 자산가치 확대에 지대한 공헌한 세력이 정부가 아닌 투자자라는 사실이다. 투자자는 투자대상물의 자산가치가 향상되어 매입가격보다 높은 수준에서 주식이 매도되길 바란다. 은행권 투명성 문제가 중요한 이유도 여기에 있다. 대주주, 즉 정부입장에서는 충분한 안전마진(낮은 지분매입단가)을 무기로 상당 기간 버틸 수가 있다. 하지만 여러분은 아니기 때문이다. 여기서 버틴다는 용어는 '부실채권 정리 혹은 자산안전화를 위하여 은행권에 정부가 추가 특별자금을 편성하지 않는 것'을 일컫는다.

이전에는 부실문제가 발생할 경우 정부 이외에는 다른 수단이 존재하지 않았다. 하지만 지금은 투자자가 존재한다. 주요 상업은행이 주식제로 전환됨에 따라 정부 이외에 자본확충 루트가 확보된 것이다. 국유은행의 주식제 전환을 서둘러 밀어붙인 이유도 여기에 있다. 무한책임을 가진 정부로써가 아닌 대주주로서 은행경영

단위: 억 위안, %

구분		2005년		2006년		2007년		2008년 상반기	
		금액	비율	금액	비율	금액	비율	금액	비율
불량 대출	기간초과	3,337	2.19%	2,675	1.51%	2,183	1.06%	2,154	0.97
	체납	4,990	3.27%	5,189	2.93%	4,624	2.25%	4,295	1.93
	회수불능	4,807	3.15%	4,685	2.65%	5,877	2.86%	5,976	2.68
	총계	13,134	8.61%	12,549	7.09%	12,684	6.17%	12,425	5.58
주요 상업 은행	국유상업	10,725	10.48%	11,703	9.22%	11,150	8.05%	11,032	7.43
	주식형	1,412	4.22%	10,535	2.81%	860	2.15%	731	1.65
	소계	12,197	8.90%	1,168	7.51%	12,010	6.72%	11,763	6.10
성시상업은행		842	7.73%	654.7	655	512	3.04%	502	2.72
농촌상업은행		57	6.03%	153.6	154	131	3.97%	122	3.26
외자은행		38	1.05%	37.9	38	32	0.46%	38	0.50

자료제공: 중국은행감독위원회, *국유상업은행: 공상, 건설, 농업, 중국, 교통은행 주식형 상업은행: 증권거래소에 상장된 초상은행, 중신은행, 광대은행, 심발전 등이 12개 은행을 통칭함.

에 책임을 진다는 의미이다. 2006년 경제정책 1순위가 바로 국유상업은행의 주식제 전환이었다. 중국정부는 시장감독 기능강화를 통한 화폐시장 효율성 향상뿐만 아니라 부실화 책임을 시장에 떠넘긴 셈이다.

　<표 4-1>는 2005년부터 2008년 상반기까지 은행종류별로 불량채권 현황을 살펴본 것이다. 2005년 8.61%에서 2008년 상반기 말 현재 5.58%까지 하락하였다. 소유구조로는 국유상업은행이 7.43%로 가장 높고 외자은행이 0.50%로 가장 낮다. 주식형 상업은행 역시 1.65%로 비교적 낮게 조사되었다. 참고로 2008년 2분

기 122억 위안을 기록한 농촌상업은행 불량대출이 3분기로 접어들면서 209억 위안으로 대폭 확대된 것으로 나타났다. 불량대출 비율은 4.44%로 국유상업은행(7.35%)보다는 낮지만 은행권 가운데 유일하게 불량대출이 상승세를 그리고 있다. 다만 위 수치가 은행권 건전성을 투명, 정확하게 반영하고 있는가에 대해서는 여전히 의문점이 남는다. 부동산 시장을 통하여 그 단면을 살펴보기로 하자.

10월 중국국가통계국 발표자료에 의하면 부동산 공실(미분양 주택) 규모는 1.3억 평방미터(㎡) 정도인 것으로 나타났다. 하지만 관련 업계는 1.5~2억 평방미터로 추산하고 있다. 중국 평균부동산가격(평방미터당 3,000위안) 기준 최소 4,500억 위안에서 최대 6,000억 위안이 잠긴 상태이다. 위 수치도 상당히 보수적인 것으로 판단되는데, 은행권 모기지대출 대부분이 경제발전 지역에 집중되어 있기 때문이다. 중국 평균부동산 가격보다 주요 도시 평균부동산 가격을 적용하는 것이 더 타당할 것이다. 주요 도시 가운데 평방미터당 10,000위안을 돌파한 곳도 상당수 존재하였다. 1조 위안까지 확대하여도 큰 무리가 없는 추정치이다. 이 수치도 전체 부동산 시장이 아닌 공실 부문만을 따로 발췌한 것이다. 제조업 등으로 확산될 경우 중국 은행권 잠재부실 규모는 상상을 초월할 수도 있다.

비공식적인 분석은 논외에 두고 공식적인 발표치만 볼 때 자산안정성은 공상은행, 건설은행 같은 국유상업은행보다 주식형 상업은행이 더 건실한 것 같다. 경제와 증시상황이 긍정적이라면 애써

외면할 수도 있다. 하지만 상황이 부정적으로 바뀐다면 눈앞의 태산처럼 투자를 짓누를 수 있다. 2009년은 경기불황, 부동산 대출 부실화 문제가 본격적으로 은행주 발목을 잡을 것이다.

1.3 성장방식

은행주에 관심을 보이는 이유는 안정성과 함께 성장 가능성 때문이다. 경제대국으로 부상하고 있지만 경제발전 단계로 보면 중국은 아직 개발도상국이다. 적어도 10년간은 높은 성장을 유지할 기본적 토양은 마련된 셈이다. 2009년 비록 8% 성장률 유지에 의문을 표하는 곳도 있지만 미국, 유럽 등 기타 선진국은 마이너스(-) 성장이 유력시되고 있다. 절대적 수치는 동반하락을 보이지만 성장률 격차는 여전히 유효하다. 경제성장은 필연적으로 투자를 수반하며, 이는 은행권 자금지원으로 연결된다. 생산과 저축이 사회주류 시스템인 것을 감안한다면 은행은 안정적인 공급자와 구매자를 모두 확보한 셈이다. 문제는 수익성을 동반한 성장인지 아니면 외형만 부풀려진 성장인지 판가름하는 것이다. 해외진출이 미진한 현재 내부시장을 두고 은행 간 경쟁은 불가피하다. 성장은 가능할지라도 수익은 장담할 수 없는 상황이다. 참고로 예대마진이 전체 은행권 수익의 90% 내외를 차지하고 있다. 성장에 집중된 경영구조가 이제는 이익 부문으로 옮겨질 것 같다.

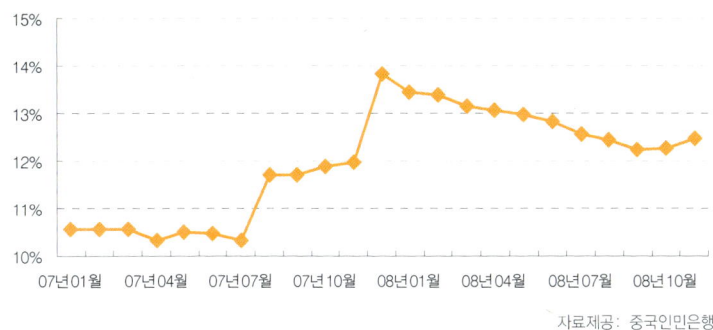

〈그림 4-2〉 은행권 포트폴리오 투자비중 추이

자료제공: 중국인민은행

<그림 4-2>는 2007년 1월부터 2008년 11월까지 운용자산대비 포트폴리오 투자비중을 나타낸 것이다. 그림에서 보듯이 2007년 7월까지 큰 추세변화는 없었다. 하지만 2007년 8월 11.7%로 전월보다 1.4포인트 가까이 확대되었다. 몇 달간 보합세를 보인 후 12월 1.9포인트 급등하는 모습을 보이고 있다. 올해로 접어들면서 포트폴리오 투자비중은 하향곡선을 이어가고 있다. 2008년 11월 현재 은행권 포트폴리오 투자총액은 6조 5,907억 위안으로 전체 운용자산의 12.5% 정도를 점하고 있다. 1포인트 등락을 가볍게 생각하는 투자자도 있을 것이다.

하지만 이 수치를 금액으로 환산한다면 5,000억 위안을 초과한다. 1위안을 한화 180원으로 가정할 경우 90조 원에 육박하는 금액이다. 2007년 한국 국가예산의 35% 전후에 해당하는 수치이다.

2008년 글로벌 경기침체와 금융위기가 발생하지 않았다면 금융 부문 해외진출은 한층 강화되었을 것이다. 선행 진출기관의 경우 벌써 해외투자 부실문제가 불거지고 있다. 시범단계에서 좌절의 고배를 마시고 있는 상태이다. 적극적 행보 이전에 터진 국제금융위기가 어쩌면 전화위복의 계기가 될 수도 있다. 자칫 내우외환의 상태에 빠질 수 있었다. 앞으로 상당 기간 중국 은행권 해외진출 전략은 답보상태에 빠질 것으로 생각된다. 그만큼 내수시장의 경쟁은 치열해질 것이다.

2. 계륵과 같은 은행주

2.1 대표종목 소개

■ 공상은행(工商銀行, 1398.HK/601398.SS)

중국 최대 상업은행으로 2005년 10월 홍콩증권거래소에 상장되었다. 2007년 자산총계는 8조 6,837억 위안으로 그중 45.6% 정도가 대출자산이다. 고객별 대출금 비중은 기업대출이 71.6%로 가장 높고 그 다음이 개인(18.4%)과 할인어음(6.2%) 순이다. 개인대출의 71% 이상이 모기지 관련 대출이며, 기업대출의 과반수가 국유기업에 집중되어 있다. 투자 부문은 일반투자증권(국채, 금융채 등), 재

조정증권(특별국채, 재경부 및 특별 인민은행 어음, 자산관리관리공사 채권 등), 주식으로 구분되며 2007년 현재 그 비율은 66.7%, 33.1%, 0.2%로 나타났다. 자산관리 부문이 전체 수수료 수입의 40% 이상을 점하였다. 2008년 상반기 말 현재 순이자 마진은 상승세를 기록하는 데 반하여 자산규모 대비 순이익비율은 2007년보다 하락한 것으로 나타났다. 2008년 증시폭락 영향으로 판단된다. 수치상으로 불량대출 비율이 하락세를 유지하고 있다. 하지만 부동산 버블, 기업 파산에 따른 잠재손실액은 상당할 것으로 전망된다.

◼ 건설은행(建設銀行, 0939.HK)

건설은행은 중국 4대 상업은행으로 2007년 말 현재 자산총계는 6조 5,982억 위안으로 그중 48.2%가 대출자산이다. 증권투자자산과 중앙은행예금은 각각 32.9%와 14.7% 정도로 나타났다. 고객별 대출금 비중은 기업대출이 71.7%로 가장 높으며 개인대출의 73% 정도가 모기지 관련 대출이다. 투자 부문은 크게 일반투자증권(국채, 금융채 등), 받을 어음, 주식(펀드포함) 등으로 구분되며 그 비율은 각각 73.3%, 25.0%, 1.7%로 나타났다. 2007년 6.3억 달러를 서브프라임 모기지 감액손실로 설정하였다. 2007년 순 영업수입의 14.2%가 정도가 수수료 사업 부문에서 달성되었다. 순이자 마진은 2008년 상반기 말 현재 상승세를 유지하고 있다. 다만 상승기울기는 공상은행보다 완만한 것으로 나타났다. 공상은행과 동일하게 자산규모 대비 순이익비율은 2007년보다 하락한 것으로 집계되었다. 불량대출 비율이 하락세를 유지하고 있지만 2009년 잠재손실액이 표면화될 가능성 역시 존재한다.

▣ **교통은행(交通銀行, 3328.HK/601328.SS)**

교통은행은 중국 주요 상업은행으로 2005년 6월 홍콩증권거래소에 상장되었다. 2007년 자산총계는 2조 1,104억 위안으로 그중 51.4% 정도가 대출자산이다. 자산별 수익률은 고객대출금이 6.33%로 가장 높고, 그 다음은 어음, 투자증권 등의 순이다. 기업대출과 개인대출 비중은 각각 81.3%와 15.6%로 조사되었다. 개인대출의 65.5% 정도가 모기지(mortgage) 관련 대출로 주요 상업은행보다는 그 비율이 낮은 편이다. 예금은 기업 부문이 63.8%, 개인 부문이 34.5% 정도 비율을 점하고 있다. 2007년 전체 수입의 11.3% 정도가 수수료 사업 부문에서 달성된 것으로 조사되었다. 순이자 마진은 2008년 상반기 말 현재 상승세를 유지하고 있다. 상승기울기도 공상, 건설은행보다 가파르다. 교통은행 역시 증시붕괴로 자산규모 대비 순이익비율은 하락세를 기록하였다. 2008년 상반기 말 현재 불량대출 비율이 2% 이내를 기록하고 있지만 부실문제가 표면화될 경우 동사 역시 피해갈 수 없을 것이다.

■ 초상은행(招商銀行, 3968.HK/600036.SS)

화남(華南)과 화동(華東) 지역을 중심으로 사업을 영위하는 중국 주요 상업은행이다. 4대 국유상업은행을 제외한 13개 상업은행 가운데 예금과 대출 부문에서 랭킹 2위를 점하고 있다. 개인소비금융 부문은 시장점유율로 1위를 달리고 있다. 2007년 자산총계는 1조 3,106억 위안으로 그중 51.4% 정도가 대출자산으로 집계된다. 증권투자자산과 중앙은행예금은 각각 18.6%와 11.2%로 조사되었다. 고객별 대출비중은 기업대출이 66.2%로 과반수를 차지하고 있다. 2007년 회계 반영된 금융자산은 108억 위안(4.4%)으로 그중 71억 위안이 주식, 파생상품 및 기타 채권으로 알려진다. 2007년 영업이익의 15.5% 정도가 수수료 부문에서 달성되었다. 2008년 상반기 말 현재 순이자 마진 수치가 가파르게 상승하고 있다. 자산 규모 대비 순이익 비율은 하락 반전되었지만 그 기울기는 상대적으로 완만하다. 2008년 상반기 말 현재 불량대출 비율이 1%를 약간 상회하는 것으로 알려지고 있다.

2.2 경영실적 비교분석

은행주 역시 3가지 지표를 통하여 경영현황을 분석하고자 한다. 은행업종은 증권, 보험과 달리 투자기능보다는 화폐기능이 강조된

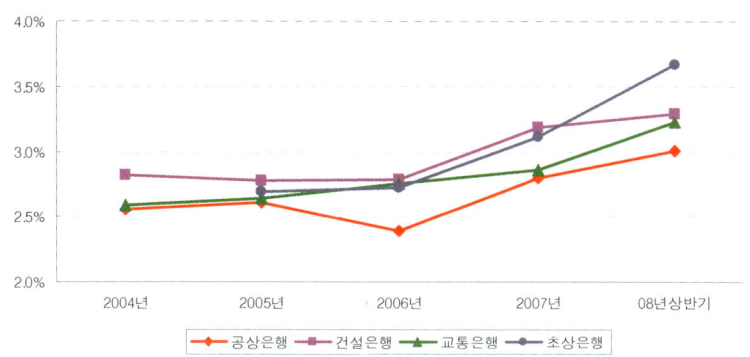

〈그림 4-3〉 주요 은행주 수익성 지표(순이자 마진)

자료제공: 중국경제정보분석(CEIA)

다. 즉 예금금리와 대출금리 차이를 통한 수익률 달성에 포커스를
둔다. 본 단락에서는 이런 특징을 기초로 분석을 진행한다. <그림
4-3>은 2004년부터 2008년 상반기까지 은행별 순이자 마진 추
이를 살펴본 것이다. 정도의 차이는 있지만 모두 상승곡선을 그리
고 있다. 종목별로는 초상은행이 3.66%로 가장 높고, 그 다음은
건설은행(3.29%), 교통은행(3.22%), 공상은행(3.01%) 순이다. 2008
년 상반기 기준 순이자 마진율 상승순위는 초상은행이 0.55포인트
로 선두를 차지하고 있으며, 그 뒤를 교통은행(0.36포인트), 공상은
행(0.21포인트), 건설은행(0.11포인트)이 추적하고 있다.

　그림 자산규모 대비 순이익 비율은 어떠한지 <그림 4-4>를
통하여 살펴보기로 하자. 자산규모 대비 순이익 비율을 수익성 척

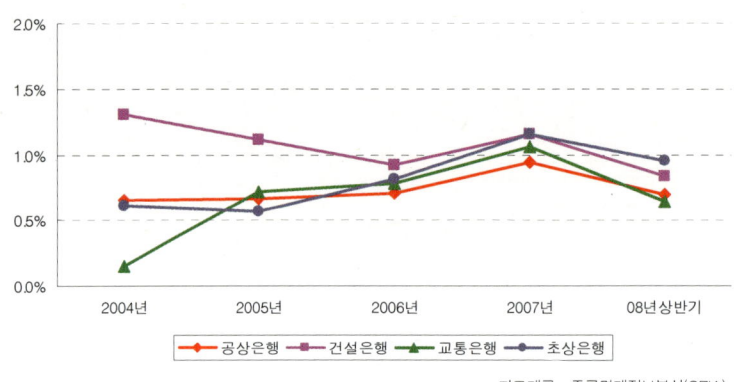

<그림 4-4> 주요 은행주 수익성 지표(순이익 비율/자산규모)

자료제공: 중국경제정보분석(CEIA)

도로 제시한 것은 절대적 이익규모만으로 내실을 충분히 점검할 수 없기 때문이다. 5억 원을 운용하여 이익 2,000만 원을 창출하는 것보다 2억 원으로 1,000만 원을 실현하는 것이 더 값질 것이다. 자산규모 대비 순이익도 동일한 이치이다.

이 역시 <그림 4-3>과 비슷한 결론을 제시한다. 초상은행이 0.95%로 가장 높은 수치를 기록하였다. 그 다음은 건설은행 (0.83%), 공상은행(0.69%), 교통은행(0.64%) 순이다. 교통은행과 공상은행 순위는 뒤바뀐 것으로 나타났다. 2008년으로 접어들면서 이 지표는 하락세로 전환되었다. 하락폭은 교통은행이 0.42포인트로 가장 높고, 초상은행이 0.21포인트로 가장 낮다. 건설은행과 공상은행은 각각 0.32포인트와 0.25포인트 하락한 것으로 나타났다.

〈그림 4-5〉 주요 은행주 안전성 지표(불량대출비율)

자료제공 : 중국경제정보분석(CEIA)

은행권 수익성이 2007년보다 악화되고 있는 셈이다.

그럼 개별은행 안정성은 어떠할까? 은행의 최대 적은 불량대출이다. 공상은행은 2005년 수치부터 산출하였다. 참고로 <그림 4-5>의 수치는 회수불능만을 표시한 것이다. 그 위로 기간초과, 체납이 있다는 사실을 명심하길 바란다. 그저 추이만을 판단하는 지표일 뿐이다. 이 부문은 <표 4-1> 중국 은행권 불량채권 현황을 다시 살펴보길 바란다. 2008년 상반기 말 현재 2.41%로 공상은행이 가장 높은 불량대출률(회수불능)을 보이고 있다. 그 다음은 건설(2.21%), 교통(1.83%), 초상(1.25%) 은행 순이다. 2007년 대비 불량대출비율 하락속도는 건설은행이 0.39포인트로 가장 높다. 공상과 초상은행은 0.33포인트와 0.29포인트로 그 뒤를 따르고 있다. 교통은행은 0.22포인트로 상대적으로 낮은 처리속도를 보이고 있다.

이상의 3가지 지표를 통하여 우리는 다음과 같은 사실을 알 수 있다. 공상은행은 순이자 마진은 교통은행에 뒤지지만 판매관리비용 우위를 바탕으로 교통은행보다 높은 효율성을 보이고 있다. 또한 이자수입을 제외한 투자업무와 수수료 수입 같은 항목은 규모경제 효과가 강하게 발휘되는 부문으로 교통은행보다는 공상은행이 훨씬 강점을 보유하고 있다. 반면 건설은행은 교통은행과 달리 대형은행으로써의 면모를 보이면서 공상은행보다 높게 예대비율을 기록하고 있다.

공상은행보다 건설은행이 순이자 마진과 자산규모 대비 순이익 비율이 높은 이유도 여기에 있다. 또한 타 은행보다 증권투자자산 비율이 높다는 특징 역시 존재한다. 경기불황과 증시폭락에 따른 충격은 건설은행이 공상은행보다 높을 것으로 판단된다.

마지막으로 초상은행은 주요 상업은행보다 정책환경에 자유로운 특징을 보유하고 있다. 수익성에 포커스를 둔 자산배분이 가능한 구조를 가지고 있다. 그 결과 수익성, 안정성 지표에서 타 은행보다 우월적 위치를 확보하고 있다. 투자근거로 기업가치만을 삼는다면(즉 과대평가 혹은 과소평가에 대한 판단 유보 시) 초상은행이 우선권을 가질 것이다. 중국경기 침체가 본격화되고 잠재된 부동산, 기업대출 부실문제가 표면화된다면 2009년 은행주는 힘겨운 한 해가 될 것 같다.

3. 개별종목 투자가치 분석

　은행주의 경우 시가총액이 머튼모형 추정치를 상당히 하회하는 것으로 나타났다. 교통은행의 현 시가총액은 이론치의 32% 수준에 불과하며 건설은행 역시 40% 이하에 머문 것으로 조사되었다. 공상은행과 초상은행은 각각 42%와 47%로 40%대를 넘어섰지만 과반수에 못 미치는 결과를 나타내고 있다. 현 은행주 시가총액은 머튼모형 이론가 대비 반 토막 이상 저평가된 셈이다. 상기와 같은 결과가 도출된 원인은 머튼모형은 FCF모형과 달리 자산과 부채 질보다는 그 규모에 중점을 두기 때문이다. 부실채권 문제가 언제나 도사리고 있는 은행주 입장에서는 머튼모형 결과를 그대로 신봉하기에는 한계점이 너무 많다.

단위: 백만 홍콩달러(HKD)

종목명	시가총액		베타계수	상관관계
	실제	Merton 모형		
공상은행	1,257,820	3,024,330	1.13	0.87
건설은행	878,448	2,282,268	0.78	0.47
교통은행	258,877	804,741	1.07	0.81
초상은행	209,492	449,027	0.71	0.45

자료제공: 중국경제정보분석(CEIA). 시가총액은 2008년 10월 기준임.

　　한편 베타계수는 공상은행과 교통은행이 1을 약간 상회하고 있으며 건설은행과 초상은행은 0.7 수준을 유지하고 있다. 건설은행이 0.78로 상대적으로 낮은 베타계수를 그린 것은 의외의 결과이다. 주가지수 흐름에 미치는 영향력을 고려할 때 교통은행보다는 건설은행이 높은 베타 값을 나타낼 것으로 기대하는 것이 일반적이다. 사전 판단이 어떠하든지 시장은 건설은행과 초상은행에 낮은 베타 값과 상관계수를 부여하고 있다. 건설은행과 초상은행 주가가 H지수보다 오버슈팅한 것이 강하게 작용한 것 같다. 공상은행 비중을 높인 펀드는 안정형, 그 반대로 건설은행이 높을 경우 수익형으로 볼 수 있다. 펀드성격에 따라 투자성과도 차이를 보일 것으로 판단된다.

〈표 4-3〉 보험주 주가 추정

단위: 홍콩달러(HKD)

종목명	실제 주가	PER 수치도출		머튼모형	
		최소	최대	10년	50년
공상은행	3.77	3.05	5.44	9.05	23.57
건설은행	3.76	3.81	6.80	9.77	25.14
교통은행	5.28	5.21	9.30	16.43	43.27
초상은행	14.25	13.21	23.58	30.53	78.63

자료제공: 중국경제정보분석(CEIA). 실제 주가는 2008년 10월 평균주가를 의미함.

<표 4-2> 결과 연장선 측면에서 머튼모형은 은행주를 상당히 과대평가하고 있다. 혹은 시장이 은행주를 과소평가하고 있다고 볼 수도 있다. 관점의 차이이다. 실제주가는 머튼모형 추정치의 1/2에 도 못 미치는 것으로 나타났다. 10년 생존기준 머튼모형 값은 2007년 개별주가들이 최고점에 도달하였을 때 수치와 비슷한 수준이다. PER 모형의 경우 4종목 모두 실제주가가 추정 최소값에 근접해 있다. 은행주에 한하여 현실은 머튼모형보다 PER모형에 더 높은 점수를 주는 것 같다. 과거 은행주가 정점을 기록한 구간과 PER추정 최대값이 상당히 맞물려 있으며, 최소값 역시 현 시세를 정확히 반영한 것 같다. 머튼모형은 규모에 너무 집착하는 면이 있다.

4. 기술적 분석으로 본 은행주

4.1 은행주 주가흐름

초상은행은 2007년 최대 40홍콩달러 수준까지 육박한 것으로 나타났다. 이 수치는 PER모형 최대값과 머튼모형 최소값을 넘어서는 수치이다. 그 다음은 교통은행으로 최대 12홍콩달러 수준까지 도달하였다. 교통은행 역시 주가 최대값은 PER모형 최대값과 머튼모형 최소값 사이에서 형성되었다. 반면 공상은행은 PER모형 최대치보다 1홍콩달러 높은 6홍콩달러 수준이 최고점이었다. 건설은행 역시 공상은행과 동일한 모습을 보이고 있다. 2007년 은행주가 버블양상을 보인 것은 확실하다. 하지만 이론모형이 전혀 가이드라

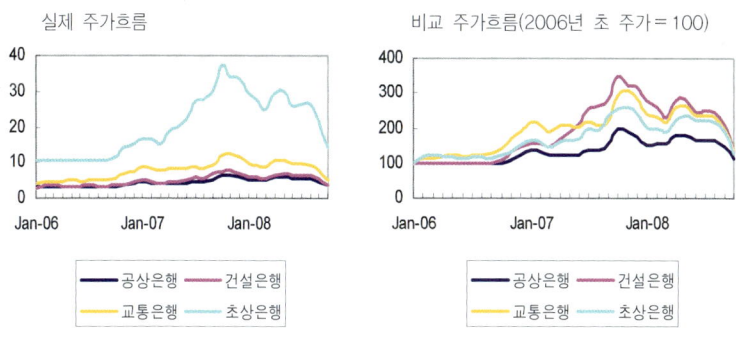

〈그림 4-6〉 종목별 주가흐름 추이

실제 주가흐름

비교 주가흐름(2006년 초 주가＝100)

자료제공: 중국경제정보분석(CEIA)

인을 제시하지 못할 단계는 아니었다. 2007년 10월～11월 은행주
는 하락세로 전환되었으며 2008년 10월 현재까지 그 추세는 이어
지고 있다. 2005년 이후 상장된 종목들도 있어 상대적 주가평가는
2006년을 기준으로 하였다. 데이터의 통일성이 떨어져 상대적 등
락추이를 단정하기는 힘들다. 다만 공상은행보다 건설은행, 교통은
행, 초상은행 주가상승률이 더 높았던 것은 사실이며 그 가운데
건설은행 주가상승이 가장 두드러졌다. 이 말은 하락폭 역시 깊다
는 의미이다. 2007년 1월로 비교시점을 이동한다면 2008년 10월
건설은행 주가는 85.2% 수준(2007년 1월 대비)을 기록하고 있다.
공상은행 역시 16포인트 빠진 83.9%를 나타내고 있다. 초상은행과
교통은행은 77.7%와 61.0%로 23포인트와 40포인트 정도 주가 하
락을 경험하였다.

4.2 은행주와 MACD

〈그림 4-7〉 MACD로 살펴본 종목별 주가현황

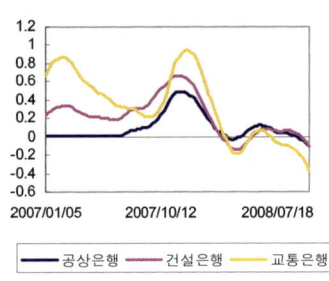 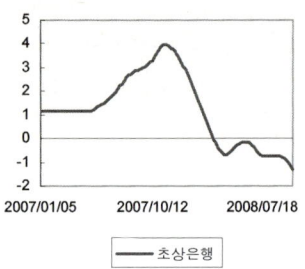

자료제공: 중국경제정보분석(CEIA)

초상은행을 함께 분석할 경우 타 종목들의 MACD 시그널이 불분명하게 잡힌다는 단점이 존재하였다. 따라서 초상은행 MACD 시그널만 단독으로 표시하여 종목별 MACD 시그널 추이를 <그림 4-7>과 같이 살펴보았다. 10월을 기점으로 MACD 시그널이 가파르게 하락하는 모습을 감지할 수 있다. 2008년 4월 말~5월 중순을 기점으로 종목별로 MACD 시그널이 (-)권에서 (+)권으로 일시 전환되는 모습을 나타내었다. 비록 초상은행은 예외적으로 (-) 상태에 머물렀지만 상승추세는 동일하게 관찰되었다. 당시 이 구간을 좀 지켜볼 것을 권한 기억이 난다. 미끼 구간일 가능성이 농후하였기 때문이다.

독자 여러분들이 MACD 시그널을 투자에 활용한다면 다음과 같은 사실을 명심하길 바란다. 급격한 하락 이후 조정 기간을 거치지 않고 바로 2008년 5월과 같은 모습을 보인다면 미끼 구간일 가능성이 높으며 시그널이 좀 더 뚜렷해질 때까지 관망할 필요하다. 특히 구조적인 붕괴, 그것도 홍콩증시가 아닌 글로벌 전체를 두고 이루어지는 추세라면 단기간에 회복될 사항이 아니다. MACD 시그널만으로 판단할 때 은행주는 2009년까지 바닥 다지기를 지속할 것 같다.

4.3 매물대로 본 은행주

〈그림 4-8〉 종목별 매물대(2008년 3분기 말, 2년 주가수치 기준)

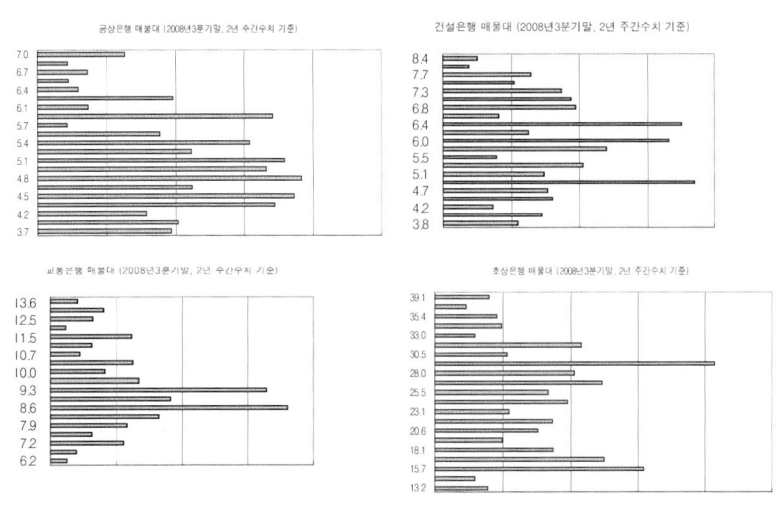

자료제공 : 중국경제정보분석(CEIA)

공상은행은 6홍콩달러 이상을 제외하고는 거의 전 구간에서 걸쳐 크고 작은 매물대가 형성되어 있다. 투자자들이 특정구간을 목표로 집중적인 매매현상을 보이는 종목이 아니라는 사실을 반증한다. 전략적 기관투자자들이 증시상황을 떠나 일정지분은 계속 유지하는 종목으로 볼 수 있다. 수익 자체보다는 포트폴리오 안정성을 강화하기 위한 작업에 적당한 종목으로 판단된다. 같은 대형주라도 건설은행은 다른 면모를 나타내고 있다. 5홍콩달러, 6홍콩달러, 6.5홍콩달러 전후에서 긴 막대그래프를 그리고 있다. 뚜렷한 매물대가 존재하는 것이다. 건설은행을 매매하는 투자자는 안정성보다는 수익에 더 포커스를 둔다는 것을 알 수 있다. 횡보를 지나 상승으로 증시가 방향을 잡지 않는 한 5홍콩달러 돌파가 쉽지 않을 것이다.

교통은행은 8홍콩달러~10홍콩달러 사이에 두터운 상승저항선이 형성되어 있다. 이 저항선이 8홍콩달러에 걸쳐 있는 저항선이 무너지자 6홍콩달러 수준까지 일순간에 밀린 것으로 판단된다. 손 바뀜도 그리 크지 않을 것으로 생각된다. 지루한 횡보세가 내년 상반기까지 지속된다면 5홍콩달러 전후에서 추가 매물벽이 구축될 것이다. 초상은행 역시 건설은행과 비슷한 매물벽 구조를 보이고 있다. 고가 부근에 장벽이 하나 가로막혀 있으며 저가(15~18홍콩달러) 부근에 1차 저항선이 형성되어 있다. 1차 저항선을 돌파한다면 25홍콩달러 문턱까지는 진입할 가능성이 높다. 2009년은 추가하락 유무 점검과 함께 1차 저항선 부근에서 세력 공방이 어떻게 진행되는지 유심히 관찰하길 바란다.

제5장 변혁의 기로에 선 통신주

1. 중국 통신시장 분석

1.1 중국통신시장 현황

최근까지 중국 통신시장은 유선과 이동통신업계로 양분되었다. 하지만 2G에서 3G로 전환을 모색하는 올해를 축으로 영역 간 통합작업이 진행되고 있다. 통신시장 구조개혁에 따라 2008년 10월 차이나네트콤과 차이나유니콤이 합병되었다. 차이나네트콤은 상장폐지되었으며 사업부는 차이나유니콤에 이전되었다. 차이나모바일의 과도한 시장지배력이 통신시장 개편을 촉발한 것 같다. 차이나모바일이 누리고 있는 독점적 위치를 견제할 목적으로 차이나유니콤을 의도적으로 육성했지만 그 효과는 높지 않았다. 통신시장은 독점성이 강하게 작용되는 영역이다.

　유무선 통신시장을 떠나 차이나모바일은 이미 거대한 공룡기업으로 부상하였으며, 경쟁사인 차이나유니콤뿐만 아니라 유선통신업체인 차이나텔레콤과 차이나네트콤 고객 역시 잠식한 상태이다. 금번 2008년 5월 통신업계 개편안으로 중국 정부가 직접 개입을 단행하지 않았다면 2G시대뿐만 아니라 다가오는 3G시대도 차이나모바일의 황금기가 되었을 것이다. 차이나네트콤 탈락으로 현재 3개 통신업체만 상장된 상태이나 본서는 차이나네트콤을 위한 공간도 마련하였다. 향후 차이나유니콤 성장잠재력을 측정하는 주요 근거가 되기 때문이다.

　그럼 중국 통신시장 발전과정을 짚어보는 것으로 본 장을 시작하기로 한다. 2004년 중국 유선과 이동전화 고객 수는 3억 1천만 명과 3억 4천만 명으로 비슷한 수준을 유지하였다. 하지만 2006년으로 넘어서면서 그 격차는 1억 명까지 확대되었다. 통신시장 간의 고객 수 격차는 개별업체 간의 경영실적으로 표면화되었다. 2004년 당시 차이나모바일과 차이나텔레콤 매출액 차이는 312억 위안 정도에 불과하였다. 하지만 2007년에는 그 격차가 1,783억 위안으로 5배 이상 확대되었다. 왜 이런 현상이 발생하였을까? 그 이유는 통신시장이 이동통신을 핵으로 재편되었기 때문이다.

〈표 5-1〉 전신업계 주요 통계자료

단위: 억 위안, 만 명, 억 번

	2005년		2006년		2007년		08년 상반기	
	수치	증가율	수치	증가율	수치	증가율	수치	증가율
전신매출액	6,374	11.3	7,121	11.6	8,052	13.1%	3,988	2.7%
유선전화고객	35,043	12.4	36,781	5.0	36,545	(0.6%)	35,632	(4.4%)
이동전화고객	39,343	17.5	46,108	17.2	54,729	18.7%	60,076	19.8%
초고속인터넷	3,750	50.8	5,190	39.0	6,646	28.1%	7,601	27.9%
메신저발송량	3,047	39.9	4,297	41.0	5,921	37.8%	3,441	23.3%

자료제공: 중국공업신식화부

유선통신에서 이동통신으로 고객층이 전이되는 현상은 비단 중국에서만 일어나는 현상은 아니다. 생활패러다임 변화에 따른 글로벌 추세이다. 다만 그 추세변화가 단기간에 뚜렷해진 이유는 유선통신 업체가 독점적 사고에 함몰된 나머지 고객수요와 서비스 개선을 등한시하였기 때문이다. 전화가설을 위하여 1년 이상 대기한 시기도 있었다. 여러분이라면 설치까지 1년 이상 소요되는 유선전화와 즉시 계통되는 이동전화 가운데 어느 것을 선택할 것인가? 상기 물음에 대한 답은 이미 정해져 있다. <표 5-1>은 바로 그 결과인 셈이다.

유선통신업계는 전혀 희망이 없는 것일까? 꼭 그렇지만은 않다. 전통적인 통화수요는 감소하고 있지만 인터넷, 광대역서비스, 컬러링 등과 같은 부과서비스 부문은 급신장하고 있다. 특히 인터넷 부문은 유선통신업체가 강점을 보유한 부문이다. 2004년 2,385만

명에 불과한 초고속인터넷 가입자가 2007년에는 6,646만 명으로 3배 정도 확대되었다. 15억 인구를 기준으로 한 가정당 한 회선이 설치된다면 최대 5억 회선까지는 가능하다. 물론 이 수치는 100% 개통을 가정한 경우로 현실성은 떨어진다. 다만 기존 증가세를 고려할 경우 2010년 전후로 1억 명 돌파가 유력시되고 있다. 2008년 상반기 말 현재 총 가입자 수는 7,601억 명으로 조사되었다. 유선통신 업계를 사양산업으로 제쳐두기 힘든 이유도 여기에 있다. 참고로 2008년 상반기 초고속 인터넷 부문 고객 수 증가율은 28%를 기록하였다.

한편 2007년 중국 전신 부문 매출은 8,052억 위안으로 2006년 대비 13.1% 증가한 것으로 나타났다. 또한 이동전화 보급률은 41.6%로 집계되었다. 올해로 접어들면서 유선에서 이동으로의 고객 이동은 한층 탄력을 받고 있다. 다만 경기위축으로 전신업계 전반에 걸쳐 매출둔화 현상이 감지되고 있다. 2008년 상반기 말 현재 전신 부문 매출증가율은 2.7%에 불과한 것으로 집계되었다. 5% 장벽을 거치지 않고 바로 3% 이하로 급속히 붕괴된 셈이다. 40% 전후를 기록하던 메신저 부문도 23.3% 증가세에 그쳤다. 통계수치 작성 후 처음으로 30%대를 하회하였다.

고객증가가 곧 수익을 담보하는 시기는 지난 것 같다. 새로운 연관산업 개발을 통하여 수익원천을 다변화할 필요성이 존재한다. 또한 2008년 5월 확정된 통신업계 개편안이 2009년부터는 현실화될 것 같다. 2009년 초기 투자자금으로 2,000억 위안이 소요될 것으로 추산되며 총 인프라건설 비용은 8,000억 위안 정도로 전망된다. 다가올 3G시대 종목별 손익구조는 현재와는 다를 것이다. 그 변화추이를 지켜보길 바란다.

1.2 고객구조 분석

중국 통신업계는 이동과 유선통신업계로 양분화되어 있으며, 각 영역마다 선두기업과 후발기업이 존재한다. 이동통신업계는 차이나모바일과 차이나유니콤이 자리 잡고 있으며, 유선통신 부문은 차이나텔레콤과 차이나네트콤이 사업을 영위하고 있다. <그림 5-1>은 2004년부터 2008년 상반기까지 업체별 고객 수 변동상황을 나타낸 것이다. 차이나유니콤 역시 매년 신규고객이 유입된 것으로 집계되었다. 다만 신규고객 유입강도는 차이나모바일과 상당한 격차를 보이고 있다. 유선통신은 2006년을 이후 정체현상이 뚜렷이 나타나고 있다. 2008년 상반기 말 현재 차이나모바일 고객 수는 4.15억 명으로 차이나유니콤보다 2.4배 많다. 차이나텔레콤(2.55억 명) 역시 차이나네트콤보다 1.9배 많은 고객을 확보하였다.

<그림 5-2>는 2007년 1월부터 2008년 7월 말까지 월별 이동통신 가입자 증감률을 나타낸 것이다. 차이나모바일은 매월 1.5%~2.0% 내외 증가세를 기록하였다. 차이나유니콤은 2008년

〈그림 5 - 1〉 연도별 통신업체 고객증가 추이(2004년 ~ 2008년 상반기)

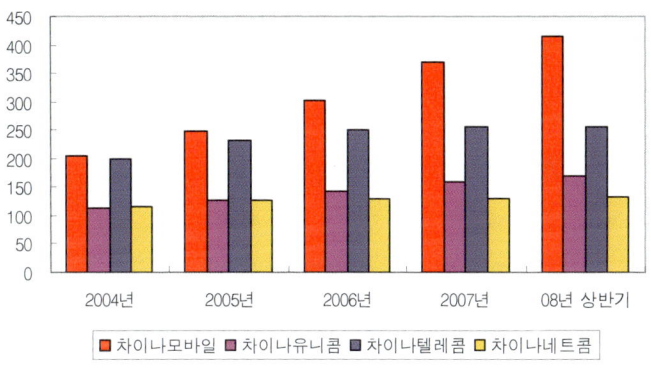

자료제공: 중국경제정보분석(CEIA)

〈그림 5 - 2〉 통신업체 고객증가율 추이

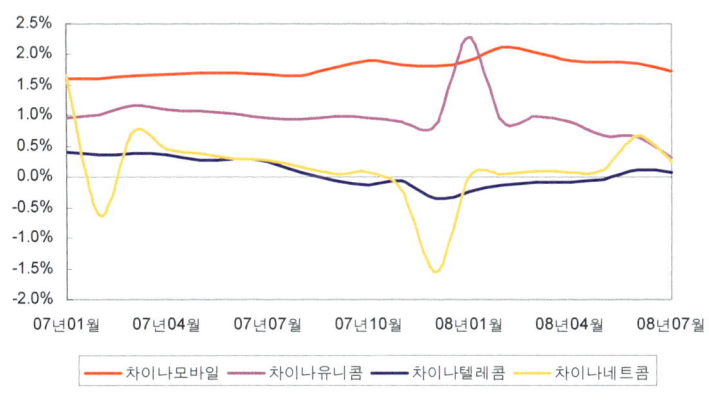

자료제공: 중국경제정보분석(CEIA)

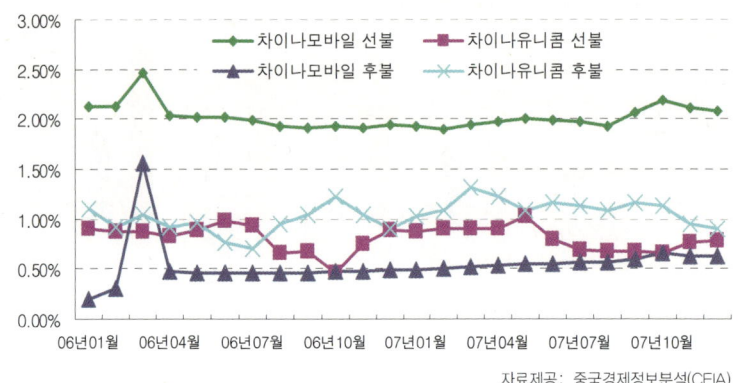

〈그림 5-3〉 이동통신사 선·후불 고객 추이

자료제공: 중국경제정보분석(CEIA)

2분기 이전 1% 수준을 유지하였으며, 2분기로 들어서면서 하향세를 그리고 있다. 2008년 7월 현재 0.3% 수준까지 떨어진 것으로 조사되었다. 유선통신 업체는 때때로 마이너스(-) 증가율을 기록하기도 한다. 그럼 선불과 후불 고객으로 구분하여 통신업체별 고객 현황을 살펴보기로 하자.

<그림 5-3>은 차이나모바일과 차이나유니콤 고객 가입 증가율을 선불, 후불로 구분한 것이다. 차이나모바일은 선불고객 증가율이 후불고객보다 1.5포인트 높게 나타나고 있다. 반면 차이나유니콤은 후불고객 증가율이 선불고객 증가율을 앞서고 있다. 참고로 후불이란 한국과 동일한 형태의 요금시스템을 일컫는다. 월 단위로 사용한 대금을 청구한다. 반대로 선불이란 교통카드와 같이 일정금

액을 충전하여 사용하는 방식이다. 일반적으로 선불보다는 후불고객 ARPU가 더 높게 나타난다. 여기서 ARPU란 가입자당매출액(Average Revenue Per User)을 일컫는 용어로 고객이 매월 통신업체에 지불하는 평균 서비스비용을 말한다. 이 수치가 높을수록 기업 수익성은 향상되게 된다.

1.3 중국통신업계 재편

2008년 중국통신시장 재편 핵심내용은 기존 6개 통신사를 인수합병을 통하여 3개사로 압축하며 이를 통하여 자원효율과 균형발전을 추구하는 것이다. 통신이 현대사회에 미치는 영향력을 감안할 때 차이나모바일에 집중된 시장지배력은 경쟁사뿐만 아니라 중국정부 입장에서도 결코 반가운 현상은 아니다. 2008년 5월 공업신식화부, 국가발전개혁위원회, 재경부가 공동으로 발표한 '전신체제개혁에 관한 통고'에서도 이 점을 명확히 하고 있다.

금번 통신업 재편의 구체적 내용은 다음과 같다. 우선 차이나모바일과 차이나티에통을 합병시켜 유·무선 간 장벽을 무너뜨렸다. 참고로 차이나티에통은 유선통신업체 가운데 경쟁력이 가장 떨어지는 것으로 알려진다. 차이나유니콤 사업 영역을 CDMA와 GSM 방식으로 분리하여, 그 가운데 CDMA 부문은 차이나텔레콤에 넘겨주고, 그 대신 차이나네트콤을 주식교환 방식으로 차이나유니콤

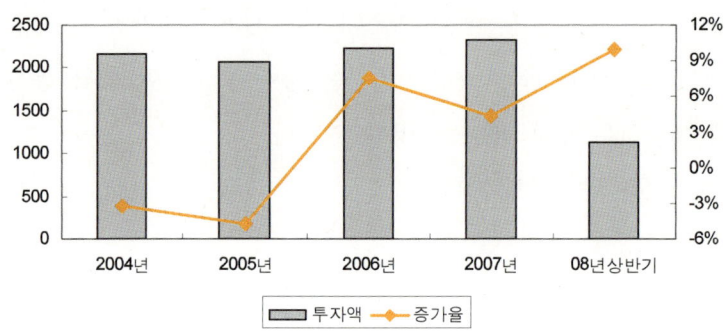

〈그림 5-4〉 중국통신업계 고정자산투자 추이

투자액　◆ 증가율

자료제공: 중국공업신식화부

에 흡수·병합시켰다. 홍콩과 뉴욕증시에 상장된 차이나네트콤 주식 1주는 신규 설립된 차이나유니콤 주식 1.508주와 3.016주에 해당한다. 차이나텔레콤은 CDMA 사업부 인수로 이동통신 분야 진출 발판을 마련하였으며 위성통신업체인 차이나세트콤 역시 품 안에 두었다.

금번 시장재편의 최대 수혜주는 차이나텔레콤으로 알려지고 있으며, 차이나모바일은 상대적으로 그 입지가 축소될 전망된다. 다만 차이나유니콤은 CDMA 부문 이전으로 경쟁력 상실이 염려되며 차이나네트콤 인수 역시 긍정적인 것만은 아니다. 통신업체 간의 하드웨어적 통합은 단기간에 가능하더라도 이를 구체적으로 소화할 인적, 기술적 통합은 넘어야 할 산으로 작용할 것 같다. 또한 8,000억 위안에 상당하는 3G 인프라건설 자금 역시 업계 부담으

로 작용할 것이다. 당장 2009년 2,000억 위안이 집행되어야 할 것
으로 판단된다. 차이나텔레콤과 차이나유니콤은 개발비용을 감당할
여력조차 의문시된다.

2. 적자생존 통신주

2.1 대표종목 소개

중국통신 시장은 크게 이동통신과 유선통신으로 구분되어 있으며, 각 시장마다 주도기업과 경쟁기업이 존재한다. 여기서 주도기업은 차이나모바일과 차이나텔레콤이고 경쟁기업은 차이나유니콤과 차이나네트콤을 말한다. 그럼 이들 종목들에 대해 간략히 살펴보기로 하자.

▣ 차이나모바일(中國移動, 0941.HK)

차이나모바일은 중국 최대 이동통신업체로 주 사업 분야는 이동통신 업무, 부가서비스, 핸드폰 판매 등이 있다. 2007년 매출액은 3,569.6억 위안으로 그중 이동통신과 부가서비스 부문이 각각 69.3%와 25.7%의 매출 비중을 나타내고 있다. 이동통신과 부가서비스 부문 매출 증가율은 17.0%와 32.2%로 조사되었는데, 이동통신 부문은 전체 매출증가율보다 4포인트 정도 낮게 형성되고 있다. SMS와 컬러링 서비스가 전체 부가서비스 매출에서 차지하는 비중은 45.8%와 12.9%를 점하고 있는 것으로 추산된다. 현재 모바일 TV, 위치검색, 메일박스 같은 새로운 성장동력을 육성, 발굴하고 있다. 향후 3G 업무 추진을 강화할 것으로 예상된다. 2007년 가입자당평균매출액(ARPU)과 EBITDA 마진 89위안과 54.3%로 조사되었으며, 2008년 상반기 이 수치는 각각 84위안과 53.1%로 집계되었다. 순 이익은 548억 위안으로 44.9% 신장된 것으로 나타났다.

▣ 차이나유니콤(中國聯通, 0762.HK/600050.SS)

차이나유니콤은 중국 2대 이동통신업체로 주 사업 분야는 이동통신(GSM, CDMA) 업무, 국내외 장거리 전화업무, 인터넷 서비스 및 핸드폰 판매 등이 있다. 2007년 이동전화 고객은 1.62억 명으로 집계되었으며 시장점유율은 29.7%로 추산된다. 고객구성비는 GSM고객이 1억 2,056만 명, CDMA 고객이 4,193만 명으로 나타났다. 이동전화 부문 침체와 달리 부가서비스 부문은 최근 급속히 성장하고 있다. 2007년 매출액은 995.4억 위안으로 그중 GSM 사업부문이 63.1%로 가장 높고, 그 다음은 CDMA(27.9%), 인터넷서비스(2.6%), 장거리전화업무(1.5%) 순이다. 2008년 상반기 CDMA 부문을 제외한 전체 EBITDA 마진은 45.2%로 집계되었다. GSM 부문은 43.6%로 조사되었다. 순이익은 44억 위안으로 2배 정도 확대된 것으로 나타났다.

▣ 차이나네트콤

차이나텔레콤 관리하의 북방(北方) 10개 성(省) 전신회사들이 차이나네트콤에 편입됨에 따라 그 규모를 확대하였다. 제2차 통신시장 개편에 따라 전 사업부가 차이나유니콤에 재편입된 후 현재 상장폐지되었다. 2007년 유선통신 고객은 1.11억 위안으로 북방(北方) 지역 시장 점유율은 90.4%로 조사되었다. 또한 광대역서비스(인터넷 관련서비스 포함) 고객은 1,977만 명으로 37.7%의 성장세를 보인다. 2007년 매출액은 840억 위안으로 그중 통화료 부문이 과반수를 점하였다. 광대역서비스, 부가서비스, ICT 등 고성장 사업부 매출비중이 상승세를 이어가고 있다. 참고로 차이나네트콤 ARPU는 2003년 58위안에서 2007년 40위안 밑으로 떨어졌으며 EBITDA 마진 역시 53%에서 48% 수준으로 하락하였다.

▣ 차이나텔레콤(中國電信, 0728.HK/CHA/CHCD.L)

차이나텔레콤은 전화, 인터넷, 전신망 업무 등을 영위하는 중국 최대의 전신업체로 유선통신망 시장의 강자이다. 2007년 매출액은 1,786.6억 위안으로 그중 62.3%는 전화와 전신부분에서 실현되었다. 시내전화의 경우 2006년 대비 9.8% 감소한 것으로 나타났는데, 이는 고객층이 이동통신서비스로 전환된 결과로 판단된다. 2007년 인터넷과 부가서비스 부문 매출 비중은 17.5%와 10.8%로 집계되었다. 두 부문 매출신장세는 32.1%와 35.4%로 나타났다. 2008년 제2차 통신시장 개편작업으로 차이나유니콤 CDMA 사업부를 병합함에 따라 3G시대를 향한 발판을 마련하였다. 2008년 상반기 EBITDA 마진은 49.5%로 전년동기보다 1.7포인트 감소하였다. 순이익은 116억 위안으로 4.0% 감소한 것으로 집계되었다.

2.2 경영실적 비교분석

▣ ARPU와 EDITDA 마진수치 비교

통신업체 수익성을 판단할 수 있는 지표로 ARPU와 EDITDA 마진이 자주 언급된다. EBITDA 마진은 EBITDA를 매출액 대비 비율로 나타낸 것이다. 여기서 EDITDA란 법인세, 이자, 감가상각비 차감 전 영업이익을 말한다. 이자비용을 이익에 포함하기 때문에

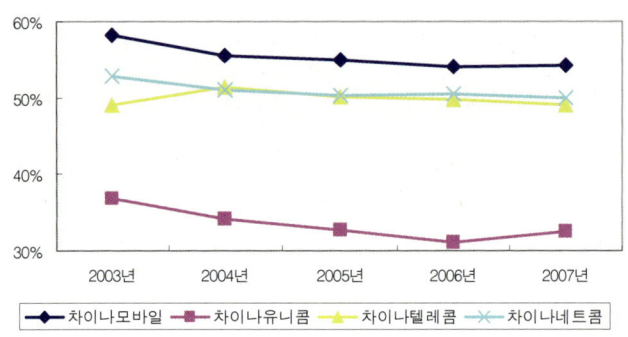

〈그림 5-5〉 통신업체별 EBITDA 마진율 추이

자료제공: 개별회사 홈페이지, 중국경제정보분석(CEIA)

자기자본과 타인자본에 대한 기업의 실질이익과 감가상각비(현금지출을 수반하지 않는 비용항목)를 제외함으로 영업활동을 통한 현금창출 능력을 가늠하는 지표로도 사용된다. 이 지표를 도입한 목적은 부채상환 능력을 측정하기 위함이었지만 현재는 수익성 지표로 더 많이 이용된다. 고정자산 규모가 큰 대기업이 EBITDA지표를 선호하는 경향이 강하다.

차이나모바일 EBITDA 마진은 60%를 기점으로 계속 하락세를 나타내고 있으며 2008년 상반기에는 53%를 기록하였다. 2007년 국내 KTF EBITDA 마진이 29% 정도인 점을 감안할 때 여전히 높은 수익성을 보이고 있다. 차이나유니콤은 차이나모바일과 달리 2007년 33% 수준의 EBITDA 마진을 기록하였다. 2008년 상반기 EBITAD(CDMA 부문을 제외) 마진은 45% 정도로 나타났다. 2006

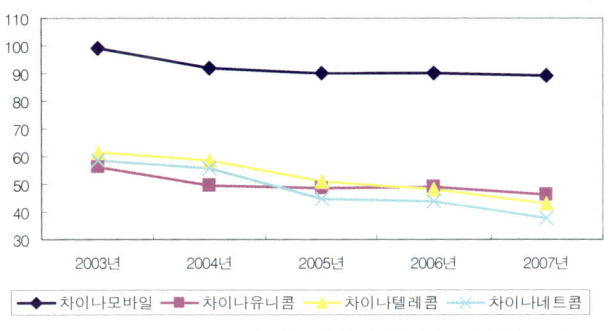

〈그림 5-6〉 통신업체별 ARPU 추이

년을 최저점으로 2년 연속 상승세를 보인 셈이다. ARPU의 경우 CDMA와 GSM 수치가 확연히 다르게 나타난다. CDMA 부문의 경우 2002년 172위안에서 하락세를 거듭한 끝에 2007년도에는 58위안까지 떨어졌다. GSM 부문은 2006년보다 3위안 정도 감소한 46위안을 기록하였다. EBITDA 마진과 ARPU 지표 모두 차이나모바일이 더 우수한 것으로 나타나고 있다. 유선통신사 ARPU 수치는 2005년 이후 하락세를 거듭하고 있다. 차이나네트콤은 2007년 40위안 이하로 떨어진 것으로 조사되었다. 차이나텔레콤 역시 2007년 40위안 대를 간신히 유지하였다. 올해는 40위안을 하향 돌파할 것으로 예측되며 2008년 상반기 말 현재 EBITDA 마진은 49.5%를 기록하고 있다.

EBITDA 마진의 경우 차이나모바일과 비교하여 손색이 없으며,

차이나유니콤보다 높게 형성되고 있다. EBITDA의 경우 상각할 자산이 많은 쪽이 더 유리한 구조를 가지고 있다. 차이나유니콤보다 차이나텔레콤과 차이나네크콤이 더 긍정적인 셈이다. 참고로 2008년 상반기 차이나텔레콤 자산총계는 4,121억 위안으로 차이나유니콤(1465억 위안)보다 3배 정도 큰 것으로 집계되었다. EBITDA 마진율을 맹목적으로 믿을 수 없는 이유가 바로 여기에 있다. 자산규모가 큰 기업의 경우 EBITDA 마진율 이외에 순이익/자산 비율을 함께 살펴보는 것이 좀 더 효과적이라고 생각된다.

▣ 성장성과 수익성 비교분석

통신시장 구조개편에 따라 향후 유무선 영역구분이 모호해질 것이다. 하지만 현 단계에서는 그 영역경계가 여전히 유효하다. 이동통신에 속하는 차이나모바일과 차이나유니콤은 2003년 70% 내외의 성장세를 기록한 이후 2004년 20%대로 급락하였다. 차이나텔레콤의 경우 이미 10% 미만의 저성장이 고착화되고 있다. 통신업계 모두 성장률 둔화의 늪 속으로 이미 진입한 단계이다. 3G시대가 본격화되지 않는 한 획기적인 전환은 힘들 것이다.

2008년 상반기 차이나모바일은 최초로 매출증가율이 20% 이하로 떨어졌으며 차이나유니콤 역시 5% 수준을 지키지 못하였다. 차이나텔레콤은 한층 심각한 모습을 보이고 있는데, 2008년 상반기

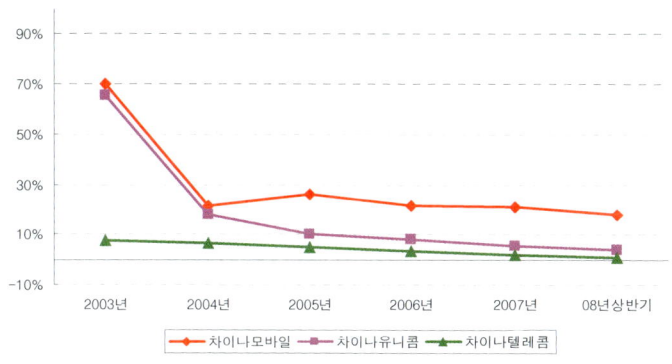

〈그림 5-7〉 주요 통신주 성장성 지표

자료제공: 중국경제정보분석(CEIA)

0.7% 수준에 불과하다. 차이나유니콤에서 넘겨받은 CDMA 부문이 탄력을 받지 못한다면 머지않아 마이너스(-) 성장을 기록할 가능성 역시 존재한다. 참고로 매출증가율 자료를 검토할 때는 합병에 따른 수치상의 착시효과도 감안하길 바란다. 매출액 대비 순이익 수치를 수익성 지표로 삼는 이유이기도 하다.

수익성 지표는 성장성 지표와 약간 다른 모습을 보여주고 있다. 이동통신 업체가 유선통신 업체보다 월등히 우수한 것 같지는 않다. 성장성 둔화에도 차이나모바일 수익성은 향상되고 있다. 이미 현금창출(Cash Cow) 단계에 진입한 것 같다. 차이나유니콤 역시 2006년을 기점으로 상승세로 전환되었다. 현 추세를 유지할 경우 2009년 차이나텔레콤을 초과할 것이다. 차이나텔레콤은 2004년 이

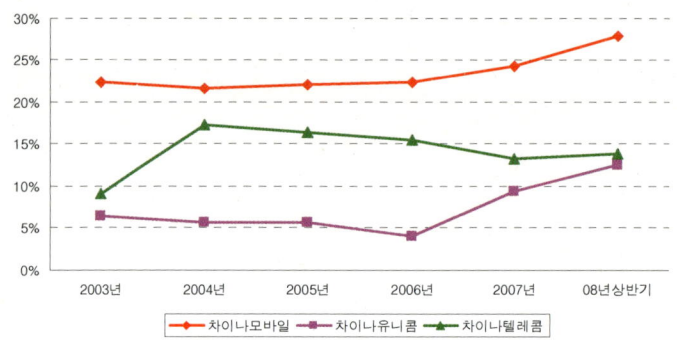

자료제공: 중국경제정보분석(CEIA)

후 완만한 하락세를 기록하고 있다.

　앞으로 통신시장 재편이 본격화되면 과거자료의 유용성이 퇴색될 수도 있다. 하지만 통신시장 현황이 내년에 급변할 것 같지는 않다. 또한 차이나모바일 주도권이 이양된 것도 아니다. 실적이 현실화되기 전까지는 섣부른 추측과 기대보다는 과거와 현재 실적에 무게중심을 놓길 바란다.

3. 개별종목 투자가치 분석

현재 시장에서 평가하고 있는 통신주 가치와 FCF모형을 통한 주식가치 사이에는 큰 격차가 없는 것으로 나타났다. 차이나텔레콤 시가총액은 2008년 10월 말 기준 2,229억 홍콩달러로 집계되었다. 이는 FCF모형 추정치 2,273억 홍콩달러보다 44억 홍콩달러 낮은 수치이다. 또한 차이나모바일 역시 시가총액 1조 3,581억 홍콩달러보다 1,648억 홍콩달러 낮은 1조 1,933억 홍콩달러로 주식가치를 산출하였다. FCF모형 이론가치와 시가총액 격차가 적다고 단정할 수 없지만 투자판단을 흐릴 정도는 아니다. 차이나유니콤 역시 시가총액보다 FCF모형치가 361억 홍콩달러 낮게 도출되었다. 차이나텔레콤을 제외한 두 종목 모두 시가총액이 FCF모형 이론가보다는

단위: 백만 홍콩달러(HKD)

종목명	시가총액			베타계수	상관관계
	실제	FCF 모형	Merton 모형		
차이나텔레콤	222,949	227,279	276,347	0.89	0.68
차이나모바일	1,358,067	1,193,264	573,021	0.80	0.79
차이나유니콤	141,214	105,135	107,191	0.87	0.65

자료제공: 중국경제정보분석(CEIA). 시가총액은 2008년 10월 기준임.

높게 형성된 셈이다. 머튼모형도 그 결론은 동일하다. 다만 세부
내용은 상당한 차이를 보이고 있다.

차이나텔레콤 시가총액은 머튼모형 추정치보다 534억 홍콩달러
저평가된 것으로 나타났다. 반면 차이나모바일과 차이나유니콤은
7,850억 홍콩달러와 340억 홍콩달러 고평가된 모습을 보이고 있다.
FCF모형과 머튼모형 어느 것이 더 우수한 추정성과를 제출할지는
미지수이다. 다만 차이나텔레콤은 저평가, 차이나모바일과 차이나
유니콤은 고평가 상태라는 점은 분명한 것 같다.

상기 결과를 토대로 개별종목 주가를 산출하면 다음과 같다. 차
이나모바일 이론주가는 최소 28.61~최대 105.22홍콩달러를 그리
고 있다. 현 주가수준 67.8홍콩달러는 이 구간에 속해 있다. 모형
별로는 PER 최소 또는 FCF모형 연 30%(시가기준) 추정치와 근접
한 수준을 나타내고 있다. 한편 머튼모형은 28홍콩달러~35홍콩달
러 사이를 차이나모바일 적정주가로 제시하고 있다. 차이나모바일

〈표 5-3〉 모형별 통신주 주가 추정

단위: 홍콩달러(HKD)

종목명	실제가	PER 수치도출		머튼모형		FCF 모형			
						기대수익률 20%		기대수익률 30%	
		최소	최대	10년	50년	장부	시가	장부	시가
차이나텔레콤	2.75	3.68	6.81	3.41	4.61	6.27	4.85	3.71	2.81
차이나모바일	67.80	58.92	105.22	28.61	34.54	−		−	59.57
차이나유니콤	10.36	9.27	16.55	7.86	9.76	20.87	14.34	11.38	7.71

자료제공: 중국경제정보분석(CEIA). 실제 주가는 2008년 10월 평균주가를 의미함.

주가가 40홍콩달러 아래도 급락하더라도 절대 비이성적인 현상은
아니다. 시장이 머튼모형에 더 힘을 실어주었을 따름이다. 참고로
차이나모바일 FCF모형 수치에 슬래쉬(−) 표시를 발견할 수 있을
것이다. 이 표시는 주가가 제로(0)라는 뜻이 아니라 FCF모형이 변
수 값을 받아들이지 못한다는 의미이다. 만약 다른 장에서도 이
표시를 발견한다면 동일한 의미로 해석하길 바란다. 모형 안에서는
산출이 불가능하지만 여러분의 예상 기대수익률이 20% 수준(시가
기준)에 머문다면 59.57홍콩달러보다 높게 이론주가를 평가해도 무
리가 없을 것이다.

한편 차이나텔레콤 주가는 모형에 따라 최소 2.81홍콩달러, 최대
6.81홍콩달러를 기록하고 있다. 2008년 10월 말 주가 2.75홍콩달
러는 모형 내 최젓값보다도 낮은 수치이다. 물론 연 투자수익률을
30% 이상으로 설정한다면 FCF 이론주가는 2.81홍콩달러보다 한층

떨어질 것이다. 차이나텔레콤 투자자는 지금 투자대가로 연 30% 이상의 수익률을 요구하고 있다. 차이나유니콤 이론주가는 최소 7.71～최대 20.87홍콩달러로 추정되었다. 2008년 10월 말 주가수준을 감안할 때 시장은 최소치에 더 매력을 느끼는 것 같다. 현 주가수준 10.36홍콩달러는 50년 생존하의 머튼모형 값과 비교적 근사하다. PER 최소값과 FCF 30%(장부가) 역시 큰 격차를 보이는 것은 아니다. 향후 차이나유니콤 주가는 7.71홍콩달러 수준으로 하락할 수도, 20.87홍콩달러로 재상승할 수 있다.

주가는 끝없이 상승하지도 그렇다고 무한정 하락하지도 않는다. 여러분은 이론주가를 옆에 두고 적절한 투자타이밍을 결정하면 된다. 3년 이내에 차이나모바일 주가가 105홍콩달러를 넘어선다면 여러분은 매도타이밍으로 생각하길 바란다. 반대로 35홍콩달러를 하향 돌파한다면 매수타이밍이다. 그 외 개인별 투자전략과 기대수익률에 따라 진입과 퇴출 구간을 변경하면 된다. 증시로부터 개별 종목 상황을 판단할 수 있지만 또한 개별종목으로부터 증시상황을 유추할 수도 있다. 차이나모바일 주가는 이 점에서 홍콩증시를 판단하는 좋은 지표가 될 수 있다.

<그림 5-9>는 기대수익률 변화에 따른 차이나텔레콤 주가변화를 나타낸 것이다. 기본조건으로 매출신장률은 3%로 고정해두었다. 연 투자수익률 20%로 설정할 경우 차이나텔레콤 주가는 5.02～5.49홍콩달러로 추산되었다. 2008년 10월 말 주가보다 2배 정도 높

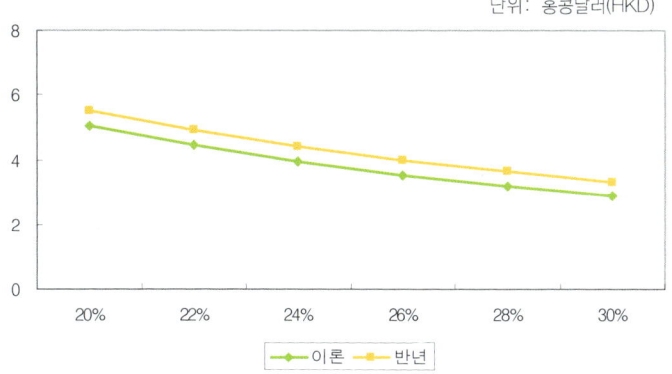

〈그림 5-9〉 기대수익률 변화에 따른 주가추이(차이나텔레콤, 매출신장률 3%)

단위: 홍콩달러(HKD)

자료제공: 중국경제정보분석(CEIA)

은 수치이다. 하지만 기대수익률을 높임에 따라 이론주가는 하향곡선을 그리고 있으며 30%에서는 2.87~3.32홍콩달러로 계산되었다. 현 주가수준과 큰 차이는 없는 수치이다. 과거 20% 이하에도 OK 사인을 던지던 투자자들이 이제는 연 30% 이상을 요구하고 있는 셈이다.

<그림 5-10>은 매출증가율 변화에 따른 차이나텔레콤 주가추이를 알아본 것이다. 좌측은 기대수익률 20%, 우측은 기대수익률 30%를 기준으로 하였다. 좌측 주가수준이 우측보다 월등히 높은 것을 목격할 수 있다. 높은 기대수익률은 주가를 하향화시키지만 매출증가율은 그 반대 현상을 나타낸다. 차이나텔레콤 매출신장률이 높아질수록 주가는 상승곡선을 보이고 있다. 매출신장률이 10%에 도달한다면

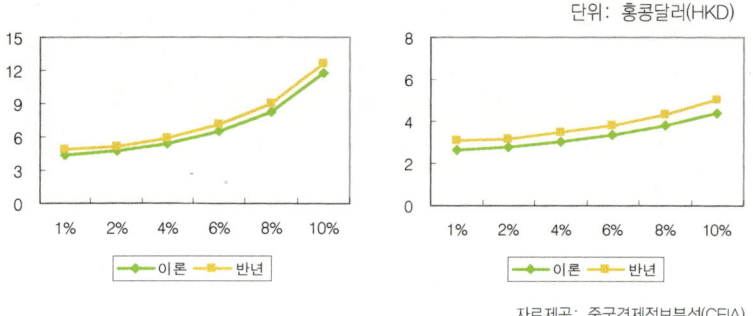

〈그림 5-10〉 매출증가율 변화에 따른 주가추이(차이나텔레콤)

단위: 홍콩달러(HKD)

자료제공: 중국경제정보분석(CEIA)

주가는 최대 12홍콩달러를 넘어설 것으로 추산된다. 하지만 현실적
으로 차이나텔레콤 매출이 10% 신장될 가능성은 거의 없다. 사실 통
신구조 재편에 따른 CDMA 사업부 인수와 3G 서비스로 대변되는
성장동력이 없었다면 차이나텔레콤 주가는 답이 없는 상태였다.

4. 기술적 분석으로 본 통신주

4.1 통신주 주가흐름

<그림 5-11> 좌측 그래프는 종목별 실제주가를 나타낸 것이고, 우측은 2005년 초 주가를 100으로 두고 상대비교가 가능하도록 구성하였다. 좌측 그래프로는 종목별 실제 주가흐름만 확인할 수 있으며 기준시점 대비 주가가 몇 배 상승 혹은 하락했는지는 알 수 없다. 반면 좌측 그래프는 종목별로 상승폭을 비교할 수 있도록 배치하였다.

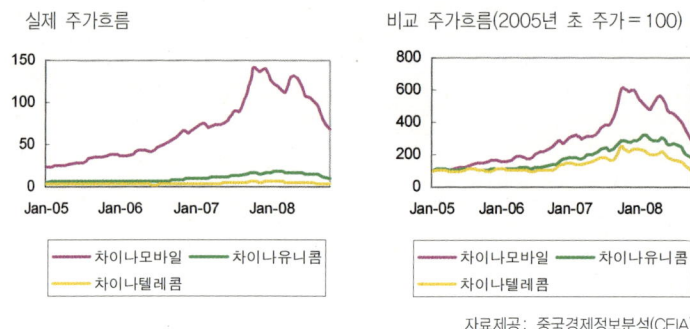

〈그림 5-11〉 통신주 주가흐름 추이

실제 주가흐름 / 비교 주가흐름(2005년 초 주가 = 100)

자료제공: 중국경제정보분석(CEIA)

    <그림 5-11>을 통해서 차이나모바일이 차이나유니콤, 차이나
텔레콤보다 2배 이상 주가상승률이 높은 것을 알 수 있다. 차이나
모바일의 경우 2007년 10월 142홍콩달러를 정점으로 하락 반전된
후 2008년 10월 현재 68홍콩달러까지 주가가 떨어졌다. 최고점 대
비 52% 폭락한 셈이다. 차이나유니콤 역시 44% 정도 하락하였다.
차이나텔레콤은 58%로 통신주 가운데 하락폭이 가장 컸다.

4.2 통신주와 MACD

    차이나모바일 MACD 시그널은 2007년 10월을 기점으로 가파른
하락세를 그리고 있다. 2008년 6월 기술적 반등이 일시 감지되었
지만 추세전환으로 이어지지 않았다. 한편 차이나유니콤은 차이나

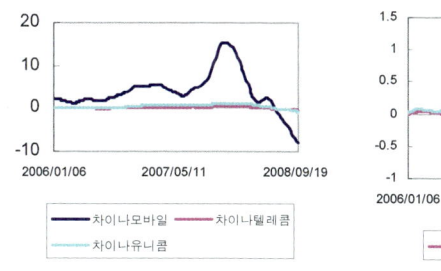

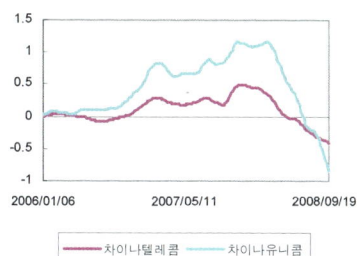

자료제공: 중국경제정보분석(CEIA)

모바일과 달리 2008년 3월 추세가 완전히 붕괴되었다. 차이나텔레콤 역시 2008년 1분기 이전까지 추세붕괴 시그널을 던져준 것은 아니다. 통신구조 재편이라는 막연한 호재가 이 두 종목 붕괴를 상당히 늦춘 것 같다.

통신구조 개편안이 시장에 공포된 1분기 이후 차이나텔레콤과 차이나유니콤 역시 차이나모바일 선례를 뒤따르고 있다. 차이나모바일보다 반년 늦게 추세붕괴가 일어난 셈이다. 차후 두 종목 상승속도는 차이나모바일보다 느리게 진행될 가능성이 높다. 타 업종과 달리 통신주는 2008년 상반기 이후 MACD 시그널이 마이너스(−)를 기록하였다. 조정 기간이 상대적으로 길 수도 있다. 통신주가 구조적 상승을 보인다면 홍콩증시 추세전환을 조심스럽게 낙관해 볼 수 있을 것이다.

4.3 매물대로 본 통신주

먼저 차이나모바일 매물대를 점검해 보기로 하자. 70~80홍콩달러 수준에 강력한 저항선이 형성되어 있다. 일단 이 구간을 돌파한다면 100달러 턱밑까지 치고 올라갈 것 같다. 105달러 전후에 형성되어 있는 2차 저항선을 기점으로 투자자 성격 역시 바뀔 것으로 판단된다. 주가가 105달러를 돌파한다면 투기적 행태가 본격화될 것이다. 이때는 투자자들이 시장에 좌우되는 모습을 나타낼 것이며 심리적 요인이 강하게 작용할 것 같다. 120달러 이상 매물대는 상대적으로 빈약해 보인다.

차이나유니콤은 11홍콩달러 전후에 강력한 1차 저항선이 형성되어 있으며, 그 다음은 15~16홍콩달러 수준이다. 하락전환이 차이나모바일보다 늦게 진행된 점을 감안할 때 향후 8홍콩달러 이내에 새로운 1차 저항선이 구축될 가능성 역시 높다. 차이나텔레콤은 5.5~6홍콩달러 수준에 걸쳐진 저항선을 제외하고는 강력한 매물구간이 없다. 다만 중간은 상대적은 가볍고 상하 매물대 구간은 두꺼운 구조를 나타내고 있어 급속한 주가탄력은 기대하기 힘들다. 상승과 하락을 반복하면서 쉬엄쉬엄 올라가는 모습을 나타낼 것 같다.

〈그림 5‑13〉 종목별 매물대(2008년 3분기 말, 2년 주가수치 기준)

차이나모바일 매물대 (2008년3분기말, 2년 주간수치 기준)

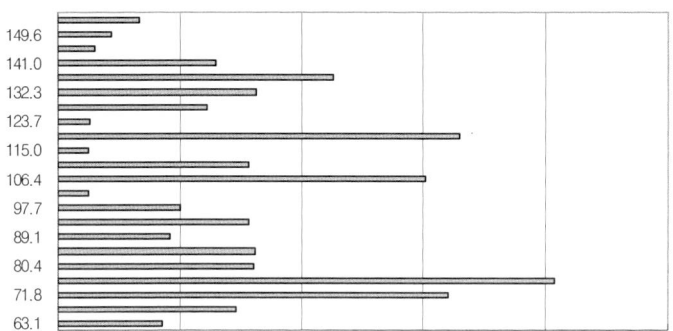

차이나유니콤 매물대 (2008년3분기말, 2년 주간수치 기준)

차이니텔레콤 매물대 (2008년3분기말, 2년 주간수치 기준)

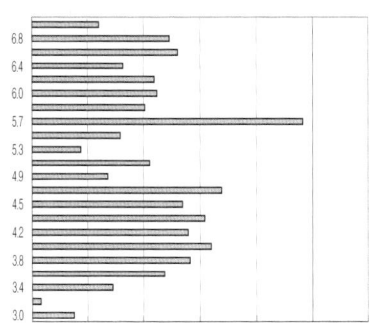

자료제공: 중국경제정보분석(CEIA)

중국주식투자 2009년

바이블 ②

제6장 정책 함정에 빠진 석유주

중국 지도자의 해외 탐방 시 빠짐없이 등장하는 말이 바로 자원외교이다. 그만큼 에너지 자원은 지속발전을 위하여 꼭 필요한 요소임과 동시에 가장 부족한 것이기도 하다. 중국은 미국에 이어 세계 최대 에너지 대국으로 발돋움하였다. 2007년 중국 에너지 생산량은 2000년보다 1.8배 신장하였다. 다만 1인당 에너지소비량은 세계평균 대비 62% 수준에 불과하다. 다가올 에너지 부족 사태를 가늠해볼 수 있는 대목이다. 기타 에너지 자원과 달리 석유는 혈액과 같은 역할을 담당한다. 중국 경제구조가 경공업에서 중화학, 기계장비 공업으로 빠르게 전환됨에 따라 수급불균형은 이미 고착화되었다. 글로벌 경제상황과 상관없이 중국 자체 공급부족 현상은 장기간 유지될 것이다.

1. 중국과 에너지안보전략

에너지안보전략은 단기추세와는 일정한 거리감이 존재한다. 하지만 중장기 주가흐름은 전력적 측면과 이원화시킬 수 없다. 중국 정부가 현재 취하고 있는 에너지안보전략은 석유업종에게만 영향을 미치는 것이 아니다. 에너지 업종 전반에 걸쳐 있으며 전기와 기계업종 역시 직간접적인 사정권에 놓여 있다.

1.1 에너지 안보전략목표

중국 에너지 안보전략은 기본적으로 3가지 목표를 바탕으로 수립되어 있다. 첫째는 사회, 경제적 수요 만족이다. 둘째는 저가의 에너지 공급원 개발이다. 마지막으로 안정된 에너지 보급로 확보이다. 안정적 에너지 확보는 단순히 경제적 문제만은 아니다. 지속경제 발전에 소요되는 에너지 자원을 확보하지 못할 경우 정치적 위기로 비화될 수 있다. 21세기에 접어든 현재에도 "경제가 최대의 정치이며, 경제문제가 모든 정치문제를 해결한다."라는 20세기 덩샤오핑의 말이 여전히 유효하다. 중국 에너지 자원총량은 8,230억 톤이며, 채굴량은 1,392억 톤으로 세계에너지 자원총량의 10.1%를 차지하고 있는 것으로 알려진다. 에너지 자원이 전혀 없는 것은 아니라는 사실이다. 석탄은 전 세계 매장량의 12%를 차지하고 있으며, 수력자원은 30%, 석유, 천연가스 역시 상당량을 확보하고 있다. 하지만 낮은 에너지 효율성, 13억 소비인구, 낮은 원자력 발전비율 등이 복합적으로 작용하여 만성적인 에너지 부족현상에 시달리고 있는 셈이다. 11차 5개년 규획(規划) 기간(2006년~2010년) 중국 정부가 제시한 에너지 관련 정책은 다음과 같다.

"에너지 절약과 고효율성을 담보로 하여 절약 우선, 국내조달, 석탄기초, 다원화 발전 등을 기본방침으로 정한다. 이 방침에 따라 안정적이고 경제적이며, 청결한 에너지 공급시스템을 구축한다. 석탄시설의 대형화를 추구하며, 중소형 규모의 탄광에 대한 조정작업을 실시한다. 또한 천연가스개발과 석탄과 전력 간의 상호 연결 시스템을 장려한다. 대형화·고효율화된 시설을 중심으로 삼으며, 생태환경의 보호를 기초로 한 수력, 핵에너지, 전력망 건설, 서전동송(西电东送) 등의 순으로 사업을 확대 실시한다. 한편 국내석유·천연가스 탐사와 개발을 강화하고 해외합작개발 규모를 확대하며, 전략석유비축 능력을 증대시킨다."

상기 내용 가운데 석유주와 관련된 문구는 "국내석유·천연가스 탐사와 개발을 강화하고 해외합작개발 규모를 확대하며, 전략석유 비축 능력을 증대시킨다."이다. 특히 전략석유비축능력 확대는 외환보유고 다변화의 한 방편으로도 제시되고 있다. 달러화 자산 가운데 일정부문을 석유자원 확보로 돌리자는 의견도 나오고 있다. 그럼 상기 언급된 에너지 정책을 염두에 두고 중국 에너지 현황을 살펴보기로 하자.

1.2 에너지 공급과 수요

에너지 소비증가율이 공급증가율을 초과하는 상황에서 중국은 에너지 시설 건설과 개조, 공급능력 향상이라는 문제에 직면하고 있다. 지금까지 중국 에너지 발전방향은 에너지 자원구조 조정과 효율성 향상에 있었다. 해외자원 개발, 확보보다는 현재 보유하고 있는 국내자원을 어떻게 효율적으로 이용 및 배치하는가에 정책적 역량이 동원된 것이다. 그 결과 석탄중심(세계 3위 매장량 보유)으로 에너지 정책이 수행되었다. 세계 1위인 수력자원을 보유하고 있지만 개발 기간 장기화, 막대한 자금투입, 주민이주 문제 등으로 최선의 방안으로 낙점되지 못하였다. 그 외 원자력, 태양열, 풍력 에너지원 역시 자금, 기술 등의 문제로 활성화되지 못한 상태이다. 석탄은 3장에서 따로 살펴볼 예정으로 본 장에서는 생략하기로 한다.

▣ 석유

환경오염 문제를 제외하고 석탄사용에 대한 국제적 충돌은 거의 존재하지 않는다. 불충분하다고 느끼겠지만 최근 중국도 환경오염 문제에 적극적인 행보를 보이고 있다. 이는 환경문제를 방치할 경우 향후 생존비용이 확대될 것으로 보기 때문이다. 저효율, 고위험 탄광에 대한 폐쇄조치도 이런 맥락의 일부이다. 석탄과 달리 석유는 전략자원으로 간주되며 국제 파워가 충돌하는 지대이다. 미국은 중국의 석유자원확보 정책에 상당한 견제와 우려를 표하고 있다. 미·중 경제안보조사회(US-CHINA Economic and Security Review Commission)가 매년 미국의회에 제출하는 보고서에는 중국 에너지 부문이 독립된 단락으로 취급되고 있다. 그 단락 대부분이 석유와 관련된 내용인 것은 두말할 필요도 없을 것이다. 미국은 중국 해외석유 확보전략을 '락업(lock-up)' 전략으로 보고 있다. 이는 국제 석유시장을 통해 석유 수요를 충당하는 미국과 달리 해외유전시설 지분인수 혹은 개발권 확보를 통해 사전에 확보 가능한 석유자원을 고정화시킨다는 의미이다.

하지만 현 단계에서 중국이 획득한 석유자원은 전 세계 매장량의 0.3% 정도로 미국의 이익을 위협할 정도는 아니다. 그럼에도 미국이 민감한 반응을 보이는 이유는 무엇일까? 미국은 중국 석유 정책에 영향을 받아 전략 비축유 확대를 결정하기로 하였다. 현재 중국보다는 미래 중국을 염두에 둔 조치로 생각된다. 중국은 전하이(鎭海), 황다오(黃島), 따이산(岱山), 따리엔(大連)에 국가석유전략비축기지를 건설하고 있으며, 이들을 통합 관리할 국가석유비축중심을 설립하였다. 만일 국가석유전략비축기지 4곳이 모두 완공된다면 중국은 10일 이상의 전략석유비축능력을 보유하게 되며, 상용석유 비축시설을 포함할 경우 30일 이상으로 확대될 것이다.

중국은 미국을 제외한 최대 석유소비국으로 하루 소비량은 6.5 백만 배럴 이상으로 추정된다. 2006년 국제소비 증가량의 38%가 중국 요인에 기인한 것으로 나타났다. 절대소비량은 미국과 비교가 힘들지만 기존 가격형성 메커니즘을 상당히 왜곡시킬 소지는 다분하다. 각 조사기관마다 차이는 있지만 2010년 중국 석유수요량은 최소 7.3억 배럴, 최대 9.2억 배럴 정도로 추산한다. 또한 2020년에는 11.6억 배럴 이상을 기록할 것으로 전망하고 있다. 2020년 중국 석유 수입량을 7.1억 톤으로 전망한 IEA 예측은 그나마 보수적인 수치이다. 미국 에너지국(The Department of Energy)은 2030년경 세계 총수요의 13% 정도를 중국이 차지할 것으로 예측한다. 이는 국제석유시장 흐름이 자칫 배급자 우위에서 공급자 우위로 고착화될 수도 있다는 의미이다.

〈표 6-1〉 중국의 석유 수요량과 수입량

단위: 억 톤

구분	2010년	2020년	2020년	
			수입량	수입비율
IEA(WEO 2004)	7.9	11.6	7.1	67%
DOE(IEO 2005)	9.2	12.3	8.8	72%
East-West Center(3/05)	8.6	12.3	8.8	72%
IEE Japan(3/04)	7.3	12.0	8.5	71%

자료제공: IEA, DOE, East-West Center, IEE Japan

한 가지 유의할 점은 유가변동에 대한 저항력은 중국이 미국보다 높다는 사실이다. 일단 유가가 한계치를 벗어날 경우 소비구조 자체를 통제할 것으로 판단된다. 미국은 이런 점에서 중국에 비하여 대처능력이 현저히 떨어진다. 2005년 이후 고유가 구조가 정착됨에 따라 중국은 즉시 석탄수요 확대를 통해 시장충격을 완화시켰다. 미국은 자동차가 생활필수품이다. 한 가구에 2대 이상을 보유한 경우도 일반적이다. 하지만 중국은 자동차문화 자체가 생활에 스며든 단계가 아니다. 자동차 수요도 개인보다는 정부기관과 기업 구매력에 좌우되며 이는 결국 정부가 통제할 수 있다는 의미이다.

▣ 천연가스

중국 천연가스 매장량은 43만 억 평방미터로 그중 육지에 30만 억 평방미터가 집중되어 있다. 상당한 매장량을 확보하고 있음에도 중국 에너지 소비량 가운데 천연가스가 차지하는 비중은 2% 정도로 극히 낮은 수준에 불과하다. 이 수치는 1990년 2.0%에서 2004년 2.6%로 단지 0.6 포인트 상승하였을 뿐이다. 세계 에너지 소비구조에서 천연가스가 차지하는 비중이 25% 이상인 것과 비교하여 2% 수치는 에너지구조 문제점과 더불어 천연가스 부문 발전 잠재력을 대변한다. 페트로차이나, 시노펙 실적자료에서도 이를 목격할 수 있다. 중국정부가 '서기동수(西氣東輸)'라고 부르며 천연가스 시설투자를 확대하는 이유도 에너지 자원 다변화와 연결되어 있다.

중국 천연가스 공급망은 크게 4개 라인으로 나누어진다. 첫 번째 라인은 다리목판－상해노선이다. 가스 파이프라인은 10여 개의 성을 지나 상하이에 도착하게 되며, 2004년에 시공이 되어 2010년에는 매년 199억 평방미터를 공급할 것으로 예상하고 있다. 두 번째 라인은 자달목판－시닝－란조우로 연결되며, 매년 20억 평방미터를 공급할 것으로 전망하고 있다. 셋째로 쓰추안－우한 라인으로 호북과 호남에 매년 30억 평방미터를 공급할 것이다. 마지막으로 샨시라인으로 이미 완공된 이 라인은 베이징에 천연가스를 공급하는 것을 주목적으로 하고 있으며, 증설을 통해 허베이와 산동지역으로 공급을 확대할 계획이다. 현재 20억 평방미터에서 30억 평방미터로 확대작업을 실시하고 있다. 그 외 해외 부문으로 동베이 지방과 러시아 노선, 동남 연안도시와 인도네시아 남중국해를 연결하는 노선 등이 있다.

중국 정부는 현재 60여 개 지역에서 2010년까지 270개 성시로 천연가스를 확대 공급할 예정이다. 또한 21세기 중반까지는 전국 65% 성시로 그 공급 범위를 확대할 계획이다. 향후 15년 이내 중국 천연가스 수요량은 폭발적으로 증가할 것으로 전망되며, 이미 그 기조는 현실화되고 있다. 2010년 1,000억 평방미터 수준의 수요요인이 발생할 것으로 추산되는 데 반하여 공급은 800억 평방미터에 머물 것으로 전망된다. 부족분 200억 평방미터는 수입에 의존할 것으로 예상되며, 수급격차는 향후 더욱 확대될 전망이다. 참고로 2020년 중국 천연가스 수요량은 2,000억 평방미터를 초과할 것으로 전망되며 공급은 1,000억 평방미터에 그칠 것으로 추산된다. 총 수요량의 50%를 해외수입에 의존해야 하는 실정이다. 천연가스 해외 공급원은 러시아와 중앙아시아가 담당할 것으로 예상된다. 정치뿐만 아니라 경제적으로도 이 지역의 전략적 가치는 한층 강화될 것이다.

▣ 수력

중국은 세계 최대 수자원 보유국가로 캐나다에 이어 세계 2위 수력발전국가이다. 이론적으로 중국이 보유한 수력발전량은 6.94억 와트이며, 기술적으로는 5.42억 와트까지 가능한 것으로 파악된다. 중국은 건국 이후로 수력개발을 중시하는 정책을 표명하였지만 기술, 자금 등의 제약으로 본격적인 개발은 늦은 편이다. 11차 5개년 규획과 2020년 장기 규획에 따라 2010년까지 중국은 1.7억 와트의 수력발전량과 23.8%에 이르는 수력자원 개발비율을 달성할 것으로 전망된다. 또한 2020년에는 이 수치를 2.6억 와트와 37.8%로 확대할 예정이다. 그 외 중국은 재활용 에너지 육성정책에 따라 풍력, 태양열, 지열 등을 개발 및 연구하고 있으나, 단기간 내에 가시적인 성과를 기대하기는 힘들 것 같다.

▣ 핵에너지

중국 핵발전소 시설은 초기단계에 머물러 있다. 현재 중국 핵발전량은 전체 전력의 2% 내외를 차지하고 있다. 이는 세계평균 17%와 상당한 격차를 보이는 수치이다. 11차 5개년 규획에서 핵발전계획을 '적당한 수준'에서 '핵발전 가속화'로 급선회한 배경이기도 하다. 중국 핵발전 프로젝트는 1980년대부터 시작되었으며 90년대 초 핵발전소 3기를 준공하기도 하였다. 핵 원료가 남부 지역에 집중됨에 따라 항조우와 광조우 지역에 핵 시설을 건설하였으며 향후 15년 이내에 30기 핵발전소를 추가 건립할 예정이다. 이 프로젝트가 순조롭게 진행된다면 전체 전력에서 핵발전 부문이 차지하는 비중은 기존 2%에서 5% 수준으로 상향 조정될 예정이다. 중국 자체적으로는 핵 관련 전력 설비기술 발전과 더불어 연

료공업 역시 장족의 발전을 이룬 것으로 평가하고 있다. 공업, 농업 및 의학 부문에서 핵 기술이 광범위하게 응용됨에 따라 현재 핵 응용기술 개발, 생산 기업체 수가 300여 개에 이른다. 산업규모는 150억 위안 정도인 것으로 추산된다. 이상의 내용을 통하여 향후 중국 에너지 수급현황과 발전구도에 대한 밑그림은 마련하였을 것으로 판단된다. 그럼 본 장 주제인 석유 부문에 대한 이야기를 풀어 나가도록 하자.

2. 중국석유시장 해부하기

고유가 주범으로 중국이 종종 언급되고 있다. 앞으로도 그 멍에를 짊어질 가능성이 높다. 2008년 긴축경제를 공개적으로 천명하였지만 이와 별개로 경제규모는 지속적으로 팽창하고 있다. 미국, 일본, 독일 등과 같은 선진국에 있어 경제성장률 1포인트 상하향 조정은 중요한 시그널이지만 중국의 경우 10%와 8%~9%는 분석 기조를 바꿀 만한 사항은 아니다. 통계 데이터 자체가 가진 불확실성(?)을 감안한다면 중장기 추세흐름으로 판단하여야 될 것이다. 또한 그 내막이 어떠하든지 경제대국 가운데 8% 이상의 경제성장률을 장기간 유지하고 있는 그 자체만으로도 이미 긍정적인 평가를 던질 수 있다. "10억 이상의 인민을 먹여 살리고 있는 것만으

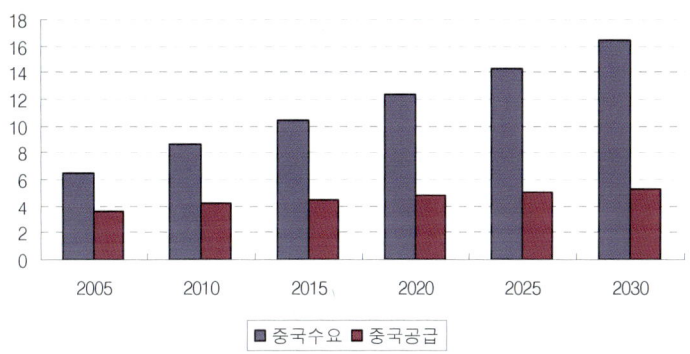

〈그림 6-1〉 석유시장 현황분석

자료제공 : OPEC

로도 중국은 이미 세계에 공헌을 하고 있다."라는 마오쩌둥의 말을 되새겨볼 필요가 있다. 13억으로 불어난 현시점에서 중국은 '먹는 문제'에서 '성장과 생활'문제로 전환되고 있다. 성장과 소비 확대는 각종 자원수요를 유발하며 그중 특히 석유자원 확보는 전략적 과제로 떠오르고 있다.

<그림 6-1>은 향후 중국 석유수급 현상을 예측한 자료이다. 2005년에 비하여 2010년 공급부족사태가 더 심화될 것이며 2015년에는 더욱 확대되는 것으로 나타났다. 참고로 2006년 중국의 원유수입규모는 1억 4,518만 톤으로 2000년 대비 2배 이상 증가한 것으로 나타났다. 이는 중국 GDP 규모 증가율과 그 맥을 같이하는데, 2006년 중국 GDP 규모는 20조 9,407로 2000년 9조 9,215

억 위안보다 2.1배 정도 신장되었다. 중국 경제규모가 확대되는 만큼 원유 수입량 역시 증가할 것이며 향후 10년 동안 중국의 고성장 기조가 변경될 가능성은 높지 않다. 후진타오 국가주석 이하 주요 지도층 해외탐방 1순위가 자원외교인 이유도 여기에 있다. 충분한 석유공급 루트가 확보되지 않는다면 경제의 지속성장을 담보할 수 없으며 이는 사회불안으로 확대될 소지가 있다. 석유업종이 기타 업종보다 정책방향에 직간접적으로 노출된 범위가 넓고 국유주 비중이 높은 이유도 이런 내막이 자리 잡고 있다. 일례로 2008년 상반기 말 현재 중국 석유시장 내 사기업과 외상투자기업 점유율은 0.2%와 8.1%에 불과하다. 국유기업 점유율은 10.6% 정도이며, 과반수 이상은 시노펙과 페트로차이나 같은 주식회사가 차지하고 있다. 그 외 34.3%는 소유주체가 불분명한 기타 부문으로 집계되고 있다. 참고로 2007년 말 현재 시노펙과 페트로차이나 국유지분은 70.8%와 86.8%로 나타났다.

<그림 6-2>는 2000년부터 2008년 12월까지 글로벌 FOB 현물가격 추이를 나타낸 것이다. 석유수급상황이 악화된 2005년부터 유가가 가파르게 급등한 점을 확인할 수 있다. 2006년 공급부족분이 일 13만 배럴로 축소됨에 따라 급상승하던 국제유가가 주춤하는 모습을 보였지만 2007년 공급부족분이 일 69만 배럴로 확대됨에 따라 1, 2차 오일쇼크에 필적할 만한 충격을 글로벌 경제에 던져주고 있다. 2007년 석유수급 불균형 현상은 2008년 7월을 정점

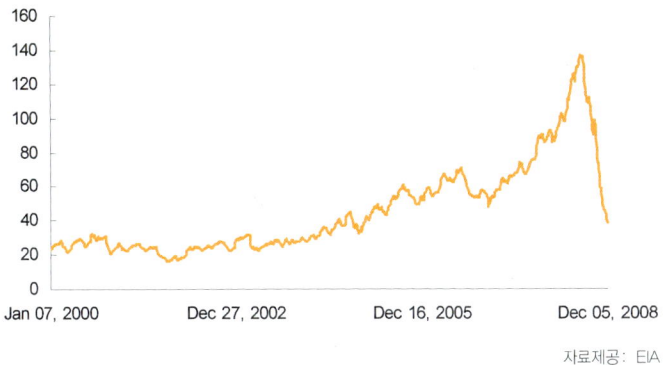

자료제공: EIA

으로 140달러 돌파를 눈앞에 두었다. 하지만 2008년 7월 이후 금융위기가 글로벌 경기침체로 전이됨에 따라 수급구조가 전환되고 있다. 감산이라는 압박카드도 별다른 힘을 발휘하지 못하고 있다. 200달러를 돌파할 것이라는 예측이 난무하던 연초 대비 현재 40달러 아래로 폭락된 유가는 상당히 대비되는 모습을 보여준다. 자원시장의 투기성이 증시보다 훨씬 높은 셈이다. 『중국주식투자바이블(Ⅰ)』에서 우리는 이미 국제원자재 시장을 두고 벌어지는 투기자본 형태를 살펴보았다. 따라서 부연설명은 생략하기로 한다.

중국은 세계 제2의 정유능력을 보유하고 있다. 정유와 석유화학 시설제조 능력도 이미 일정 수준 도달한 것으로 자체 판단한다. 일례로 중국은 세계최대 수소반응기 제조업체를 보유하고 있다. 또한 연 500만 톤 이상 정유시설, 200만 톤 이상 중유촉매분해시설,

〈표 6-2〉 중국 석유제품 생산 현황

단위: 만 톤, %

구분	2006년			2007년			2008년 상반기		
	금액	증감률	점유율	금액	증감률	점유율	금액	증감률	점유율
	5,591	3.74	23.27	5,994	7.17	23.24	3,052	3.21	22.98
등유	960	(2.89)	4.00	1,153	19.03	4.47	586	4.52	4.41
디젤유	11,653	5.54	48.51	12,370	6.2	47.96	6,536	8.60	49.22
윤활유	572	0.95	2.38	649	11.64	2.52	359	18.16	2.70
연료유	2,265	(6.29)	9.43	2,310	8.67	8.96	1,111	0.86	8.37
석유아스팔트	1,238	19.28	5.15	1,384	8.42	5.37	692	(8.10)	5.21
액화석유가스	1,745	5.01	7.26	1,934	6.62	7.50	943	(1.48)	7.10
합계	24,024	5.34	100.00	25,794	7.37	100.00	13,279		100.00

자료제공: 중국국가통계국

200만 톤 규모의 역청수소탈황시설 등을 턴키방식으로 제공할 능력도 구비하고 있다. 2007년 현재 이 부문 생산규모는 273억 위안으로 2006년보다 42% 정도 확대된 것으로 나타났다. 또한 수출입 총액은 29억 달러로 그중 수출이 13억 달러, 수입이 16억 달러 정도인 것으로 집계된다.

<표 6-2>는 2006년부터 2008년 상반기까지 중국 석유제품 생산량을 금액으로 환산한 것이다. 석유제품은 크게 정유제품과 코크스로 구분되는데, 그중 코크스는 제철 용광로 원료로 사용된다. 코크스 생산량은 철강시장과 강한 연관성을 보인다. 코크스 생산금액 증가율은 2006년 소폭 감소한 이후 2007년 50% 내외의 상승을 기록하였다. 하지만 2008년 상반기에는 10%를 소폭 초과하는

〈표 6-3〉 중국 석유 수출입 현황

단위: 만 톤, %

연도	원유					정유				
	수출		수입		차이	수출		수입		차이
	수량	증가율	수량	증가율		수량	증가율	수량	증가율	
1995년	4,885	163.3	-	-	4,885	415	9.5	-	-	415
1996년	2,033	(58.4)	-	-	2,033	417	0.5	-	-	417
1997년	1,983	(2.5)	3,547	-	(1,564)	559	34.1	2,379	-	(1,820)
1998년	1,560	(21.3)	2,732	(23.0)	(1,172)	436	(22.0)	2,174	(8.6)	(1,738)
1999년	717	(54.0)	3,661	34.0	(2,944)	645	47.9	2,082	(4.2)	(1,437)
2000년	1,031	43.8	7,027	91.9	(5,996)	827	28.2	1,805	(13.3)	(978)
2001년	755	(26.8)	6,026	(14.2)	(5,271)	919	11.1	2,138	18.4	(1,219)
2002년	721	(4.5)	6,941	15.2	(6,220)	1,068	16.2	2,034	(4.9)	(966)
2003년	813	12.8	9,102	31.1	(8,289)	1,382	29.4	2,824	38.8	(1,442)
2004년	549	(32.5)	12,281	34.9	(11,732)	1,146	(17.1)	3,787	34.1	(2,641)
2005년	807	47.0	12,682	3.3	(11,875)	1,401	22.3	3,143	(17.0)	(1,742)
2006년	634	(21.4)	14,518	14.5	(13,884)	1,235	(11.8)	3,638	15.7	(2,403)
2007년	389	(38.7)	16,317	12.4	(15,928)	1,551	25.6	3,380	(7.1)	(1,829)
08년 반기	156	(37.2)	9,053	11.0	(8,897)	788	(0.3)	2,101	16.4	(1,313)

자료제공: 상무부, 중국국가통계국

증가에 머물렀다. 철강경기가 그만큼 좋지 않다는 사실을 반증한
다. 정유제품은 디젤유와 휘발유가 높은 비중을 점하고 있으며, 연
료유와 액화석유가스는 각각 7~8%대를 유지하고 있다. 디젤유와
휘발유 가격은 항만, 물류, 운수 등과도 높은 연관성을 보인다.
2008년 상반기 윤활유를 제외한 모든 제품이 성장률 둔화를 보였
으며 석유아스팔트와 액화석유가스는 감소세로 돌아섰다.

원가상승 압박에 시달린 정유회사들의 이익확보 노력은 석유제품 수출입 현황에서도 잘 나타나고 있다. 1996년까지 중국은 석유 순 수출국에 포함되었다. 그 이후 순수입국으로 전환되었으며 해마다 수출입 격차는 확대되고 있다. 2007년 수치를 보면 흥미로운 사실을 확인할 수 있다. 정유 수출은 25% 이상 확대된 반면 수입은 오히려 7.1% 감소되었다. 일반적인 논리로는 관련 산업 신장 등으로 정유수입은 확대되고 수출은 축소되는 것이 정상적이다. 하지만 그 반대로 수입은 축소되고 수출은 대폭 신장되는 상황이 발생하였다. 그 이유는 무엇일까? 아마 국내외 가격 차이가 확대됨에 따라 정유회사들이 국내 공급은 감소시키고 해외(홍콩) 수출을 확대하였기 때문이다. 그 결과 정유시장 수급상황이 더욱 악화되었으며 중국 전역에서 사재기 열풍이 불어 닥쳤다.

3. 주식시장을 좌우하는 석유주들

　석유주 투자판단에 필요한 거시환경을 두 단락에 걸쳐 살펴보았다. 그럼 업종 대표주를 간략히 살펴보기로 한다. 참고로 투자포트폴리오를 구성할 때 업종별 한 종목만을 고집할 필요는 없다. 증시상황에 따라 보유종목과 스위칭할 수 있는 예비종목을 1개 정도는 리스트에 올려두는 것이 올바른 투자습관이다. 투자가치와 주가가 반드시 동일한 방향으로 움직이는 것은 아니다.

3.1 대표종목 소개

▣ 페트로차이나(中國石油, 0857.HK/601857.SS)

페트로차이나는 중국 최대 석유업체로 산하에 80여 개의 계열사를 두고 있으며 직영, 프랜차이즈 등의 형태로 18,600여 개의 주유소를 보유하고 있다. 주 사업 분야는 석유와 천연가스 개발, 채굴판매, 석유화학 제품 생산 등이다. 2007년 매출액은 8,350억 위안으로 정유판매가 72.7%로 가장 높고 그 다음은 탐사개발(11.0%), 화학(11.0%), 천연가스(5.2%) 순이다. 대부분의 수익을 탐사개발 부문에 의존하고 있으며 정유 부문은 적자상태에 놓여 있다. 올해 상반기 매출액과 순이익은 5,495억 위안과 484억 위안 정도로 집계되었다. 매출확대에도 불구하고 순이익 규모는 전년대비 36% 이상 축소된 것으로 나타났다. 유가급락과 가격시스템 개편으로 올해보다 2009년 경영실적이 한층 기대되는 종목이다.

▣ 시노펙(中國石化, 0386.HK/600028.SS/SNP/SNP.L)

시노펙은 정유판매 부문에 강점을 보유한 석유화학 업체로 소매시장 점유율은 65% 전후로 조사되었다. 2007년 한 해 동사가 가공한 원유 규모는 1.56억 톤이며, 대부분의 원유를 수입에 의존하고 있다. 정유생산량은 9,309만 톤으로 디젤유가 6,008만 톤으로 가장 큰 비중을 차지하고 있으며 그 다음이 가솔린, 등유 순이다. 2007년 매출액은 1조 2,097억 위안으로 집계되었으며, 원유구입비가 매출원가의 43% 정도를 점하는 것으로 나타났다. 2008년 유류보조금 영향으로 간신히 흑자상태를 유지하고 있다. 올해 상반기 매출액과 순이익은 7,348억 위안과 93억 위안 정도로 집계되었다. 매출확대에도 불구하고 순이익 규모는 전년대비 73% 이상 급감한 것으로 나타났다. 페트로차이나와 동일하게 2008년보다는 내년 경영실적이 한층 기대되는 종목이다.

▣ 중국해양석유(中國海洋石油, 0883.HK)

중국해양석유는 중국 연근해 지역에서 석유와 천연가스를 탐사, 개발, 생산하는 기업이다. 현재 에너지 자원 확보 전략에 따라 해외로 그 사업 영역을 확대하고 있다. 2007년 기준 원유 생산량/일 371,827배럴로 2006년보다 0.24% 감소한 것으로 나타났다. 반면 천연가스의 경우 14% 정도 신장된 것으로 집계된다. 과반수의 석유/가스 생산량이 발해만과 남중해 부근에서 채취되고 있다. 2007년 매출액은 907.2억 위안으로 그중 석유와 가스 부문이 80.5%를 차지하고 있다. 2008년 상반기 매출액과 순이익은 691억 위안과 275억 위안 정도로 집계되었다. 매출과 순이익 신장률은 각각 64%와 89% 내외로 조사되었다. 급속한 유가폭락에도 2008년 한

해 경영성과는 대체로 긍정적일 것이다. 다만 2009년은 중립적인 관점으로 전환할 필요가 있다.

■ 중하이요우(中海油, 2883.HK/CHOLY)

중하이요우는 해상유전개발 서비스 업체로 중국 연근해 지역을 중심으로 시추, 유정, 지오피시컬, 해상 및 운송 서비스를 제공한다. 시추선 15척을 포함한 중국 최대 근해 석유탐사 선단을 보유하고 있으며, 해외 유정서비스(logging, drilling fluids, directional drilling, cementing과 well completion) 사업을 확대실시하고 있다. 2007년 매출액은 90.1억 위안으로 시추 부문이 43.5%로 가장 높으며, 그 외 유정서비스(25.2%), 지오피지컬 서비스(Geophysical Service, 16.0%), 해상지원(15.3%)에서도 일정한 매출이 발생하고 있다. 유가 폭락과 경기침체로 2008년 매출둔화세가 예상되지만 높은 수익성은 유지될 것이다. 2008년 상반기 매출액과 순이익은 51억 위안과 15억 위안 정도로 집계되었다. 매출과 순이익 신장률은 각각 20%와 40% 내외로 조사되었다. 2009년에는 성장, 수익성 모두 꺾이는 모습을 보일 것으로 판단된다. 다만 해양유전개발은 에너지 확보 전략에 따른 중장기적 과제로 사업전망 자체는 긍정적이다.

3.2 경영실적 비교분석

동종업계라도 일관된 잣대로 기업을 평가하는 것은 무리가 있다. 수치로 해석될 수 없는 인적 자원, 브랜드 파워, 회계 투명성 등이 핵심경쟁력으로 작용할 수도 있다. 하지만 본서에서는 이종업계 간 상호비교가 가능하도록 일관된 기준을 마련하였다. 흔히 분석 장벽이 가장 낮은 지표로 매출증가율과 순이익 비율을 꼽고 있다. 특별한 재무지식이 없더라도 그 두 수치가 의미하는 내용은 누구나 쉽게 파악할 수 있다. 매출증가율은 성장성, 순이익비율은 수익성을 대표한다. 우리는 이 두 수치를 통하여 종목가치에 대한 밑그림을 대충은 그릴 수 있다. 다양한 지표와 분석 기법이 올바른 투자방향을 제시하는 것은 아니다. 단순한 지표라도 얼마나 깊게 통찰할 수 있는가에 따라 투자성패가 좌우될 수도 있다.

올해 매출증가율이 100% 확대되었다고 해당 기업 투자가치가 신장된 것일까? 수익성을 담보하였다면 일단 긍정적인 신호일 것이다. 다만 매출신장률이 매년 급등락세를 반복한다면 우리는 일단 우선순위 아래로 그 종목을 밀어놓을 것이다. 순이익 비율 역시 그 맥락은 동일하다. 수익률 감소보다 부정적인 것이 바로 경영지표가 급등락하는 종목이다. 이런 종목은 경영부실화 문제가 언제 불거질지 모르며 안정적인 주가예측도 힘들다. 기관투자자들이 회피하는 종목인 셈이다. 기관투자자들의 선택이 항상 옳을 수는 없다. 다만 이들이 거래에 참가하지 않는다면 주가가 탄력을 받기 힘든 것은 사실이다. 기업실적이 매년 급등락을 반복한다면 예측이 불가능하며, 이는 곧 임의성이 작용될 소지가 높다. 실적이 하향화 추세를 보인다면 주가는 이미 그러한 사실을 충분히 반영할 것이다. 투자위험과는 별개의 사항인 셈이다. 투자대상은 기업가치가 높은 종목이 아니다. 주가가 기업가치를 충분히 반영하지 못하는, 즉 저평가 종목이 바로 여러분이 선택할 주식인 것이다.

주의할 점은 매출증가율과 순이익 비율은 기업평가의 한 갈래에 불과하다는 사실이다. 정확한 검증을 위해서는 재고자산, 매출채권, 부채구조 등을 종합적으로 검토할 필요가 있다. 본서는 순이익 비율을 매출액 대비 순이익으로 설정하였다. 종목에 관한 자세한 사항과 관련 투자지표는 '2008 중국상장기업분석'을 참고하길 바란다.

<그림 6-3>은 2003년부터 2008년 상반기까지 매출액 증가율을 나타낸 것이다. 종목별로 상이한 모습을 그리고 있다. 페트로차이나, 시노펙, 중국해양석유는 비교적 큰 폭의 상승을 나타낸 반면 중하이요우는 2008년 하락세로 반전되었다. 매출신장률 격차가 뚜렷한 이유는 유가에 있다. 중하이요우는 유전개발 서비스 업체로 타 종목보다 매출확대 효과가 낮다. 탐사개발 부문이 페트로차이나보다 취약한 시노펙 매출증가율 역시 타 종목보다 낮게 형성된다. 국내외 해양유전개발이 주 사업인 중국해양석유는 2008년 상반기 매출이 60% 이상 확대되는 모습을 그리고 있다. 2007년 매출둔화

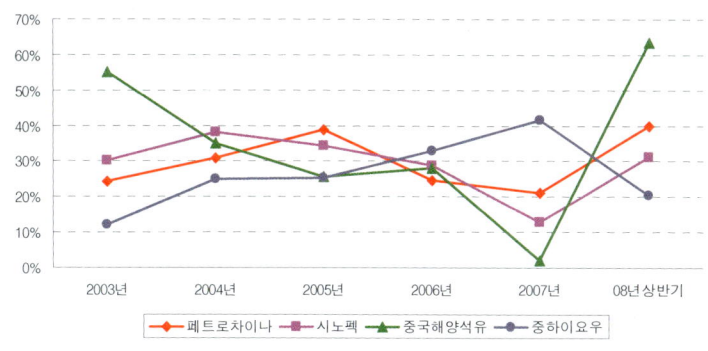

〈그림 6-3〉 주요 석유주 성장성 지표

자료제공: 중국경제정보분석(CEIA)

에 따른 수치상의 효과가 상당부분 작용한 것 같다. 그럼 성장성이 수익을 담보하는지 살펴보기로 하자.

수익성은 철저히 정유업체와 유전개발, 탐사서비스 업체로 이원화되고 있다. 절대 수익성은 중국해양석유가 가장 높지만, 그 속도는 중하이요우가 우위를 점하고 있다. 페트로차이나와 시노펙은 2004년 이후 수익성 둔화를 겪고 있으며 2006년 이후 감소 폭이 확연히 나타나고 있다. 유전개발 부문이 취약한 시노펙은 정부 보조금으로 흑자기조를 간신히 유지하고 있다. 페트로차이나 역시 매출액 대비 순이익 비율이 10% 이하를 나타내고 있다. 고유가 혜택은 정유업체가 아닌 중국해양석유, 중하이요우와 같은 유전개발, 탐사서비스 업체에게 돌아간 것 같다.

2008년 하반기 이후 지속되고 있는 유가 폭락세로 2009년 페트로차이나와 시노펙 숨통이 일부 터질 것으로 판단된다. 다만 저유

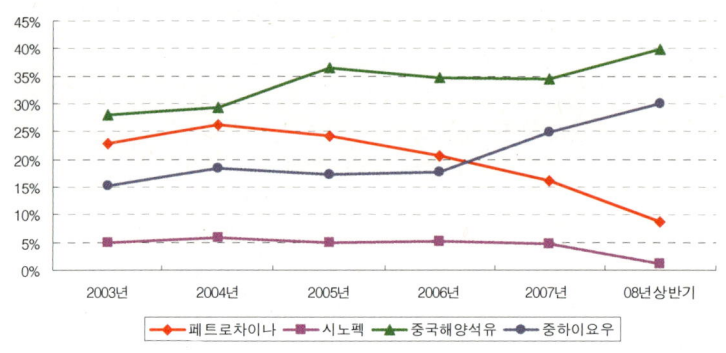

〈그림 6-4〉 주요 석유주 수익성 지표

자료제공: 중국경제정보분석(CEIA)

가는 페트로차이나보다 시노펙에 더 유리하게 작용할 것이다. 페트로차이나 이익 대부분은 석유개발 부문에서 실현되고 있는데, 저유가는 오히려 수익 면에서 부작용을 초래할 수도 있다. 유가수준보다는 공급가 현실화 문제가 이들 종목의 경영실적을 좌우할 것이다. 또한 그 효과도 생각만큼 크지는 않을 것이다. 공급 부문은 일단 긍정적이지만 수요 부문이 반대로 부정적으로 흐르고 있다. 경기침체로 석유화학 소비위축이 예상된다.

이상을 통하여 우리는 다음과 같은 사실을 알 수 있다. 석유주 종목 가운데 수익성은 중국해양석유, 중하이요우가 가장 유력하다는 것이다. 특히 중국해양석유는 두 지표 모두 긍정적인 수치를 제시하고 있다. 반면 페트로차이나와 시노펙은 몇 년째 수익을 동반하지 않는 외형확대를 거듭하고 있다. 중국을 포함한 글로벌 경기둔화가 본격화될 것으로 예상되는 2009년 이 차이는 훨씬 더 극명하게 다가올 것으로 판단된다. 다음 단락에서는 주가 측면에서 상기 종목들을 분석하여 보자. 아무리 좋은 종목도 주가가 기업가치를 넘어선다면 투자매력은 제한적이다.

4. 종목투자가치 분석

이제까지 업종, 종목 순으로 투자요인과 종목 선택 배경을 간략히 살펴보았다. 그럼 본 단락에서는 주가 그 자체에 포커스를 두고 분석을 진행하고자 한다. 기업가치 추정에 관한 이론적 내용은 앞서 1장에서 이미 살펴보았다. 따라서 이에 관한 부가설명은 생략하기로 한다. 본 장부터 13장까지 서술구조는 거의 동일하다. 다음 장부터는 여담으로 귀중한 지면을 할애하는 일은 없을 것이며 분석결과로 바로 들어갈 예정이다.

본 단락 내용이 이해되지 않는다면 첫 장을 차분히 다시 한번 살펴보길 바란다. 참고로 모든 장에 걸쳐 FCF모형 기대수익률은 연 30%를 적용하였으며 Merton모형은 기업생존 기간 10년을 기준

단위: 백만 홍콩달러(HKD)

종목명	시가총액			베타계수	상관관계
	실 제	FCF 모형	Merton 모형		
페트로차이나	1,121,483	28,504	851,035	1.01	0.85
시노펙	450,605	0	433,214	1.14	0.84
중국해양석유	274,634	206,098	173,647	0.90	0.74
중하이요우	22,252	56,167	58,706	1.13	0.67

자료제공: 중국경제정보분석(CEIA). 시가총액은 2008년 10월 기준임.

으로 설정하였다. 주가는 10년과 50년으로 구분하여 여러분의 선택 폭을 조금 확대하였다. 일반적으로 기업생존 기간이 길수록 시가총액과 주가 모두 상승하는 구조를 띤다.

만약 기업생존 기간 30년으로 설정된 주가를 원한다면 아래와 같은 방법을 시도해 보길 바란다. 기업생존 기간 10년과 50년일 때 페트로차이나 주가는 4.65홍콩달러와 5.60홍콩달러로 집계되었다. 기간 차이는 40년이며 주가 차이는 0.95홍콩달러이다. 10년마다 0.2375홍콩달러만큼 상승하게 되는 셈이다. 그 결과 기업생존 기간 30년일 때 페트로차이나 주가는 5.125홍콩달러로 추정할 수 있다. 학술적으로 미미한 차이가 발생할 수도 있다. 하지만 실무적으로는 전혀 손색이 없는 방법이다.

<표 6-4>는 개별종목의 시가총액을 FCF모형과 Merton모형을 통하여 살펴본 것이다. 또한 H지수 기준 베타계수와 상관계수 역시 도출해 보았다. 먼저 FCF모형의 경우 중국해양석유가 2,061억

홍콩달러로 가장 높은 시가총액을 기록하였다. 시노펙은 제로(0)로 나타났으며, 페트로차이나는 285억 홍콩달러로 추정되었다. 중하이요우는 562억 홍콩달러로 현 시가총액보다 2배 이상 높았다. FCF모형은 중국해양석유와 중하이요우에 높은 점수를 준 것이다.

반면 머튼모형은 페트로차이나와 시노펙 주식가치를 85,10억 홍콩달러와 4,332억 홍콩달러로 추정하고 있다. 중국해양석유와 중하이요우는 1,736억 홍콩달러와 587억 홍콩달러로 나타났다. FCF모형과 달리 페트로차이나와 시노펙에 더 큰 점수를 주고 있다. 중국해양석유는 상대적으로 저평가되고 있다. 머튼모형의 경우 자산과 부채의 질보다는 규모 자체를 중요시 여긴다. 그 결과 두 모형 간의 격차가 확대되었다. 중하이요우는 두 모형 결과치가 상당히 근접한 것으로 나타났다.

베타계수는 0.9~1.1 전후로 H지수와 거의 비슷한 움직임을 보이고 있다. 상관계수를 통해서도 재확인할 수 있다. 증시침체기에는 베타계수가 낮은 종목을 그 반대는 높은 종목을 택하는 것이 유리하다고 알려진다. 실제로는 안전마진을 폭넓게 확보할 수 있는 종목이 최선일 것이다.

<표 6-5>는 1장에서 살펴본 3가지 모형을 통하여 이론주가를 살펴본 것이다. FCF모형의 경우 기대수익률 20%와 30%로 구분하였다. 한편 WACC 도출방법에 따라 시가와 장부가로 이원화시켰다. 그 결과 개별종목당 총 4개의 이론주가를 확보할 수 있었다.

〈표 6-5〉 모형별 석유주 주가 추정

단위: 홍콩달러

종목명	실제 주가	PER 수치도출		머튼모형		FCF 모형			
						기대수익률 20%		기대수익률 30%	
		최소	최대	10년	50년	장부	시가	장부	시가
페트로차이나	6.13	9.40	16.81	4.65	5.60	2.27	1.01	0.90	0.16
시노펙	5.20	8.25	14.74	5.00	8.54	0.00	0.00	0.00	0.00
중국해양석유	6.20	9.52	17.01	3.66	4.29	–	–	17.01	4.34
중하이요우	4.95	6.35	11.34	13.06	13.72	–	–	–	12.50

자료제공: 중국경제정보분석(CEIA), 실제 주가는 2008년 10월 평균 주가를 의미함.

3가지 모형을 통합할 경우 독자 여러분은 총 8가지 이론주가를 들고 실제주가와 비교할 수 있을 것이다. 실제주가가 이론주가 최저치를 하향 돌파하거나 혹은 그 언저리에서 형성된다면 포지션 전환도 고려해 볼 필요가 있다. FCF모형의 경우 이론주가가 제로(즉 휴지조각)로 추정된 경우도 자주 있다. FCF모형이 주가를 휴지조각 수준으로 평가한 이유는 잉여현금흐름이 마이너스(−) 상태이거나 혹은 기업가치가 부채보다 낮기 때문이다. 이 수치에 대한 판단은 독자들 스스로 결정하길 바란다. 다만 FCF모형하에서 이론주가가 제로로 표시된 종목은 증시상황 유무를 떠나 2009년 상반기까지는 탄력적인 모습을 보이기 힘들 것이다.

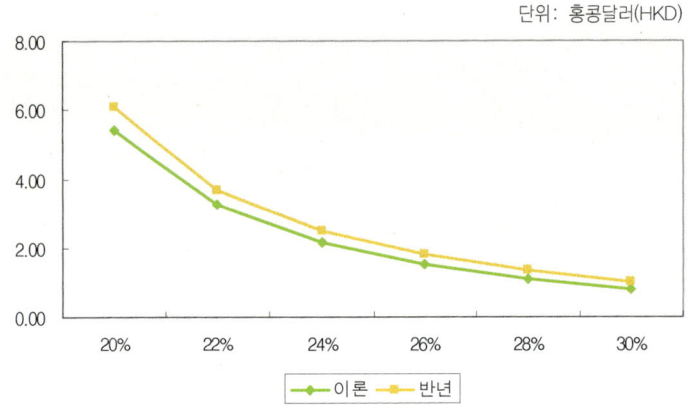

〈그림 6-5〉 기대수익률 변화에 따른 주가추이

단위: 홍콩달러(HKD)

자료제공: 중국경제정보분석(CEIA)

    〈그림 6-5〉는 기대수익률 변화에 따른 중하이요우 주가흐름을 살펴본 것이다. 매출증가율은 20%로 고정하였다. 5년 평균 매출증가율은 30%를 상회하고 있지만, 2008년 상반기는 20%대에 불과하다. 투자자별로 중하이요우 매입에 따른 기대수익률은 다를 것이다. 기대수익률이 높다면 저가매입이 바람직하며, 반대로 기대수익률이 낮다면 높은 가격에도 선뜻 매입결정을 할 것이다. 〈그림 6-5〉는 상기 현상을 그래프로 나타낸 것이다. 〈그림 6-5〉와 동일한 형태 그래프를 매 장마다 접할 것이다. 종목은 다르지만 그래프가 전달하고자 하는 맥락은 같다는 점을 기억하기 바란다. 매출증가율을 20%로 고정하면 기대수익률이 상승됨에 따라 중

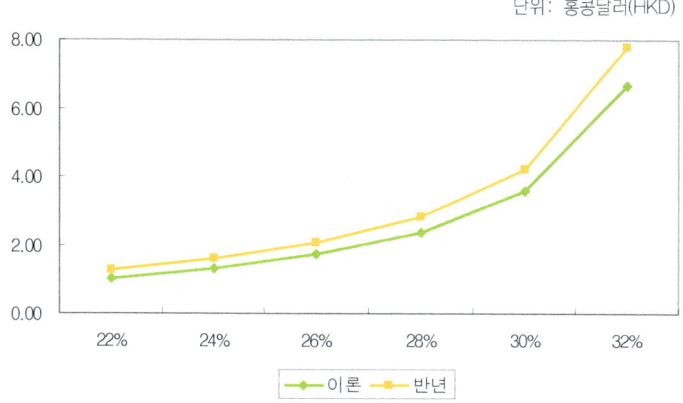

〈그림 6-6〉 매출증가율 변화에 따른 주가추이

단위: 홍콩달러(HKD)

이론 반년

자료제공: 중국경제정보분석(CEIA)

하이요우 주가는 하향곡선을 그리고 있다. 연 20% 수익률을 요구하는 투자자라면 5.5홍콩달러 전후에서 중하이요우를 매수를 고려해 볼 수 있다. 하지만 25%를 기대한다면 3홍콩달러를 하회할 때까지 관망해도 괜찮다.

<그림 6-6>은 투자수익률을 30%로 설정한 후 매출증가율 변화에 따른 주가추이를 살펴본 것이다. 2008년 중하이요우 매출증가율 추이를 감안한다면, 10월 말 주가인 4.95홍콩달러가 반 토막이 될 때까지 관망하는 것도 좋다. 다만 2009년 중하이요우 매출신장률이 30% 이상 기록될 것으로 판단된다면 5홍콩달러도 그리 나쁜 선택은 아니다. 매출신장률 32% 기준으로 약 8홍콩달러를

제시하고 있다. 매 장마다 언급될 <그림 6-5>, <그림 6-6>과 같은 그래프는 최대 5년(2013년)~최소 2년(2011년) 정도 곁에 두면서 틈틈이 체크하길 바란다. 1장에서 설명한 대로 변수들을 조정해 간다면 좀 더 현실감이 있을 것이다. 하지만 1장에 언급된 순서대로 기업가치를 도출할 독자는 그리 많지 않을 것이다. 필자도 알고 여러분도 아는 사실이다.

5. 석유주와 기술적 분석

5.1 대표 석유주 주가흐름

<그림 6-7>은 2005년 1월부터 2008년 10월까지 석유주 4종목 주가추이를 나타낸 것이다. 개별종목별 주가가 동일선상에서 거의 수렴하는 모습을 그리고 있다. 종목별 주가 움직임도 상당히 유사한 형태를 나타내고 있다. 2007년 상반기 이전에는 페트로차이나 주가가 비교적 선도적 지위를 유지하고 있었지만 그 이후 중국해양석유와 중하이요우에게 그 자리를 넘긴 것 같다. 이제까지 살펴본 실적자료만으로도 그 원인을 짐작할 수 있을 것이다. 대형주는 루머와 풍문보다는 실적 그 자체가 모든 것을 설명한다. 또한 중소형주와 달리 단일세력이

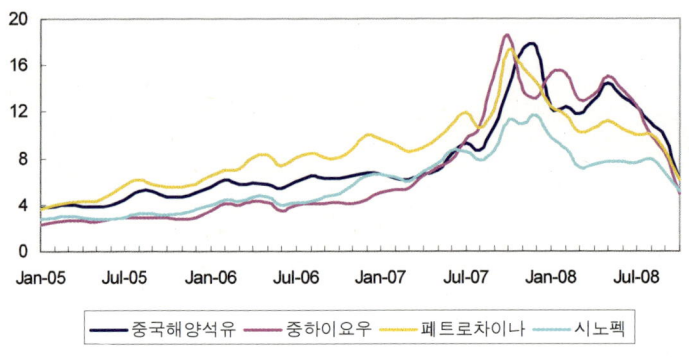

〈그림 6-7〉 종목별 주가흐름 추이

추세흐름을 조정하기도 쉽지 않다. 실적이 아무리 화려해도 경영 외적인 요소가 복잡하게 얽혀 있다면 발길을 돌리기 바란다. 증시, 업종, 경영현황 분석만으로도 여러분은 이미 기진맥진한 상태일 것이다. 본인의 한계를 명확히 인식하고 그 테두리 내에서 최선을 다하길 바란다.

<그림 6-8>은 2005년 초 주가를 100으로 두고 주가추이를 살펴본 것이다. <그림 6-7>이 실제 주가추이를 점검한 것이라면 <그림 6-8>은 종목별 비교 평가가 가능하도록 구성한 것이다. 4개 종목 가운데 중하이요우가 압도적인 상승세를 보이고 있다. 2005년 초 대비 최대 8배까지 상승한 것으로 나타났다. 반면 그 외 3종목은 4배 수준을 그리고 있다. 홍콩증시가 침체국면에 빠진 현재 모든 종목들은 동일점을 향하여 수렴하고 있다. 2008년 10월 현재 중하이요우가 2.2배로 가장 높고, 그 다음은 시노펙으로 1.9배

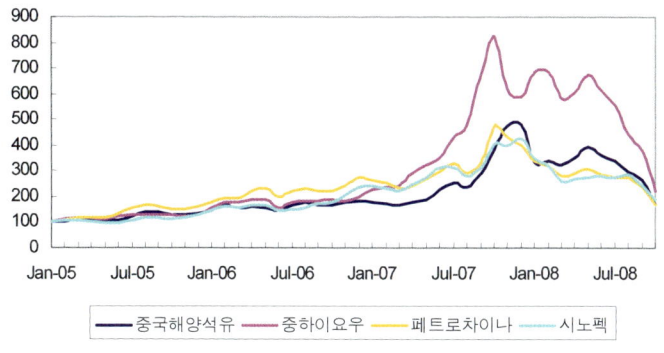

〈그림 6-8〉 종목별 주가흐름 추이(2005년 1월 주가 = 100)

자료제공 : 중국경제정보분석(CEIA)

내외를 그리고 있다. 페트로차이나와 중국해양석유는 1.7배 내외로 거의 동일한 수치를 나타내었다. 좋을 때는 몰라도 나쁠 때는 우량주도 눈에 들어오지 않는다. 모두 버릴 종목으로밖에 생각되지 않는다. 돈 잃어버리면 주위사람이 모두 도둑놈처럼 보이는 것과 같은 이치이다.

5.2 석유주와 MACD

MACD 기법을 주식투자에 연결시키는 방법은 『중국주식투자바이블(Ⅰ)』에서 이미 살펴보았다. 『중국주식투자바이블(Ⅰ)』이 증시를 분석대상으로 삼았다면 본서는 단지 종목으로 대체하였을 뿐이

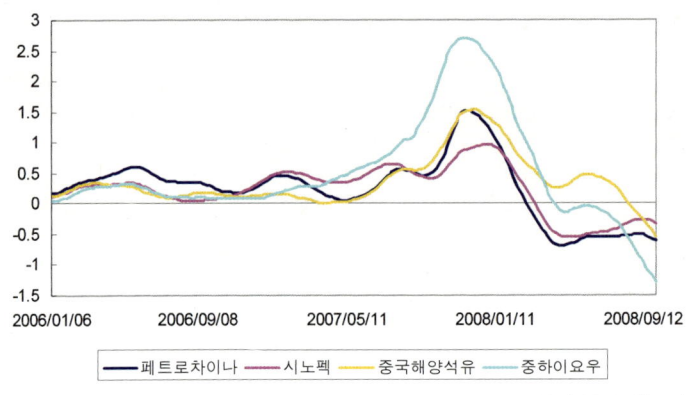

〈그림 6-9〉 MACD로 살펴본 종목별 주가현황

자료제공 : 중국경제정보분석(CEIA)

다. 따라서 분석기법에 대한 이론 설명은 생략하기로 한다. <그림 6-9>는 2006년 초부터 2008년 9월 말까지 주간 MACD 그래프를 살펴본 것이다. 실제 주가가 붕괴되기 시작한 2007년 10월보다 1~2개월 늦게 MACD 그래프는 반응하고 있다. 선행 시그널을 보여주는 것이 아닌 후행적 결과를 확인하는 작업이다. 이는 MACD 기법 자체가 추세흐름에 포커스를 두기 때문이다. 현 포지션에 대한 정확한 진단을 근거로 과거로부터 미래를 추정하는 방법이다. 예측은 기술적 분석이 아닌 계량분석을 이용할 수밖에 없다. 물론 그 예측결과의 정확성은 모형과 데이터, 분석가의 능력에 따라 좌우될 것이다.

시장을 주도하는 선도적 투자자가 아니라면 예측보다는 현 추세를 정확히 인식하는 데 더 포커스를 두길 바란다. 즉 MACD를 정확히 파악하는 것만으로도 손실 축소, 이익 보장은 가능하다. 또한 일간보다는 주간 데이터를 이용하길 바란다. 일간 데이터는 추세에 노이즈를 형성시킬 가능성이 많으며 그 한계 역시 명확하다. 페트로차이나와 시노펙의 경우 일단 급격한 하향세는 진정된 것 같다. 향후 조정이라는 기다림의 시간이 펼쳐질 것이다. 반면 중국해양석유와 중하이요우는 2008년 9월 기준 하락이 급브레이크 걸린 상태는 아니다. 일단 급락이 진정된다면 그 다음은 횡보로 연결될 것이다. 급락의 끝이 급등은 아니다. 2010년까지는 느긋한 마음으로 투자하길 바란다. 참고로 페트로차이나와 시노펙은 횡보세를 반년 정도 지속한 상태이다. 상승으로 증시 방향이 정해진다면 페트로차이나와 시노펙이 먼저 움직인 후 중국해양석유, 중하이요우가 그 뒤를 받칠 것으로 판단된다.

5.3 매물대로 본 석유주

<그림 6-10>은 2008년 3분기 말을 기준으로 2년 동안의 종목별 매물대를 살펴본 것이다. 2008년 3분기보다 증시 상황이 부정적으로 변했다면 매물대 구간을 아래쪽으로 좀 더 이동시키길 바란다. 아래쪽으로 짧게 형성된 막대그래프도 좀 더 길어진 형태

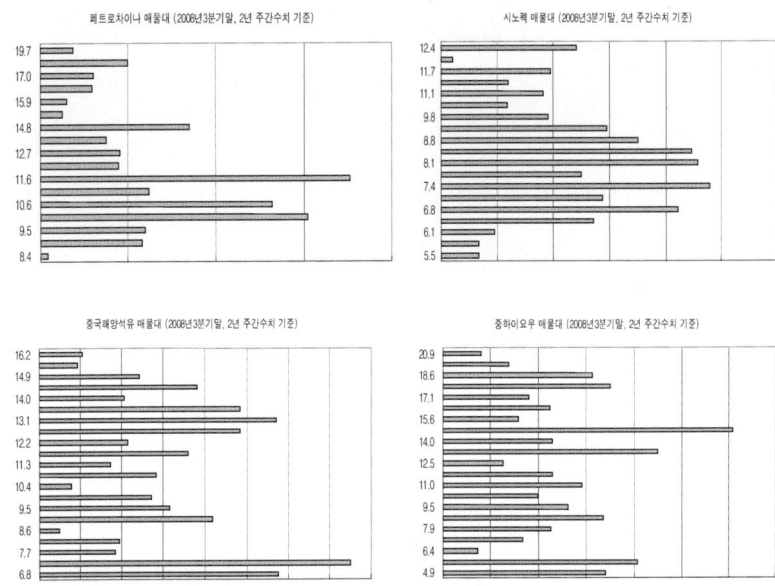

〈그림 6-10〉 종목별 매물대(2008년 3분기 말, 2년 주가수치 기준)

자료제공: 중국경제정보분석(CEIA), 좌우상하 순으로 페트로차이나, 시노펙, 중국해양석유, 중하이요우가 배치됨.

를 나타낼 것이다. 고점에 매입한 투자자에게는 그만큼 상승저항 강도가 심화될 징조인 셈이다. 반대로 신규 투자자는 하락지지대를 확보한 것이다. 본 장 이후에 언급될 매물대 그래프 역시 동일한 사고로 접근하길 바란다.

페트로차이나의 경우 10~12홍콩달러 사이에 상당히 두터운 매 물대가 형성되어 있다. 2008년 10월 현재 6홍콩달러까지 밀린 상 태이다. 차후 상승장벽으로 작용할 소지가 다분하다. 10홍콩달러 이상에서 집중 매수한 투자자는 원금회수에 일정한 시간을 보내야할 것 같다. 지금 이 순간에도 10홍콩달러 밑에서 저항선이 재구축되고 있다. 시노펙 역시 기본추이는 페트로차이나와 동일하다. 매물대가 6~9달러 사이에 좀 광범위하게 형성되어 있을 뿐이다. 상승저항 압력은 시노펙이 페트로차이나보다 높을 것이다. 중국해양석유는 8~10홍콩달러 사이 매물벽이 그리 두텁지 못하다. 가파른 하락에 따른 결과로 판단된다. 매도타이밍을 놓친 투자자가 많다는 의미이다. 8홍콩달러 이하에서 장벽이 형성될 가능성이 높으며 일단 8홍콩달러를 돌파한다면 10홍콩달러 수준은 빠른 게 돌파할 것이다. 중하이요우는 8~12홍콩달러 구간에 장벽이 형성되어 있다. 하지만 상대적으로 취약하며, 일단 8홍콩달러가 돌파된다면 매매타이밍 자체가 수익률을 크게 좌우할 것이다.

중국주식투자 2009년

바이블 ②

제7장 숨겨진 보석 석탄주

앞장에서 우리는 중국 에너지 전략을 간략히 살펴보았다. 비록 석탄자원이 환경오염 주범으로 부각되고 있지만 중국 입장에서는 버릴 수 없는 카드이다. 2007년 12월 인도네시아 발리에서 열린 13차 유엔기후변화협약 당사국 총회에서 중국과 인도가 '개도국이 온실가스 감축 활동을 영위할 때 각국의 경제적 상황을 고려한다.' 라는 문구 삽입을 강력히 주장한 이유 역시 중국이 직면한 자원 현실을 감안한 조치이다. 지속성장은 충분한 에너지 공급을 바탕으로 이루어진다. 화력발전이 전력생산 대부분을 차지하는 현실에서 대체 에너지가 뒷받침되지 않는다면 기존 에너지정책을 변경할 이유는 없다.

석탄은 향후 몇 십 년간 주요 에너지원으로 존재할 것이다. 21세기에 20세기 부산물인 석탄에 주목하는 것이 비현실적일 수도 있다. 시대적 흐름이 석탄보다 친환경에너지에 높은 점수를 주고 있지만, 수익성이라는 관문을 회피할 수는 없다. 시대를 너무 앞서도 혹은 너무 뒤쳐져도 손실을 볼 수 있다. 지금 또는 가까운 장래에 충분한 이익을 실현시킬 수 있는 종목에 주목하길 바란다. 2007년 석탄이 그 좋은 사례였다. 경제발전 단계와 문화환경적인 차이를 감안하지 않고 한국인의 시각으로 중국/홍콩 증시에 뛰어들지 않기를 바란다.

1. 석탄이 중국에서 차지하는 위상

1.1 석탄산업현황

1차 에너지 자원구조에서 석탄이 차지하는 비율은 70% 이상이다. 중국 경제환경을 감안한 에너지정책 결과이다. 석탄은 저비용으로 신속하게 현실화시킬 수 있는 장점이 있다. 환경문제가 서서히 부각되고 있지만 석탄중심 에너지 정책은 장기간 수정되지 않을 것이다. 중국에는 2.8만 개의 탄광이 산재되어 있는데 그중 국유탄광이 3,000개, 지역탄광이 2.5만 개로 집계된다. 생산은 서북부 지역, 수요는 동남부 지역에 밀집되어 있다. 북쪽 생산량은 남쪽으로, 서쪽 생산량은 동쪽으로 유입되고 있다. 연 생산량 1,000

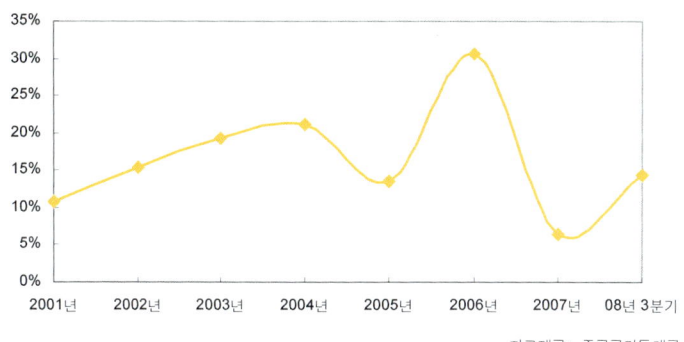

〈그림 7-1〉 원탄 생산량 증가율

자료제공: 중국국가통계국

만 톤 이상 석탄업체는 35군데가 존재하며, 이들이 전체 석탄생산의 44% 정도를 점한다. 한편 전국 생산량의 83%를 13개 대형석탄기지에서 산출하고 있다.

중국 석탄 총생산능력은 16.7억 톤으로 2010년에는 19억 톤까지 확대될 것으로 전망된다. 하지만 이 시기를 기점으로 생산능력 하락이 예상된다. 2020년경에는 2010년 대비 4억 톤 정도 감소할 것으로 추산된다. 반면 소비량은 2010년경 22억 톤, 2020년경에는 25억 톤으로 확대될 것으로 전망된다. 1997년 석유 순수입국으로 변모한 것처럼 가까운 장래에 석탄 역시 동일한 추세를 나타낼 것이다. 석탄업종 미래는 긍정적일 것이라는 시그널을 보내고 있는 셈이다. 중국은 예상되는 공급부족을 해외자원개발, 시설개선 혹은 대체에너지 개발을 통해 해소할 예정이다. 투자과열, 고유가 등으

〈표 7-1〉 중국 석탄업계 현황분석

단위: 만 톤, 억 달러

연도	생산량		수출량		매출액	
	물량	증가율	물량	증가율	금액	증가율
2005년	185,042	11.00	7,168	(17.3)	5,746	42.44
2006년	206,599	11.90	6,323	(11.8)	7,092	23.43
2007년	229,468	9.39	5,317	(16.0)	9,015	27.80
08년 상반기	125,641	14.8	2,549	10.2	6,029	52.24

자료제공: 상무부, 중국국가통계국

로 석탄부족 현상이 심화되었으며 전력가격이 동반 상승하였다. 이는 가계뿐만 아니라 기업전반에 부정적인 영향을 미쳤다. 참고로 전력 생산시스템은 화력을 기초로 유지되고 있다.

중국정부는 2007년 8월 코크스의 수출관세율을 현행 25%에서 40%로 인상하였다. 또한 점결탄은 5%에서 10%로, 기타 유연탄은 10%의 잠정관세를 부과하였다. 중국은 주요 코크스 수출국가로서 국제수출시장의 50% 이상을 차지하고 있다. 수출량 확대에 따른 국내 공급량 감소와 이로 인한 국내가격 상승이 주동력이었다. 다만 국내외 판매가격 차이가 40% 정도 벌려진 상황에서 정책수단에 의존한 수급조절책은 큰 효과를 발휘하기 힘들다. 코크스 가격 상승은 철강제품 원가인상 원인으로 자리 잡았다. 현재 글로벌 경기둔화로 철강산업이 위축되고 있으며 그에 발맞추어 2008년 하반기 코크스 가격도 급락세를 기록하였다. 석탄생산량 역시 증가율 둔화양상을 보이고 있으며, 가격 역시 하락세를 나타내었다.

1.2 재도약한 석탄업계

2008년 상반기 말 현재 석탄생산, 운송, 판매량 모두 전년보다 대폭 확대된 것으로 나타났다. 하반기는 계절적 요인으로 수요가 한층 집중될 것으로 판단된다. 다만 베이징올림픽 개최에 따른 생산제약 요인이 사라진 만큼 전체 수급현황은 균형적 긴장상태를 유지할 것으로 예측된다. 석탄업종 현황을 요약하면 다음과 같다.

첫째, 국제 석탄가격 폭등

수출물량 감소, 자연재해 등 계절적 요인, 수요확대 등이 복합적으로 작용한 결과 국제 석탄가격은 폭발적인 상승세를 지속하고 있다. 2008년 상반기 기준 호주와 유럽 현물 가격은 올해 초보다 77%와 44% 상승한 것으로 나타났다. 또한 뉴욕 상품거래소 선물 가격은 120% 내외 인상된 것으로 조사되었다. 국제 석탄 가격 상승으로 중국 자체 공급물량은 상당히 위축된 것으로 나타났다. 특히 중국 석탄 수입량의 과반수를 점하는 베트남이 석탄수출 제한 조치를 취함에 따라 석탄 수급에 상당한 부담을 주고 있다.

둘째, 생산량 증대와 재고량 감소

2008년 상반기 중국 석탄생산량은 12.6억 톤으로 전년동기 대비 14.8% 확대된 것으로 나타났다. 최근 평균증가율보다 6포인트 정도 높은 수치이다. 경제성 저하로 폐광 처리된 중소형 광산을 재가동하고 있다. 한편 재고량은 1.45억 톤으로 2008년 초 대비 2.9% 감소하였다. 참고로 2008년 11월 말 기준으로는 13.4% 확대된 23.9억 톤을 생산한 것으로 집계되었다.

셋째, 운송량 증대와 운송비 인상

2008년 상반기 철도를 이용한 석탄운송량은 6.8억 톤 정도로 전년 대비 13% 정도 증대된 것으로 나타났다. 한편 항만을 통한 중계운송은 19.2% 확대된 2.7억 톤으로 나타났다. 참고로 항만운송량의 44% 정도가 친황다오(秦皇島)를 통하여 이루어진다. 해상운송 수단이 일정한 한계를 보임에 따라 운송비가 지속적으로 상승하고 있다. 친황다오에서 상해와 녕보 방면 석탄운송비는 최저가 대비 50%, 친황다오에서 광조우 방면은 60%까지 운송비가 인상된 것으로 조사되었다.

넷째, 석탄업종 기업이윤 확대

친황다오 현물 거래가격 기준 톤당 석탄판매 가격은 2008년 초 대비 60% 이상 확대된 것으로 나타났다. 석탄업계 이윤총액은 전년동기 대비 거의 100% 확대되었다. 대형석탄기업 역시 정부보조금을 포함할 경우 60% 이상 신장세를 그리고 있다. 석탄생산량 증가율은 15% 내외에 불과한 반면 업종매출액은 50% 이상 확대된 사실로도 일부 짐작할 수 있다.

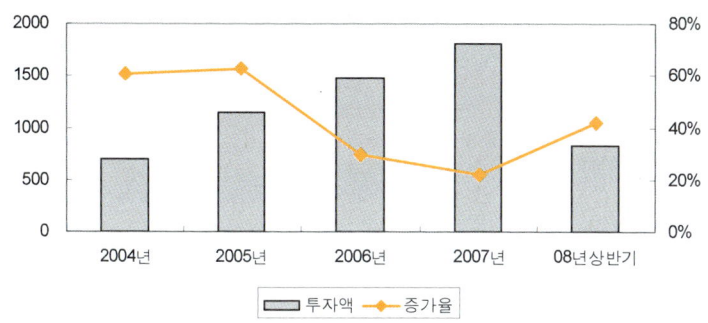

〈그림 7-2〉 석탄업종 고정자산투자 현황

자료제공: 중국국가통계국

　수익성이 높아짐에 따라 고정자산투자도 신장세를 그리고 있다. 2005년 이후 하락하던 증가율이 2008년 상승 전환되고 있다. 시설투자는 일정한 시간차 현상이 발생한다. 즉 예측투자보다는 시류에 편승하는 사후투자가 대부분이다. 2007년이 아닌 2008년 확대된 신장률은 그런 관점에서 살펴볼 필요가 있다. 올해 확대된 생산시설은 2009년 석탄가격 하락 요인으로 작용할 것이다. 글로벌 경기 둔화로 2008년 상반기보다 하반기 투자증가율이 둔화되고 있다. 2008년 8월 현재 고정자산투자 증가율은 39% 수준을 기록하고 있다.

2. 숨겨진 보석 석탄주들

2.1 대표종목 소개

▣ 중국선화(中國神華, 1088.HK)

선화(神華)그룹 산하 에너지 부문 상장회사로 주 사업 분야는 석탄, 전력 생산, 석탄 운송과 판매업이다. 동사가 보유한 석탄보유량은 46년간 채굴작업을 지속할 수 있는 규모이다. 2007년 중국 내 원탄(raw coal) 생산량과 석탄 판매량 점유율은 6.6%와 8.1%로 조사되었다. 석탄운송량 80% 정도를 자체 철도 및 해상운송 라인을 통해 처리하고 있어 경쟁사보다 운송비와 생산효율 부문에서 강점을 보유하고 있다. 전력사업부도 보유하고 있는데, 현재 총 13 개의 화력발전소를 보유하고 있다. 2007년 석탄과 전력사업부 매출액은 577.2억 위안과 243.9억 위안으로 조사되었다. 석탄 부문 매출증가의 주원인은 생산량 확대와 판매단가 인상에 있으며, 전력 부문은 발전소 2기 추가 증설 영향이 크다. 2008년 상반기 매출액과 순이익은 493억 위안과 148억 위안 정도로 집계되었다. 매출과 순이익 신장률은 각각 27%와 43% 내외로 조사되었다.

▣ 이엔조우석탄(兗州煤業, 1171.HK/600188.SS/YZC)

이엔조우석탄은 화동(華東) 지역 최대 석탄 채굴업체이다. 생산량의 대부분을 본부산하 6개 광구에서 채굴하고 있으며, 호주 소재 연매오주(兗煤澳洲)와 산서능화(山西能化)에서도 각각 158만 톤과 123만 톤 상당을 생산 실적을 기록하였다. 2007년 매출액은 149억 위안으로 집계되었으며, 사업부 마진율은 50%를 상회하였다. 또한 판매량은 3,511만 톤으로 나타났으며 내수가 90% 이상을 차지하고 있다. 톤당 평균 판매가격은 412위안/톤으로 2006년보다 21.4% 상승한 것으로 조사되었다. 수출보다는 내수 수익성이 훨씬 높다. 2008년 상반기 매출액과 순이익은 121억 위안과 39억 위안 정도로 집계되었다. 또한 매출과 순이익 신장률은 70%와 160%를 상회하는 것으로 나타났다.

■ 이타이B주(伊泰B股, 900948.SS)

지배주주는 내멍구이타이(內蒙古伊泰) 그룹으로 중국 정부가 중점 육성하는 13개 대형 석탄기지 가운데 하나이다. 연 생산량 300만 톤과 120만 톤 규모의 굉경탑(宏景塔) 1광구와 납림묘(納林廟) 제1광구가 전년도 생산 가동되었다. 2007년 석탄 생산량과 판매량은 1,374만 톤과 1,638만 톤으로 38.6%와 26.4% 신장하였다. 한편 매출액은 51.3억 위안으로 석탄 부문이 90% 이상을 점하고 있다. 금년 상반기에는 연 1,200만 톤 규모의 산척구(酸刺溝) 광구가 시범생산 단계에 진입하였다. 한편 2008년 상반기 매출액과 순이익은 33.2억 위안과 8.4억 위안 정도로 집계되었다. 매출과 순이익 신장률은 각각 40%와 76% 내외로 조사되었다.

2.2 경영실적 비교분석

중국 증시에 상장된 석탄주는 그리 많지 않다. 희소성이 존재하는 셈이다. 본 장에서는 한국투자자가 접근할 수 있는 3개 종목만을 추출하여 경영실적을 분석하기로 한다. 금융업종을 제외한 모든 업종 분석방법은 제2장과 동일한 형태로 진행될 것이다. 이종업종 간의 교차비교도 염두에 둔 결과이다. 그럼 본 장에서 다룰 석탄주 경영실적을 살펴보기로 하자.

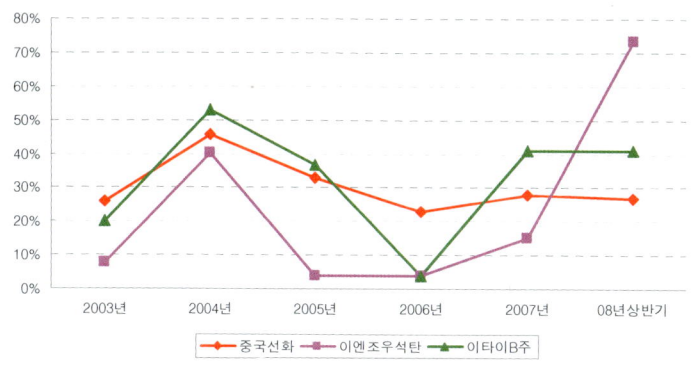

〈그림 7-3〉 주요 석탄주 성장성 지표

자료제공: 중국경제정보분석(CEIA)

　석탄주는 2004년을 정점으로 2006년까지 하락을 지속하였다. 2007년 고유가를 바탕으로 매출이 급팽창하는 모습을 그리고 있다. 이타이는 2007년에 이어 2008년 상반기에도 40% 이상 매출신장률을 기록하고 있다. 중국선화는 30% 미만 증가율을 3년 연속 실현하고 있다. 이엔조우석탄은 2007년 15% 수준에서 2008년 상반기 70% 이상 매출이 급등하였다. 석탄주 매출확대는 생산량 증가와 더불어 가격인상이 지대한 작용을 한 것 같다. 참고로 이타이B주는 산척구(酸刺溝, 1,200만 톤 규모) 광구가 2009년 궤도에 오를 경우 매출이 한층 확대될 것으로 전망된다. 중국선화는 상대적으로 안정된 성장세를 나타내고 있다.

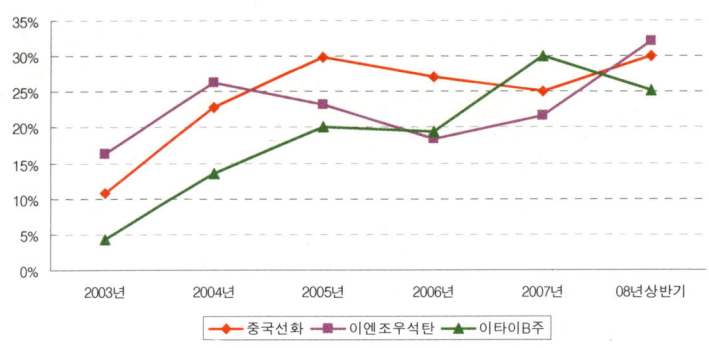

〈그림 7-4〉 주요 석탄주 수익성 지표

자료제공: 중국경제정보분석(CEIA)

<그림 7-4>는 종목별 수익성을 살펴본 것이다. 매출과 달리 수익성 자체는 큰 차이를 보이지 않는다. 이엔조우 석탄이 32% 수준으로 가장 높고 그 다음은 중국선화(30.1%), 이타이B주(25.2%) 순이다.

수익률 추이를 살펴보면 다음과 같다.

중국선화는 2008년 상승 반전된 후 2005년 수준을 나타내고 있다. 이엔조우석탄은 2006년 이후 상승세를 지속하고 있다. 예외적으로 이타이B주만 2008년 하락세를 그리고 있다. 매출둔화에 따른 결과로 판단된다. 중국선화는 석탄 이외에 전력사업부 역시 보유하고 있다. 안정된 수익 창출원이 존재하는 셈이다. 이타이B주 투자매력이 가장 낮으며 이엔조우석탄이 상대적 우위를 점하고 있다.

중국선화는 두 지표 모두 안정적인 흐름을 보이고 있다. 보수적 투자자라면 이타이B주와 이엔조우석탄보다 중국선화가 더 어울릴 것이다.

3. 개별종목 투자가치 분석

석유주와 달리 석탄주는 머튼모형보다 FCF모형이 주식가치를 대체로 높게 평가하고 있다. 다만 이타이 B주는 예외적인 결과를 보인다. 중국선화 주식가치는 3,505억 홍콩달러로 추정되었는데, 이는 머튼모형 값보다 2배 정도 높은 수치이다. 이엔조우석탄 역시 FCF모형이 머튼모형보다 1.4배 높게 계산되었다. 머튼모형의 경우 이타이B주 주식가치를 97억 홍콩달러로 추산한 반면 FCF모형은 제로로 산출하였다. 2005년을 제외하고 해마다 자유현금흐름이 마이너스(-)를 기록하였기 때문이다.

〈표 7-2〉 모형별 석탄주 시가총액 추정

단위: 백만 홍콩달러(HKD)

종목명	시가총액			베타계수	상관관계
	실 제	FCF 모형	Merton 모형		
중국선화	285,643	350,525	186,330	0.93	0.72
이엔조우석탄	25,267	35,184	25,885	1.04	0.67
이타이B주	11,769	0	9,733	0.94	0.61

자료제공: 중국경제정보분석(CEIA), 시가총액은 2008년 10월 기준임.

〈표 7-3〉 모형별 석탄주 주가 추정

단위: 홍콩달러, 미달러(USD)

종목명	실제 주가	PER 수치도출		머튼모형		FCF 모형			
						기대수익률 20%		기대수익률 30%	
		최소	최대	10년	50년	장부	시가	장부	시가
중국선화	14.63	13.08	23.36	9.37	12.06	–	–	–	17.62
이엔조우석탄	5.14	8.38	14.97	5.24	6.14	–	–	–	7.15
이타이B주	2.30	2.35	5.65	1.90	2.84	0.00	0.00	0.00	0.00

자료제공: 중국경제정보분석(CEIA), 실제 주가는 2008년 10월 평균주가를 의미함.

석탄주 베타계수는 0.9~1.1 전후로 H지수와 거의 비슷한 움직임을 보이고 있다. 이엔조우석탄이 중국선화와 이타이B주보다 주가지수에 좀 더 민감한 반응을 보이고 있다. 이타이B주의 경우 H주가 아닌 상해B주를 기준으로 산출하였다. 상관계수 역시 0.6~0.7 사이로 상당히 높게 조사되었다. 그림 <표 7-3>을 통하여 이론주가를 살펴보자.

모형제한을 두지 않는다면 중국선화 최소값은 9.37홍콩달러, 최대값은 23.36홍콩달러로 계산되었다. 기대수익률이 하향할수록 주가가 상승하는 원리를 감안할 때 23홍콩달러대를 허망한 숫자로 보기는 힘들다. FCF 모델의 경우 기대수익률 30% 기준 17.62홍콩달러(시가)를 이론주가로 제시하고 있다. 이엔조우석탄은 최소 5.24홍콩달러, 최대 14.97홍콩달러로 나타났다. 모형별로 추정결과는 상이하지만 PER수치 최대값을 제외하고는 이론주가들이 8위안 이하에서 수렴되는 경향을 보인다. 이엔조우석탄의 경우 머튼모형이 가장 보수적인 결과치를 나타내고 있다. 이타이B주는 FCF모형의 경우 제로(0) 주가로 산출되었지만 머튼모형은 1.90달러(10년 생존, USD)와 2.84달러(50년 생존, USD)를 제시하고 있다. PER 수치를 대입할 경우 최소 2.35달러(USD), 최대 5.65달러(USD)로 조사되었다. 이타이B주의 경우 투자 시 상당히 보수적으로 접근하길 바란다.

<그림 7-5>은 이엔조우석탄 이론주가를 기대수익률을 변화시키면서 살펴본 것이다. 2009년 이엔조우석탄 매출증가율을 정확히 가늠하기는 힘들다. 2007년 20% 이하를 기록한 매출증가율이 2008년 상반기에는 70% 이상을 나타내었다. <그림 7-6>만을 염두에 둔다면 2009년 주가는 기록적인 수치로 보답하여야 할 것이다. 하지만 현실은 10월 말 현재 5홍콩달러를 간신히 넘어선 수준에 불과하다.

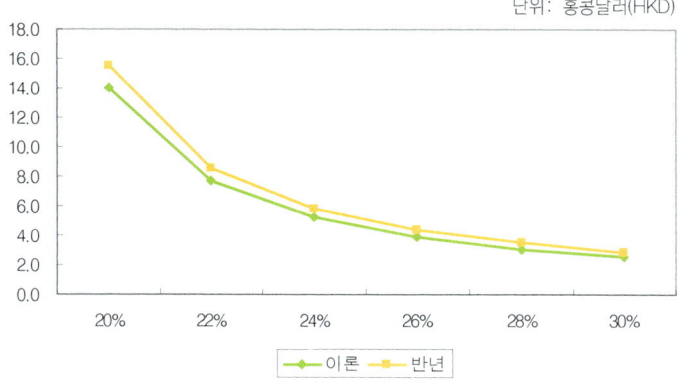

〈그림 7 - 5〉 기대수익률 변화에 따른 주가추이(매출액 20% 고정)

단위: 홍콩달러(HKD)

이론 반년

자료제공: 중국경제정보분석(CEIA)

　왜 이런 현상이 발생할까? 첫째는 증시상황 자체가 부정적이기 때문이다. 좋은 물건도 매수자가 없으면 결국 땡 처리로 전락할 수밖에 없다. 둘째는 생각만큼 그리 매력적인 상품이 아닐 수 있다. FCF법이 매출증가율에 주목하는 이유는 이를 토대로 자산과 부채비중이 조정되고, 아울러 매출신장률에 근접한 수익성이 달성될 것으로 보기 때문이다. 하지만 현실은 이런 기대를 때때로 짓밟는다. 이엔조우석탄도 이런 범주를 벗어나지 못한 것 같다. 매출증가율은 전년보다 3배 이상 확대되었지만 매출액 대비 순이익은 20%에서 30%를 약간 넘어서는 수준에 불과하였다. 성장이 100% 수익으로 전환되지 않은 것이다. 특별한 언급이 없더라도 종목분석 시 이 점을 유심히 살펴보길 바란다.

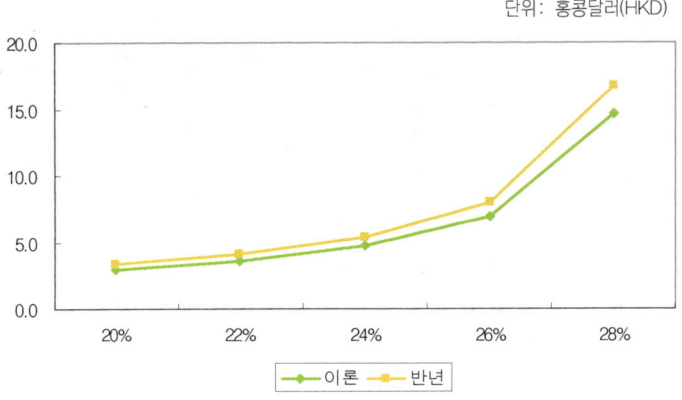

〈그림 7-6〉 매출증가율 변화에 따른 주가추이

자료제공: 중국경제정보분석(CEIA)

　　매출증가율에 근접한 이익신장률을 실현하지 못한다면 어떤 현상이 벌어질까? 이엔조우석탄은 충분하지는 않지만 일정한 수익개선은 발생하였다. 매출증가 자체가 실적향상으로 연결된 것이다. 절대치라는 문제점이 있지만 전체 이익은 증가하였다. 종목에 따라 팔면 팔수록 손해가 누적되는 경우도 있다. 이런 기업은 회피하길 바란다. 규모 경제가 반드시 정답은 아니다. 판매량 증가뿐만 아니라 가격인상 요인도 이엔조우석탄 매출급신장의 주요인으로 작용하였다. 매출증가에 따른 비용부담이 상대적으로 적은 경우이다. 생산규모 확대에 따른 현상이라면 수익성 하락으로 연결될 수도 있다. 특히 경기 침체기에는 고정비 상승과 재무비용 확대로 표면

화될 것이다. 동일한 데이터도 관점에 따라 호재가 될 수도 혹은
악재가 될 수도 있다. 주어진 정보를 다각도로 분석하는 습관을
기르길 바란다.

4. 기술적 분석으로 본 석탄주

4.1 대표 석유주 주가흐름

석탄주의 경우 동조화 정도가 비교적 높은 것 같다. 2008년 10월 전후로 주가가 하락 반전된 모습을 그리고 있다. 업종/종목 주가가 시장흐름을 크게 벗어나지 않은 상태이다. 주가수준은 중국선화가 가장 높으며, 그 다음은 이엔조우석탄과 이타이B주 순이다. <그림 7-7>만으로 종목별 주가비교를 명확히 수행하기는 쉽지 않다. 흐름은 보이지만 종목별 등락수준은 점검하기 힘들다. 따라서 <그림 7-8>과 같이 상대비교가 용이한 형태로 변경시켰다.

〈그림 7-7〉 종목별 주가흐름 추이

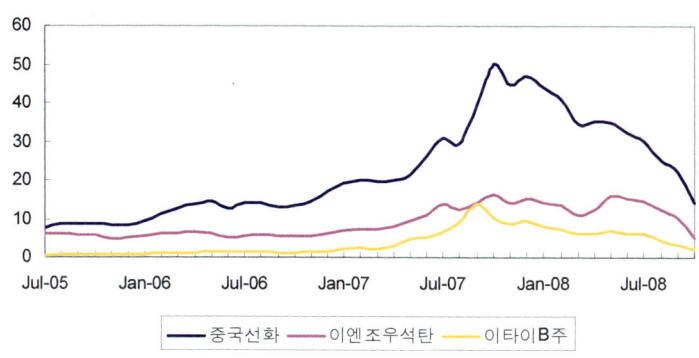

자료제공: 중국경제정보분석(CEIA)

〈그림 7-8〉 종목별 주가흐름 추이(2005년 초 주가 = 100)

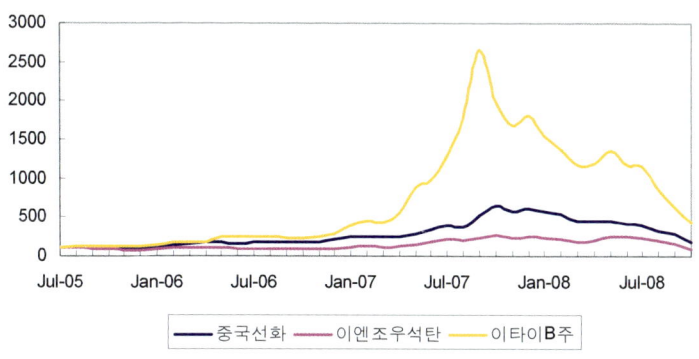

자료제공: 중국경제정보분석(CEIA)

<그림 7-8>을 통해 우리는 <그림 7-7>과 다른 일면을 발견
할 수 있다. 절대수준은 중국선화가 가장 높고 이타이B주가 최저를

나타내었지만 상대적 상승률은 또 다른 소리를 하고 있다. 이타이B주는 2005년 1월 대비 주가가 최대 26배 이상 상승하였다. 중국선화와 이엔조우석탄이 6배와 2배를 그린 것과 대비되는 결과이다. 주가폭락 강도를 감안할 때 이타이B주 하락범위는 제한적일 것으로 판단된다. 이엔조우석탄 역시 2005년 1월 수준보다 낮게 주가가 형성되고 있다. 2008년 10월 현재 84% 수준을 나타내고 있다. 2008년 유동부채가 급격히 증대된 점을 감안해도 낙폭이 상당히 두드러진다. 중국선화는 2005년 1월 주가대비 1.8배 수준을 유지하고 있다. 이는 중국선화 경영실적이 가장 안정적인 것과 연관이 있다.

4.2 석탄주와 MACD

이타이B주는 횡보세를 보이는 데 반하여 중국선화는 급격한 하락세를 유지하고 있다. 이엔조우석탄은 MACD 곡선이 한때 마이너스(-)권에서 (+)권으로 진입하기도 하였다. MACD 지표만으로 추이를 가늠한다면 중국선화는 제한된 추가하락 이후 등락을 반복하면서 횡보세를 나타낼 것 같다. 이타이B처럼 하락 후 바닥을 점검하는 작업은 필수이다. 이타이B주는 1년 정도 지속된 급락세로 바닥점검 단계에 들어선 것 같다. 이전과 같은 대폭락은 없을 것 같지만 곧바로 상승장이 펼쳐질 것 같지는 않다. 반면 이엔조우석탄은 여전히 방향성을 모색하고 있다. 당분간 흐름을 지켜보면서

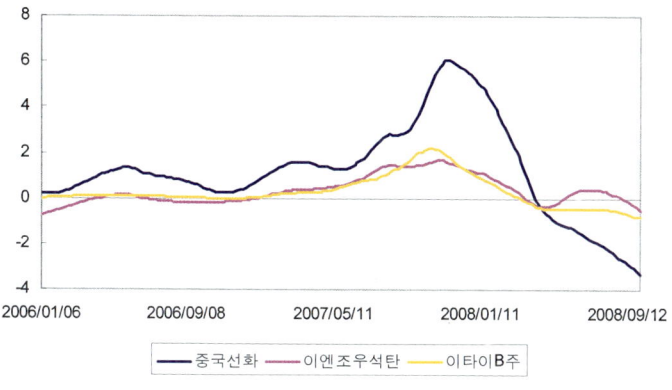

〈그림 7-9〉 MACD로 살펴본 종목별 주가현황

자료제공 : 중국경제정보분석(CEIA)

MACD 그래프가 어떤 모습을 그릴지 확인해 보길 바란다.

4.3 매물대로 본 석탄주

동종업종이라도 종목별 매물대 추이는 다른 모습을 그리고 있다. 중국선화의 경우 20홍콩달러를 기준으로 강력한 1차 저항선이 형성되어 있다. 참고로 저항선과 지지선은 동전의 양면과 같다. 현재 주가가 그 선 위에 있으면 지지선이지만 일단 하향 돌파할 경우 저항선으로 작용한다. 2008년 10월 말 중국선화 주가는 15홍콩달러 이하를 기록하고 있다. 20달러 전후에서 형성된 긴 막대는 중국선화에게는 상승저항 구간인 셈이다.

〈그림 7-10〉 종목별 매물대(2008년 3분기 말, 2년 주가수치 기준)

중국선화 매물대 (2008년3분기말, 2년 주간수치 기준)

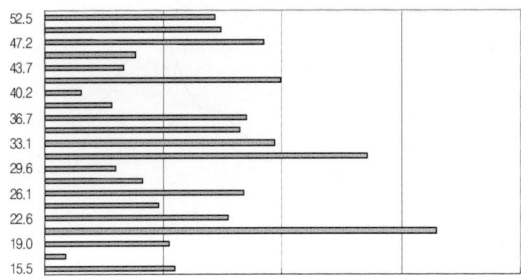

이엔조우석탄 매물대 (2008년3분기말, 2년 주간수치 기준)

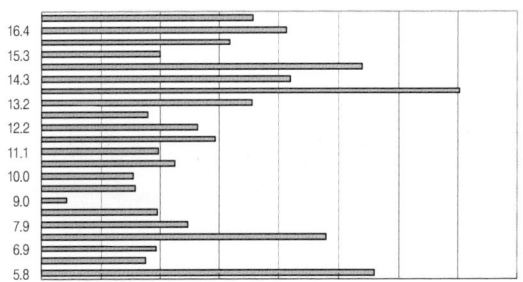

이타이B주 매물대 (2008년3분기말, 2년 주간수치 기준)

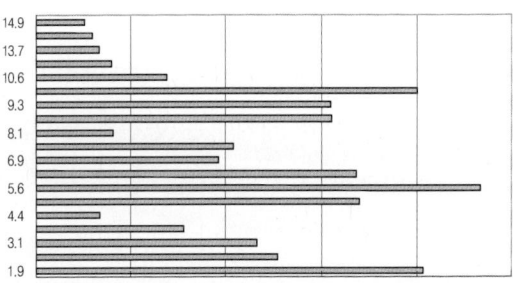

자료제공: 중국경제정보분석(CEIA)

이엔조우석탄은 6홍콩달러와 8홍콩달러 두 구간에 상승 저항권이 형성되어 있다. 6홍콩달러를 돌파한다면 8홍콩달러 근처로 급격히 진입할 것 같다. 8홍콩달러대를 돌파한다면 12홍콩달러 수준까지 넘볼 수 있는 그림이다. 현재 5홍콩달러~6홍콩달러 사이에서 두터워지고 있는 장벽이 향후 상승부담으로 작용할 것 같다. 이타이B주는 중요 구간별로 장벽들이 하나씩 포진되어 있다. 2~3달러, 5달러, 10달러 매물벽이 바로 그것이다. 중국선화와 이엔조우석탄과 달리 상위 매물벽 돌파가 쉽지 않아 보인다. 앞으로 전개될 매매상황에 따라 매물벽은 상향 혹은 하향 조정될 것이다. <그림 7 - 10>을 고착화된 이미지로 판단하지 말고 증시상황에 따라 움직여 보길 바란다.

중국주식투자 2009년
바이블 ②

제8장　다재다능한 비철금속주

1. 중국 비철금속 업계 현황분석

2007년 유색금속 업종은 충분한 시장수요를 바탕으로 성장국면을 지속하였다. 판매가격 역시 높은 수준을 유지하였으며 수출입 총액 역시 확대되었다. 특히 전해알루미늄, 산화알루미늄 등은 생산량이 급속히 확대되었으며 산화아연은 과도한 투자현상이 촉발되었다. 2009년 경기둔화는 이들 업종에 부메랑으로 돌아올 것 같다. 공급부족과 과잉생산 주기가 톱니바퀴처럼 맞물리는 것이 아닌 엇박자 형태를 보이고 있다. 이는 산업 전체에서 일관되게 감지되는 현상으로 예측투자가 일어나지 않은 결과이다.

<표 8-1> 품목별 매출규모

단위: 억 위안, %

품목	2005년		2006년		2007년		2008년 상반기	
	금액	증가율	금액	증가율	금액	증가율	금액	증가율
동 제련	1,090	43.18	2,048	85.96	2,610	30.80	1,396	27.72
아연제련	710	37.96	1,148	71.25	1,548	41.02	746	3.65
알루미늄제련	1,152	18.77	1,889	56.12	2,590	31.16	1,342	15.72
유색금속합금	254	28.24	380	45.31	552	31.21	326	27.20
유색금속압연	3,291	37.50	5,354	58.43	7,599	40.33	4,669	30.13

자료제공: 중국비철금속협회

<표 8-1>는 주요 품목별 연 매출추이를 살펴본 것이다. 2006년 동, 아연 제련 분야는 2005년 대비 70~80% 매출이 확대된 것으로 나타났다. 2007년 매출증가율이 30%~40%대로 급락하였지만 절대 수치로는 여전히 높다. 알루미늄 제련, 유색금속 합금과 압연 부문은 2006년 40~50% 수준에서 30~40% 수준으로 10포인트 정도 떨어졌다. 2008년 품목별로 그 추이는 다른 형태를 띠고 있다. 동과 유색금속 합금은 2007년 대비 증가율이 소폭 하락한 반면 알루미늄 제련, 유색금속 압연 부문은 10포인트 내외 둔화세를 기록하였다. 특히 아연 제련 분야는 35포인트 이상 급락한 것으로 나타났다. 그럼 주요 체크 포인트를 살펴보도록 하자.

첫째, 생산량 감소.

2008년 상반기 말 현재 10종 주요 유색금속 생산량은 13.4% 증

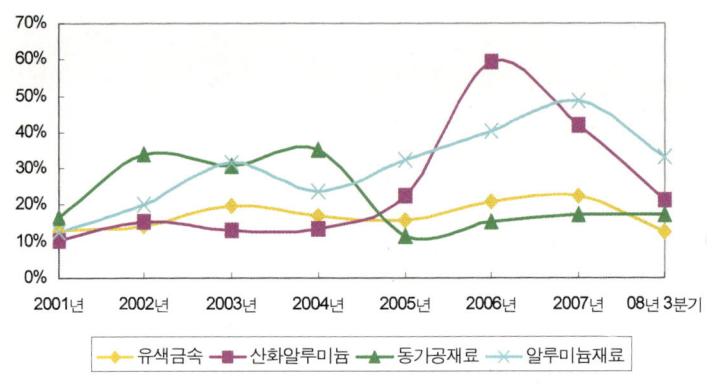

〈그림 8-1〉 주요 비철금속 생산량 증가율 추이

자료제공 : 중국국가통계국

대에 그친 것으로 나타났다. 이는 2007년 동기 대비 10.7포인트 하락한 수치이다. 그 가운데 동과 납 생산량은 19.0%와 9.3% 신장된 것으로 조사되었다. 이 수치는 6.1포인트와 2.5포인트 정도 상승한 것이다. 반면 전해알루니늄과 주석은 14.4%와 6.5% 신장에 그쳤으며 증가율도 대폭 둔화되었다. 산화알루미늄은 39포인트 하락한 19% 내외에 머물렀다. 2008년 하반기로 들어서면서 생산량 감소현상은 한층 뚜렷해지고 있다. 알루미늄 재료는 2007년 49% 신장세에서 2008년 상반기 41%로 8포인트 하락하였다. 3분기 말 현재 이 수치는 33%에 머물러 있다.

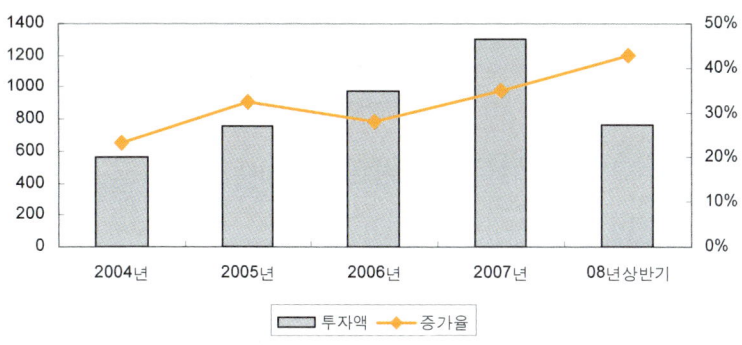

〈그림 8-2〉 비철금속 업계 고정자산 투자 추이

자료제공: 중국국가통계국

둘째, 투자확대 지속, 관심요망.

2007년 유색금속업종 투자총액은 1,300억 위안으로 2006년 대비 34.9% 확대된 것으로 집계되었다. 2008년 상반기 경기침체가 표면화됨에도 투자증가세는 한층 탄력을 받고 있다. 2008년 상반기 말 현재 투자총액은 767억 위안으로 2007년 동기 대비 42.8% 확대된 것으로 조사되었다. 부동산, 자동차 등 연관산업 환경이 부정적인 점을 감안한다면 2009년 재무부담이 누적될 것으로 판단된다.

셋째, 2008년 상반기 이후 가격폭락.

<그림 8-3>은 런던금속거래소(LME) 기준 월 평균 비철금속 가격흐름을 나타낸 것으로 샘플 기간은 2004년 12월부터 2008년 11월까지이다. 2008년 상반기 조정양상을 일부 보이던 가격흐름이

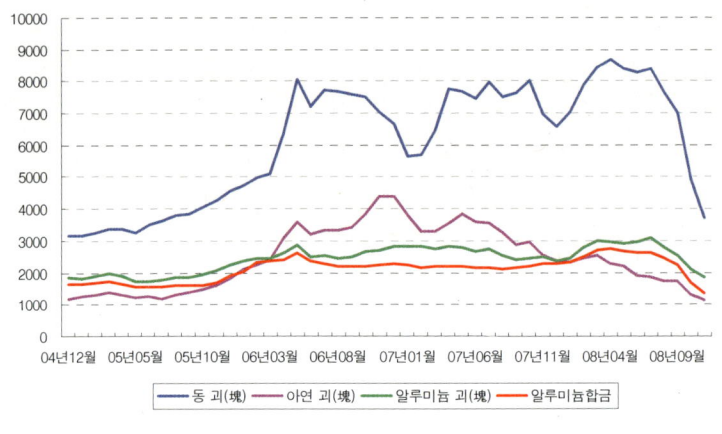

자료제공: 한국비철금속협회

2008년 8월을 기점으로 폭락세로 돌아섰다. 앞서 6장에서 살펴본 유가흐름과 일맥상통한 면이 많다.

경기침체라는 실물적 요인 이외에 투기세력 철수가 금번 급락의 주원인으로 판단된다. 동괴 가격의 경우 2008년 7월 톤당 8,413달러에서 11월 3,716달러로 55% 이상 폭락하였다. 알루미늄 합금은 48% 폭락하였으며, 아연 괴와 알루미늄 괴 역시 40% 전후의 하락세를 기록하고 있다. 4개월 만의 반전치고는 상당히 드라마틱하다. 순수한 가공 혹은 제조업체는 일단 긍정적이다. 하지만 이 역시 올해보다는 2009년에 1분기 이후 효과가 발휘될 것이다. 과도한 재고 혹은 파생상품 물량을 보유한 업체는 상당한 투자손실을 입을 가능성이 높다. 2008년 사업보고서, 즉 내년 상반기 여러분이 받아볼 실적자료에 이 부문이 반영될 것이다.

넷째, 수출입 증가세 둔화.

국제수요 감소와 더불어 수출제한 정책으로 비철금속 수출이 둔화양상을 보이고 있다. 2008년 상반기 말 현재 유색금속 수출액은 전년동기 대비 3%에 그쳤다. 이는 2007년 상반기보다 20포인트 이상 급락한 수치이다. 비(非)단조동, 알루미늄 제품은 23%와 8% 수준의 증가세를 기록하고 있다. 반면 주석과 아연은 70% 이상 수출량이 급감한 것으로 나타났다. 수입은 폐동과 폐 알루미늄을 제외하고는 모든 제품에서 감소세를 보이고 있다.

1.2 중국 알루미늄 업계 주요 난제

중국 알루미늄 업계는 3가지 난제에 직면하고 있다. 이 문제는 중장기적 해결과제로 단기간에 해결될 가능성은 낮다. 즉시 해결할 수 있다면 업계 경쟁력은 한층 강화될 것이며 실적향상 역시 기대할 수 있다. 그럼 3가지 주요 난제를 순차적으로 살펴보기로 한다.

첫째로 보크사이드 부족현상이 심화되고 있다. 현재 중국 보크사이트 매장량은 25.45억 톤으로 집계되고 있으며, 그중 활용 가능량은 7억 톤으로 추정된다. 이는 전 세계 매장량의 3% 수준에 불과한 수치이다. 그에 반하여 산화알루미늄 생산량은 1,370만 톤으로 전 세계 생산량의 20% 이상을 점하고 있다. 2010년까지 연 3,500만 톤으로 확대할 계획이며, 자체자원을 통한 생산량은 2,600만 톤 정도로 전망된다. 산화알루미늄 1톤당 필요한 보크사이트는 3.3톤으로 추산된다. 현 보크사이트 매장량으로는 10년을 넘기지 못한다는 의미이다. 중국 알루미늄 산업 성장을 상당히 저해하는 셈이다.

둘째, 전력가격이 상승세를 유지하고 있다. 전해알루미늄은 자원소모형 산업으로 전력비가 전체 생산원가의 30%~40%를 점하고 있다. 전해알루미늄 생산에 투입되는 평균전력가격은 0.36~0.40위안/도로 해외평균전력가격인 1.8센트/도보다 2~3배 정도 높다. 치열한 국제경쟁하에서 이는 경쟁저하 요인으로 작용하고 있다. 특히 중국은 산업별로 전력공급 가격 차등제를 실시하고 있는데, 전해알루미늄 산업은 2004년 05월 이후 제한종목에 묶여 있다.

마지막으로 환경문제에 민감한 영향을 받는다는 사실이다. 제조과정에서 발생하는 불소화물질, 이산화탄소, 분진 등에 대한 처리비용이 가중되고 있다. 향후 중국 알루미늄 산업은 자원보유량이 풍부하고 전력가격에서 일정한 경쟁력을 보유한 국가로 산업시설을 이전할 가능성 역시 존재한다.

1.3 글로벌 구리 수급현황

중국은 세계 최대의 구리 소비국으로 세계 소비량의 약 22%를 차지하고 있다. 고성장세를 유지함에 따라 전력, 부동산, 교통운수 부문에서의 구리 수요량이 대폭 증가하고 있다. 2007년 중국 정제동(refined copper) 생산량과 소비량은 344만 톤과 477만 톤으로 2006년 대비 17.8%와 36.3% 확대된 것으로 나타났다. 중국세관 발표에 의하면 2007년 정제동 순 수입량은 137만 톤으로 2006년 대비 130% 이상 급증한 것으로 조사되었다. 2007년 한해 국제 동

〈표 8-2〉 구리 수요와 공급 예측

지역명	광산채굴량			가공제품 수요			구리수요량		
	07	08(E)	09(E)	07	08(E)	09(E)	07	08(E)	09(E)
아프리카	844	1,161	1,571	637	868	1,175	267	340	427
북미	2,126	2,408	2,654	2,151	2,282	2,437	2,663	2,622	2,692
라틴아프리카	7,129	7,311	7,615	3,595	3,940	4,211	535	557	579
ASEAN	898	850	998	522	520	550	769	780	794
아시아(ASEAN, CIS 제외)	1,398	1,461	1,545	6,664	7,161	7,557	8,467	8,693	9,269
아시아 - CIS	516	532	562	496	525	545	121	125	129
유럽연합 (27개국)	748	776	827	2,445	2,602	2,758	4,070	4,128	4,266
기타 유럽	755	788	820	1,139	1,150	1,176	1,087	1,099	1,141
오세아니아	1,039	1,123	1,328	441	534	562	146	148	152
총계	15,454	16,409	17,919	18,089	19,582	20,971	18,126	18,493	19,449

자료제공: ICSG(International Copper Study Group)

가격은 5,200달러~8,300달러까지 상당히 넓은 스펙트럼을 보였다. 2008년은 이보다 좀 더 확대된 3,700달러~8,600달러 수준을 그리고 있다. 단 전년과 달리 올해는 고점에서 저점으로 떨어지는 모습을 보인다. 2008년 11월 현재 국제 동 가격은 연초 대비 47%, 고점대비 56% 폭락세를 나타내고 있다. 참고로 외환보유고를 이용한 자원확보 품목에 금, 석유와 함께 동은 전략비축 자원으로 논의되고 있다.

1.4 황금시장 동향분석

황금생산능력이 1톤 이상인 광산은 2001년 25개에서 2007년 현재 40개로 대폭 증가하였으며, 10톤 이상을 생산하는 광산 또한 존재한다. 한편 국제 황금가격이 몇 년간 상승세를 보임에 따라 폐광 역시 구조조정을 통하여 채굴작업을 재시작하고 있다. 절대적 기준으로 중국 금 생산량은 앞으로도 확대될 전망이다. 참고로 중국황금협회 자료에 의하면 2007년 황금 생산량은 270.5톤으로 2006년 대비 12.7% 증가한 것으로 나타났다. 또한 매출액과 이익 규모는 각각 832.26억 위안과 90.2억 위안으로 2006년보다 57.3%와 47.7% 신장되었다. 평균이익률은 생각만큼 그리 높지 않다.

<表 8-3> 국가별 황금소비 현황

단위: 톤

국가명	2005년			2006년			2007년		
	주얼리	순 투자	합계	주얼리	순 투자	합계	주얼리	순 투자	합계
인도	587.1	134.5	721.6	526.2	195.7	721.9	551.7	217.5	769.2
미국	349.0	28.3	377.3	306.1	32.4	338.5	257.9	16.4	274.3
중국	241.4	11.7	253.1		14.9	259.6	302.2	25.6	327.8
터키	194.9	53.5	248.4	165.3	59.9	225.2	188.1	61.1	249.3
사우디아라비아	146.2	7.3	153.5	104.3	8.0	112.3	117.9	9.0	126.9

자료제공: 세계황금협회

　세계황금협회는 인도에 이어 중국을 세계 제2위 황금소비국으로 손꼽고 있다. 생활수준 향상으로 쥬얼리 부문은 2006년 대비 23% 이상 확대된 것으로 나타났다. 이는 인도 소비증가율을 4배 이상 초과하는 수치이다. 미국, 유럽과 달리 중국은 귀금속 자체를 재산으로 인식한다. 유럽과 남미 지역이 14K를 중심으로 시장이 형성된 반면 중국은 18K와 24K가 주류를 이루고 있다. 적극적 입장 표명은 하지 않지만, 외환보유고 다변화 방편으로 금 보유 확대를 꾀할 수도 있다. 정부가 아닌 민간 부문을 통한 우회통로 역시 이용될 수 있을 것이다. 쥬얼리 임가공 산업은 2008년 금값 폭등과 가격변동성 확대로 상당히 힘겨운 한 해를 보냈다. 원재료 가격 상승함으로 노동비를 기초로 한 마진폭은 그만큼 축소된 것이다. 하지만 쯔진광업과 같은 금 채굴업은 상대적으로 높은 수익률을 보장받았다. 금 소비 확대는 장기간 지속될 것으로 판단된다.

2. 다재다능한 비철금속주

2.1 대표종목 소개

▣ 강서동업(江西銅業, 0358.HK/600362.SS/JCC.L)

강서동업은 중국 최대 동 생산기업으로 중국 동 매장량의 1/3을 보유하고 있다. 중국경제가 고성장세를 유지함에 따라 전력, 부동산, 교통운수 부문에서의 동 수요량이 꾸준히 증가하고 있다. 2007년 매출액은 414억 위안으로 그중 동간과 동선 부문이 44.3%로 가장 높고 그 다음은 음극동(43.5%)과 황금 및 백은(8.2%) 등의 순이다. 국내매출이 96% 이상을 차지하고 있으며 홍콩, 대만 등에서 소량의 매출이 발생하였다. 원자재 가격변화에 따라 매출 변동 폭이 크게 흔들리는 구조를 가지고 있다. 2008년 상반기 매출액과 순이익은 267억 위안과 28억 위안 정도로 집계되었다. 매출과 순이익 신장률은 각각 55%와 32% 내외로 조사되었다.

▣ 우광자원(五礦資源, 1208.HK)

우광자원은 해외 원자재 무역, 구리, 알루미늄 가공업 등에 종사하는 기업이다. 2005년 중국오광(中國五礦) 그룹 내 산화알루미늄과 알루미늄 관련 사업 부문을 인수함에 따라 사업규모가 급신장하였다. 알루미늄 무역이 매출의 과반수를 차지하고 있으며, 구리와 알루미늄 가공 부문에서도 일정한 수입을 실현하고 있다. 중국 자체공급 확대와 운송비 상승 등으로 저마진 무역사업부를 축소시키고 있다. 2008년 상반기 매출액과 순이익은 45억 홍콩달러와 2억 홍콩달러 정도로 집계되었다. 28% 정도 매출이 신장되었음에도 올해 상반기 58% 수준의 이익감소를 경험하였다.

▣ 중국알루미늄(中國鋁業, 2600.HK/ACH/601600.SS)

중국알루미늄은 산화알루미늄과 원박 알루미늄을 제조하는 업체로 기업 M&A와 해외합작을 통하여 생산력 증대와 원재료 확보에 총력을 기울이고 있다. 2007년 4월 주식교환 방식으로 난주알루미늄(Lanzhou Aluminum)과 산동알루미늄(Shandong Aluminum)을 인수한 후 12월에는 바오토우(包頭)알루미늄 주권 100%를 주식교환 방식(A주 6.38억 주 발행)으로 흡수 합병하였다. 2007년 매출액은 762억 위안 정도로 산화알루미늄과 원박알루미늄 매출비중은 45%와 55% 정도로 집계되었다. 알루미늄 가격하락, 전력가 상승, 공급과잉 문제 등으로 고전하고 있다. 2008년 상반기 매출액과 순이익은 396억 위안과 24억 위안 정도로 집계되었다. 매출과 순이익 모두 전년보다 7%와 65% 내외 감소세를 기록하고 있다. 2009년 역시 개선의 실마리를 찾기 힘들 것 같다.

■ 쯔진광업(紫金礦業, 2899.HK)

쯔진광업은 중국 최대 황금 채굴업체로 100여 개의 계열사를 보유하고 있다. 2007년 기준 중국 황금생산량의 19.7%, 이익의 28.3% 정도를 차지하고 있다. 매장자원 규모는 금 591톤, 백금 151톤, 구리 852만 톤, 아연 238만 톤, 철강석 1.7억 톤 등으로 추산된다. 그 외 광산 채굴권 33개와 광산탐사권 163개를 보유하고 있다. 2007년 황금 생산량은 53.2톤으로 2006년 대비 9.5% 증가하였다. 2007년 매출액은 148.7억 위안으로 황금이 60% 내외를 점하고 있다. 그 외 부문은 아연잉곳(18.3%), 구리(12.8%) 등에서 발생하였다. 2008년 상반기 매출액과 순이익은 82억 위안과 17억 위안 정도로 집계되었다. 매출과 순이익 신장률은 각각 23%와 45% 내외로 조사되었다.

2.2 경영실적 비교분석

비철금속 부문 매출증가율은 타 업종보다 몇 배 높게 나타났다. 우광자원과 쯔진광업은 2006년 매출증가율이 2004년 대비 5배 이상 확대되었다. 2007년에 접어들면서 이들 두 기업은 큰 폭의 상승만큼 급락세를 연출하였다. 특히 우광자원의 경우 매출이 18% 정도 감소한 것으로 나타났다. 쯔진광업은 40% 전후의 성장세를 여전히 유지한 것으로 조사되었다. 2006년과 2007년 매출이 극과 극을 달린 원인은 두 종목별로 상이하다. 우광자원은 중국 자체 알루미늄 공급량 증가로 수입 부문 실적이 급감한 것이 주요인으로 작용하였으며, 쯔진광업은 매출 급신장에 따른 후유증으로 판단된다. 한편 강서동업과 중국알루미늄은 상대적으로 완만한 하락세를 나타내었다. 2007년 두 종목 매출증가율은 68.6%와 23.1%로 2006년 대비 17.8포인트와 43.7포인트 하락하였다.

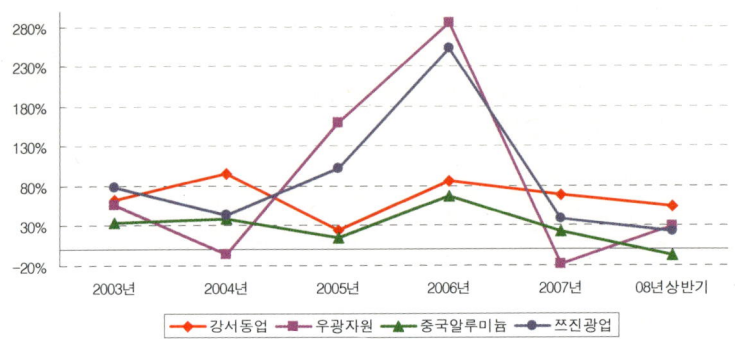

〈그림 8-4〉 주요 비철금속주 성장성 지표

자료제공: 중국경제정보분석(CEIA)

우광자원을 제외하고는 2008년 상반기 말 현재 3종목 모두 하락
세를 이어가고 있다. 중국알루미늄은 매출증가율이 마이너스(-)
7% 수준까지 떨어진 것으로 집계된다. 강서동업은 2년 연속 하락
한 것으로 나타났지만 절대적 수치는 50% 이상을 여전히 기록하
고 있다. 쯔진광업은 매출증가율이 소폭 하락한 것으로 나타났다.

수익 부문은 매출과 사뭇 다른 결과를 보이고 있다. 2008년 상
반기 매출액 대비 순이익이 20%를 넘어서는 종목은 쯔진광업이
유일하며, 강서동업은 10% 수준을 간신히 유지하고 있다.

그 외 중국알루미늄과 우광자원은 5% 전후를 기록하고 있다. 두
종목 모두 알루미늄이 주력제품이라는 특징을 보유하고 있다. 알루
미늄 업계 수익성이 악화되고 있다고 확대 해석할 수 있다.

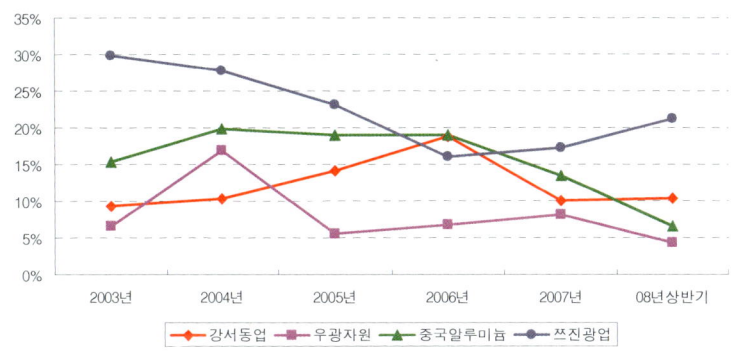

〈그림 8-5〉 주요 비철금속주 수익성 지표

자료제공: 중국경제정보분석(CEIA)

쯔진광업은 2006년을 저점으로 수익이 상승탄력을 받고 있다. 특히 매출규모가 확대된 상황에서 이루어진 수익향상은 음미해 볼 필요가 있다.

한편 강서동업은 2007년과 비슷한 수준을 유지하고 있는데, 이는 앞서 살펴본 매출증가율 지표와 맥을 같이한다. 만약 두 종목을 선택할 입장이라면 강서동업을 근간으로 두고 쯔진광업으로 기회를 엿보는 전략을 권하고 싶다. 그럼 투자가치 역시 그러한지 살펴보기로 하자.

3. 개별종목 투자가치 분석

　　여러분이 40% 이상 기대수익률을 요구한다면 실제 강서동업 매출신장률 32%를 적용하여도 무리가 없다. 하지만 그 이하일 경우 모형이 매출신장률 수치를 소화하지 못하고 있다. 이럴 경우 순이익 증가율을 그 대용으로 삼아야 한다는 한계가 발생한다. 연 40% 투자수익률 요구가 무리한 감이 있지만 232억 홍콩달러를 투자기준으로 삼아도 될 것이다. 이때 강서동업 이론주가는 7.7~9.4홍콩달러 사이로 측정되었다. FCF모형의 경우 강서동업을 제외하고는 3종목 모두 가치제로(0)로 추산되었다. 참고로 <표 8-4> 강서동업 FCF모형 값은 순이익 증가율을 기준으로 한 것이다.

<표 8-4> 자원주 시가총액 추정

단위: 백만 홍콩달러(HKD)

종목명	시가총액			베타계수	상관관계
	실제	FCF 모형	Merton 모형		
강서동업	15,056	9,344	23,651	1.00	0.60
우광자원	1,822	0	산출불가	0.81	0.67
중국알루미늄	44,785	0	89,147	1.22	0.73
쯔진광업	34,718	0	27,628	1.14	0.58

자료제공: 중국경제정보분석(CEIA). 시가총액은 2008년 10월 기준임.

2008년 한 해 기준, 우광자원 FCF 값은 플러스(+)를 나타내었다. 하지만 전체 기간을 적용할 경우 FCF 값은 마이너스(−)를 기록하였으며 그 결과가 <표 8-4>로 나타났다. 또한 매출과 이익 등락폭이 극심하여 추정이 어렵다는 단점도 있다. 머튼모형은 적용 자체가 불가능한 것으로 나타났다. 따라서 언급을 생략하도록 한다. 강서동업과 중국알루미늄은 시가총액이 이론가보다 낮게 형성되고 있다. 중국알루미늄은 과반 수준에 불과하다. 다만 실제 데이터를 적용한다면 강서동업은 최소 232억 홍콩달러 이상 투자가치를 보유하고 있다. 현 시가총액 151억 홍콩달러 내외(2008년 10월 기준)는 저평가된 것으로 볼 수 있다. 쯔진광업은 머튼모형 추정치보다 약간 높게 시가총액이 형성되고 있다.

〈표 8-5〉 자원주 주가 추정

단위: 홍콩달러(HKD)

종목명	실제 주가	PER 수치도출		머튼모형		FCF 모형			
						기대수익률 20%		기대수익률 30%	
		최소	최대	10년	50년	장부	시가	장부	시가
강서동업	4.98	17.40	32.15	7.82	10.06	34.06	5.12	3.09	0.00
우광자원	0.89	5.21	9.78	–	–	0.00	0.00	0.00	0.00
중국알루미늄	3.31	9.65	18.74	6.59	9.30	0.00	0.00	0.00	0.00
쯔진광업	2.64	2.41	4.31	1.90	2.17	0.00	0.00	0.00	0.00

자료제공: 중국경제정보분석(CEIA). 실제 주가는 2008년 10월 평균주가를 의미함.

　　<표 8-5>는 <표 8-4> 결과를 기초로 주가를 추정한 것이다. 모형이 제시한 수치와 비교할 때 강서동업 현 주가수준은 저평가된 것으로 볼 수 있다. 최대 30홍콩달러 이상을 추정한 모형도 존재한다. 머튼모형은 7.8~10.1홍콩달러를 제시하고 있다. 참고로 기대수익률 30%, 매출증가율 24% 수준으로 강서동업 주가를 추정한 경우 9.79홍콩달러가 산출되었다. 우광자원은 FCF모형은 주가제로, 머튼모형은 추정불가로 나타났다. 다만 PER모형은 5.21~9.78홍콩달러를 제시하고 있다.

　　중국알루미늄의 경우 머튼모형은 6.6~9.3홍콩달러를 제시한 반면 PER모형은 9.7~18.7홍콩달러로 조사되었다. 현 주가수준을 감안할 때 머튼모형 설득력이 높아 보인다. FCF모형을 감안하지 않는다면 중국알루미늄은 저평가 단계이다. 다만 FCF모형이 제로(0) 주가를 제시한 사실은 기억해두자. 상승공간만큼 하락공간 역시 존

〈그림 8-6〉 기대수익률 변화에 따른 주가추이(강서동업)

단위: 홍콩달러(HKD)

이론 반년

자료제공: 중국경제정보분석(CEIA)

재한다. 쯔진광업은 타 종목과 달리 현 주가가 저평가된 상태라고 단정하기 힘들다. 머튼모형은 여전히 높다고 강변하고 있으며 PER 모형의 경우 추정범위 안에 현 주가를 놓아두고 있다. 맹목적인 추격투자는 자제할 필요가 있다.

우리는 <그림 8-4>를 통해 매출증가율 추이를 살펴보았다. 원자재 가격변동이 확대됨에 따라 기업매출 역시 요동치고 있다. 강서동업 역시 매출신장률이 최대 100%에서 최소 50% 수준까지 널뛰기를 하였다. <그림 8-6>은 매출증가율 20% 기준 수치이다. 상당히 보수적으로 추정한 자료로 여러분이 50% 이상 수익률을 기대하지 않는다면 <그림 8-6>에 제시된 주가그래프를 우측

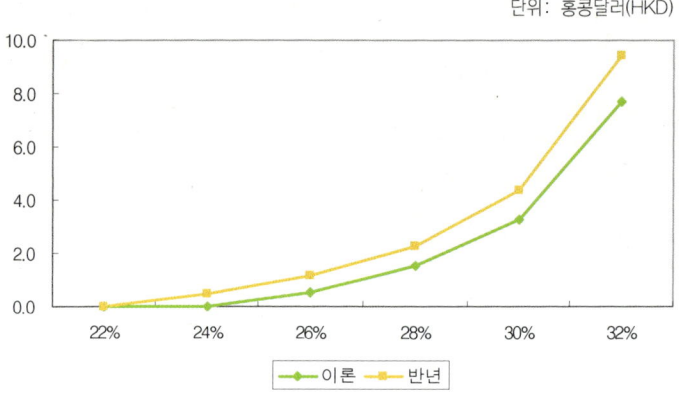

〈그림 8-7〉 매출증가율 변화에 따른 주가추이(강서동업)

단위: 홍콩달러(HKD)

범례: 이론 / 반년

자료제공: 중국경제정보분석(CEIA)

으로 상향 조정하길 바란다. 그것이 더 현실감이 있다. 다만 증시가 불안정할 경우 투자자들은 기대수익률을 높이는 경향이 있다. 투자위험이 확대되는 만큼 더 높은 대가를 요구하는 셈이다. 그 결과 매입주가를 낮추는 모멘텀이 시장에 형성된다. 다수 투자자가 저가매수로 이동한다면 종목가치와 별개로 주가는 일시적으로 하락할 것이다. 주가는 수요와 공급의 균형점이다.

<그림 8-6>와 <그림 8-7>은 주가등락 원리를 간결하게 설명해 준다. 매출증가율이 상승할수록 주가는 상향되고 있다. 경기전망이 부정적일수록 주가가 하락하는 이유 역시 여기에 있다. <그림 8-6>과 연계시켜 생각해 보면 시장안정 역시 필수이다.

안정된 시장은 그만큼 낮은 수익률을 요구한다. 2009년 실물경제로의 위험 전이가 본격화될 것이다. <그림 8-7>을 움직이는 요인, 즉 매출은 부정적이라는 의미이다. 남은 것은 <그림 8-6>으로 대표되는 심리적 요인(기대수익률)이다. 이 두 요소(실적, 투자심리)가 반대방향으로 충돌된다면, 즉 힘겨루기 양상으로 변모한다면 2009년 주가는 올해보다 긍정적일 것이다. 만약 두 요소 모두 부정적이라면 내년에도 탄력을 기대하기 힘들다. 어디에 무게중심이 옮겨지는지 관심 있게 살펴보길 바란다.

4. 기술적 분석으로 본 비철금속주

4.1 대표적 비철금속주 주가흐름

<그림 8-8>을 살펴보면 우리는 상당히 흥미로운 사실을 목격할 수 있다. 2005년 최초출발점은 4종목 모두 동일선상에 놓여 있었다. 하지만 2006년으로 접어들면서 종목별 격차가 발생하기 시작하였으며 2007년 하반기 이후 종목별 주가 차이는 최대수준으로 벌려졌다. 증시가 붕괴된 2007년 10월 이후 비철금속주 역시 하락 반전되었으며 종목별 주가 역시 2005년 최초 출발점으로 급격히 수렴하고 있다. 강서동업을 제외하고는 2005년 초 주가수준을 모두 하회하고 있으며 그 정도는 우광자원이 가장 심한 것 같다.

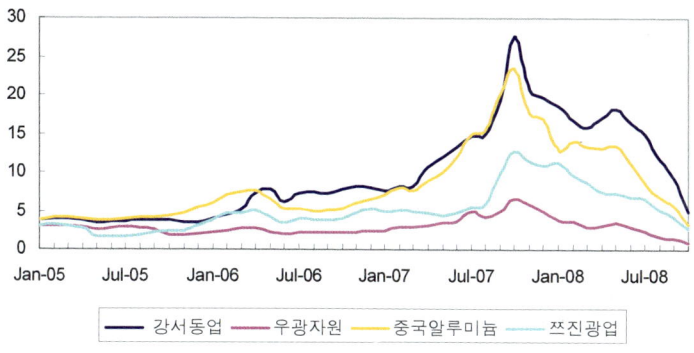

〈그림 8-8〉 종목별 주가흐름 추이

자료제공: 중국경제정보분석(CEIA)

7홍콩달러에 근접하던 주가가 2008년 10월 말 현재 1홍콩달러 미만으로 떨어졌다.

정도의 차이는 있지만 중국알루미늄과 쯔진광업 역시 좋은 모습은 아니다. 2005년 1월 3.8홍콩달러와 3.0홍콩달러를 기록하던 주가가 2007년 10월 23홍콩달러와 13홍콩달러를 정점으로 하락 반전되었다. 2008년 10월 현재 각각 3.3홍콩달러와 2.6홍콩달러에 머물러 있다. 참고로 2005년 1월 우광자원은 3.2홍콩달러 수준을 유지하였다.

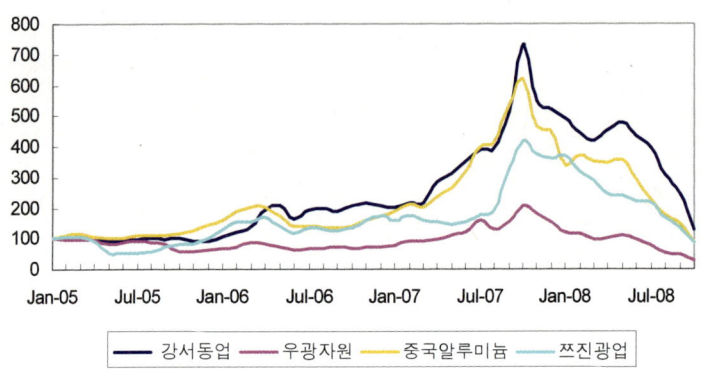

〈그림 8-9〉 종목별 주가흐름 추이(2005년 초 주가 = 100)

자료제공: 중국경제정보분석(CEIA)

    <그림 8-9>를 보면 앞서 언급한 결론이 좀 더 명확히 다가올 것이다. 2005년 1월 주가를 100으로 둔 경우 2008년 10월 현재 강서동업은 132를 기록하고 있으며, 중국알루미늄과 쯔진광업은 88포인트 전후를 나타내고 있다. 우광자원의 경우 28포인트로 집계되었다. 우광자원 주가몰락 원인은 경영실적과 투자가치 분석 단락에서 이미 살펴보았으므로 재첨부는 하지 않겠다. 다만 기업가치 산출 자체가 불가능하다는 점은 명심하길 바란다. 기술적 반등도 기업가치가 뒷받침될 때 가능한 것이다. 수급, 증시환경 개선에 따라 일시적 반등이 올 수 있다. 하지만 구조적 전환은 힘들 것이다.

4.2 비철금속주와 MACD

〈그림 8-10〉 MACD로 살펴본 종목별 주가현황

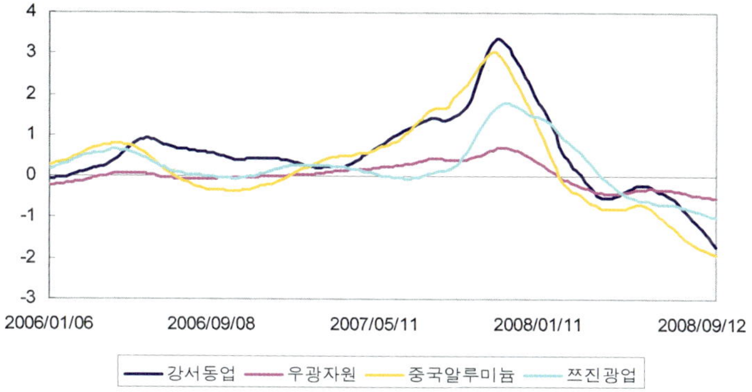

자료제공: 중국경제정보분석(CEIA)

우광자원과 쯔진광업을 제외하고는 여전히 MACD곡선이 가파른 하락세를 보이고 있다. 강서동업과 중국알루미늄의 경우 여전히 하락공간이 존재한다고 해석될 수 있다. 그에 반하여 우광자원은 바닥을 다지고 있으며 쯔진광업 역시 큰 폭의 추가하락이 구조적으로 나타날 가능성은 높지 않다. 심리적 공황이 회복된다면 우광자원과 쯔진광업 주가가 먼저 반등을 모색할 것으로 판단된다. 강서동업과 중국알루미늄은 상기 두 종목보다는 반응이 늦게 일어날 것 같다. 기술적 투자자라면 이런 점 역시 고려할 필요가 있겠지만 가치투자자라면 경영실적과 투자가치 분석 자료에 좀 더 비중을 두길 바란다.

4.3 매물대로 본 비철금속주

강서동업의 경우 9홍콩달러 이하에서 강력한 매물대가 버티고 있다. 2008년 10월 말 현재 5홍콩달러에 수준을 유지하고 있으며, 시간이 흐름에 따라 5~6홍콩달러 수준에서 2차 매물대가 형성될 가능성 역시 존재한다. 최고점 주가는 9홍콩달러 돌파 유무를 점검한

〈그림 8-11〉 종목별 매물대(2008년 3분기 말, 2년 주가수치 기준)

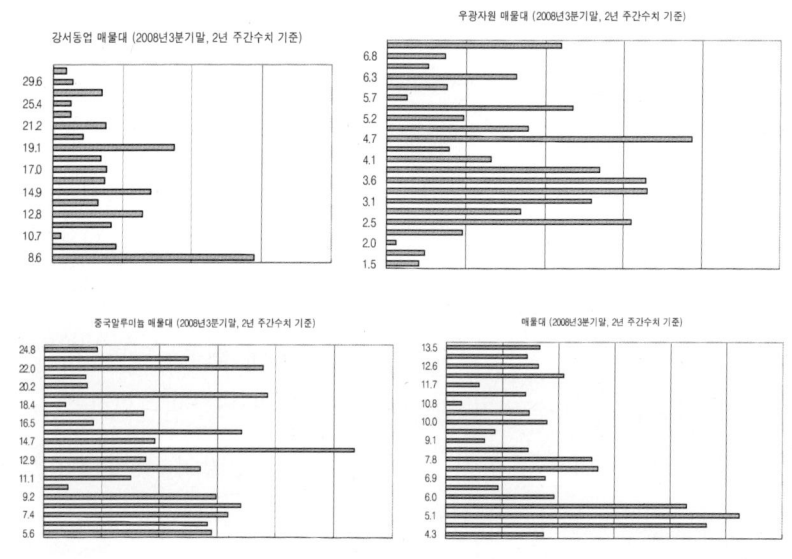

자료제공 : 중국경제정보분석(CEIA)

이후 논하여도 늦지 않을 것이다. 우광자원은 주가단계별로 탄탄한 저항선이 존재한다. 그만큼 주가가 상승할 때 강력한 저항을 받을 소지가 높다. 증시환경 개선과 아울러 획기적인 기업실적 개선이 동반되지 않는다면 과거 주가수준을 기대하기는 힘들 것이다.

중국알루미늄은 13홍콩달러 전후에서 상당히 긴 막대그래프를 발견할 수 있다. 10홍콩달러 이하에서도 구간마다 매물대가 감지되고 있지만 강력한 저항이라고 표현할 정도는 아닌 것 같다. 빠른 돌파는 기대하기 힘들지만 넘볼 수 없는 구간은 아니다. 쯔진광업은 4~6홍콩달러 사이에 매물대가 집중되어 있다. 일단 이 구간이 돌파된다면 8홍콩달러 전후에서 한번 저항을 받을 것 같다. 급상승은 그 이후 일어날 것이다. 다만 3홍콩달러 수준이 예상외로 길어진다면 1차 관문(4~6홍콩달러) 돌파에 상당한 힘을 소진할 것 같다.

중국주식투자 2009년

바이블 ②

제9장　동맥경화에 침체된 물류주

1. 중국 물류산업 이해

1.1 물류산업현황

2007년 중국 물류비용은 4조 5,406억 위안으로 2006년 대비 18.2% 증가한 것으로 나타났다. 이 수치는 2006년보다 4.7포인트 상승한 것이다. 물류비용은 크게 운송비, 창고비, 관리비로 구분될 수 있다. 개별항목별 점유율은 각각 54.4%, 32.9% 및 12.7%로 구성된다. 참고로 물류비용이 전체 GDP에서 차지하는 비중은 18.4%로 집계되었다. 창고비와 관리비는 2006년 대비 21.2%와 13.6% 증가한 것으로 나타났으며, 물류업계 부가가치 증가율은 20.3%로 2006년보다 5.2포인트 상승한 것으로 조사되었다.

한편 운송수단별로 운송비를 세분화하여 보면 다음과 같다. 도로 부문이 63.2%로 가장 높은 비중을 차지하고 있으며, 성장률은 63.2%로 집계되었다. 철도는 10.2%를 점하고 있으며 성장세는 11.3%로 나타났다. 이는 2006년보다 0.4포인트 감소한 것이다. 해상운송은 전체 운송비의 13.8%를 점하고 있으며 23.4%의 신장세를 보였다. 항공 부문은 2006년보다 1.8포인트 감소한 26.5%의 신장세를 기록하였으며, 전체 운송비 점유율은 1.1%로 극히 미미한 것으로 나타났다. 그 외 운송수단은 11.7%를 점하는 것으로 조사되었다.

〈그림 9-1〉 2007년 운송수단별 물류비용 구성표

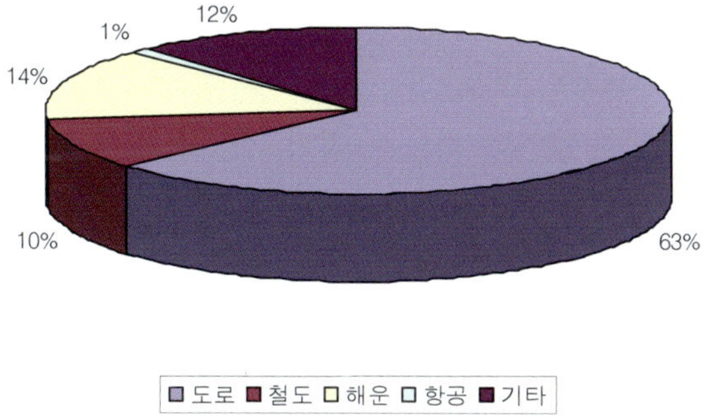

도로 철도 해운 항공 기타

자료제공: 중국교통운수국

▣ 도로 부문

수익보다 안정성에 무게를 둔 투자자라면 물류산업에 관심을 기울일 필요가 있다. 특히 물류업 자체보다도 그 밑바탕을 제공하는 고속도로 부문이 더욱 매력적일 것이다. 완성차보다 핵심부품 생산업체 수익성이 더 높은 것과 같은 이치이다. 도로 부문 여객증가율은 2003년 샤스발병 당시를 제외하고 거의 10% 전후에서 움직이고 있다. 중국GDP 증가율과 비슷한 수치이며 실적예측도 용이하다.

2008년 상반기 말 현재 여객과 여객회전량 증가율은 5.9%와 8.3%로 2005년 수준으로 회귀하고 있다. 2007년 상반기 대비 여객 증가율이 1/2 정도 감소한 것은 자연재해와 아울러 경제가 위축되고 있기 때문이다. 자연재해는 일시적인 사태로 넘어갈 수 있다. 다만 부동산으로 대표되는 실물경제 둔화, 고유가, 주식시장 폭락은 여객수송량을 구조적으로 하락시킬 소지가 있다. 동부연안 지역으로 스며드는 농민공, 구직자들이 지역 간 유동인구 대부분을 점하고 있다. 광동, 강서, 산동, 호북 여객운송량은 중국 전체 여객운송량의 63% 이상을 차지하고 있다. 2008년 3분기 말 현재 이 두 수치는 7.4%와 9.4%로 소폭 반등되었지만 2007년과는 여전히 일정한 격차를 나타내고 있다.

〈그림 9-2〉 도로 여객과 회전량 증가율 추이

자료제공: 중국국가통계국

화물 부문은 여객과 달리 2005년 이후 보인 증가세를 지속하고 있다. 2008년 3분기 말 현재 도로 이용 화물은 13.7% 증가세를 보이고 있다. 이는 2007년보다 2.7포인트 상승한 수치이다. 다만 화물회전량 증가율은 16.1%로 0.7포인트 상승에 그쳤다. 운송규모 자체는 확대되었지만 그 효율성은 이상적이지 않다. 유류수급 불안정, 과적차량 확대, 화물증가율 둔화 등이 복합적으로 작용한 결과이다.

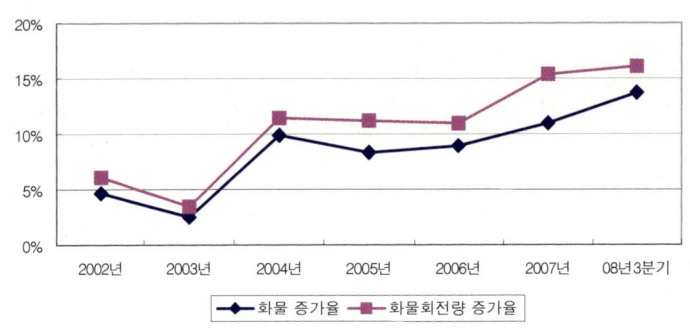

〈그림 9-3〉 도로 화물과 회전량 증가율 추이

자료제공: 중국국가통계국

■ 철도 부문

도로를 이용한 여객수송량이 대폭 둔화된 것과 달리 철도 부문
은 확대양상을 그리고 있다. 2008년 3분기 말 현재 철도 여객수송
량은 11.2억 명으로 전년동기 대비 11.8% 신장된 것으로 나타났
다. 다만 상반기 13.5%보다는 증가율이 둔화된 것으로 집계되었다.
자연재해, 고유가 등으로 도로 여객을 철도가 흡수한 것으로 판단
된다. 여객증가율과 상관없이 여객회전량은 2005년 이후 9% 수준
을 유지하였지만 올해 3분기에는 7.2%로 뚜렷한 하락세를 보이고
있다.

〈그림 9-4〉 철도 여객과 회전량 증가율 추이

여객 증가율 여객회전량 증가율

자료제공 : 중국국가통계국

철도를 이용한 화물운송량은 올해 상반기 7.1% 증가세에 그쳤
다. 이는 2007년 8.6%보다 1.5포인트 하락한 수치이다. 화물회전
량 역시 화물증가율과 비슷한 추이를 기록하고 있다. 철도를 이용
한 석탄운송량은 2007년 대비 11.6%, 곡물운송량은 18.4% 확대된
것으로 조사되었다. 이는 전체 화물운송량 증가율보다 높은 수치이
다. 참고로 3분기 화물과 화물회전량 증가율은 각각 7.4%와 6.4%
로 집계되었다. 상반기보다 미미한 상승세를 보이고 있다.

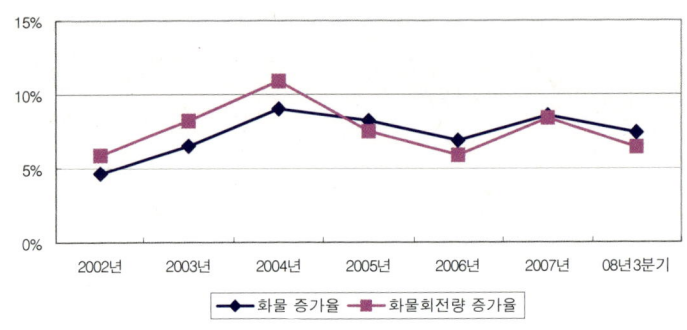

〈그림 9-5〉 철도 화물과 회전량 증가율 추이

자료제공 : 중국국가통계국

　　도로와 철도 현황을 종합적으로 요약하면 다음과 같다. 도로의 경우 여객 부문은 뚜렷한 둔화를 나타내고 있으며, 화물은 운송량은 증가세를 기록하고 있지만 회전량은 둔화를 보이고 있다. 반면 철도는 이용객이 큰 폭으로 확대되었지만 회전량은 2년 연속 답보 상태를 그리고 있다. 화물 부문은 운송량과 회전량 수치 모두 신장률이 둔화된 것으로 나타났다. 화물의 경우 절대적 신장률은 도로가 철도를 앞서고 있다. 하지만 여객 부문은 2008년 그 관계가 역전된 것 같다. 고유가로 인한 일시적 현상이라면 2008년보다 내년 고속도로 종목 투자매력이 높아질 것이다. 하지만 실질소득 감소와 경기침체 등이 복합적으로 발생한 결과라면 여객 부문은 5%대 이하도 염두에 두어야 한다.

1.2 고정자산 투자현황

◾ 도로 부문

〈그림 9-6〉 도로 부문 고정자산 투자와 증가율 현황

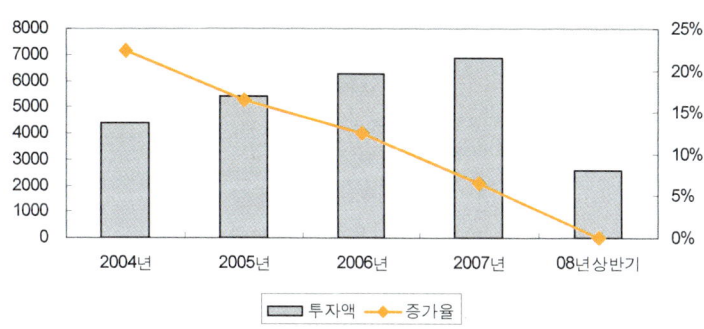

자료제공: 중국국가통계국

물류에서 도로가 차지하는 비중을 감안할 때 매년 고정자산투자 증가율이 위축되는 현상은 쉽게 납득하기 힘들다. 아직 중국은 거미줄 같은 도로망을 언급할 단계도 아니며 도시화도 40% 수준에 불과하다. 핵심도시를 중심으로 경제발전 효과를 위성도시로 전이시키려면 도로망 확충은 거의 필수적이다. 하지만 중국정책 방향은 이와 반대로 가고 있다. 도로중심 운송망을 철도와 해운으로 다변화하려는 정책방향에 따른 결과로 판단된다. 2004년 20%를 상회한 고정자산투자 증가율이 2007년에는 10% 이하로 떨어졌으며

2008년 상반기 말 현재 0.02% 수준을 기록하고 있다. 산업 파급효과를 감안하지 않는다면 도로가 철도, 해운보다 고비용이라는 점도 작용된 것 같다.

▣ 철도 부문

2008년 상반기 철도 부문 고정자산투자 증가율은 20.4%로 전년과 비슷한 수준을 유지하고 있다. 2006년 60% 수준까지 확대된 투자증가율이 2007년과 2008년 둔화양상을 그리고 있는 셈이다. 기간산업에 대한 정부지배력이 기타 제조업보다 월등히 높은 점을 감안할 때 충분히 이해되는 대목이다. 정책기조가 하반기로 접어들면서 반전되었지만, 2008년 상반기까지 중국은 물가상승과 투자과열 방지에 총력을 기울이고 있었다.

〈그림 9-7〉 철도 부문 고정자산 투자와 증가율 현황

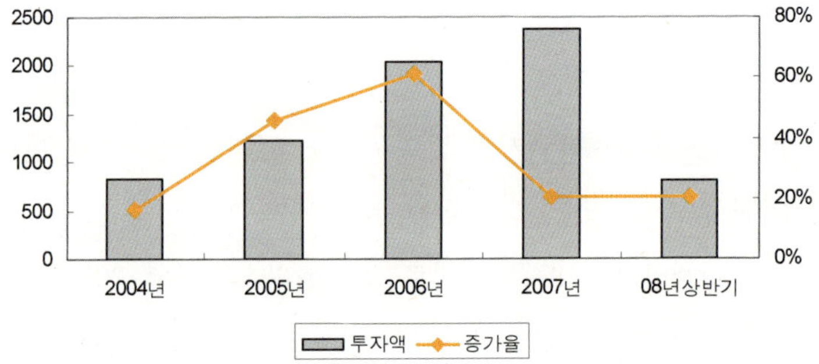

자료제공: 중국국가통계국

2008년 하반기 중국정부는 4조 위안 규모의 경기부양책을 내놓았다. 철도는 상위에 랭크된 투자항목으로 향후 중국 인프라 건설은 도로 중심에서 철도와 도로 두 부문으로 이원화될 가능성도 존재한다. 또한 도로의 1/2 수준에도 못 미치는 투자규모도 갈수록 그 격차가 축소시킬 것으로 판단된다. 철도건설과 밀접한 종목을 사전 점검해 둘 필요가 있다. 구체적으로는 철강과 비철금속, 특수차, 배선 부문 등을 들 수 있다.

2. 동맥경화 물류주

2.1 대표종목 소개

▣ 광선철도(广深鐵路, 0525.HK/601333.SS/GSH)

광선철도는 주삼각(珠三角) 지역을 중심으로 철도 운송업을 영위하는 업체로 주요 운송노선은 광주와 심천, 홍콩직행, 장거리로 세분화될 수 있다. 여객 부문은 장거리열차가 61.8%로 가장 높은 비중을 차지하고 있다. 그 다음은 광주－심천(33.9%), 홍콩직행 (4.4%) 순이다. 화물 부문은 인바운드와 직통물량이 73.2%, 아웃바운드 물량이 26.8%를 점하고 있다. 전년 매출액은 105.1억 위안으로 승객운송이 58.3억 위안으로 가장 높고, 그 다음은 철도망 이용 서비스(26.6억 위안), 화물운송(13.3억 위안)으로 집계되었다. 핑스(PingShi) M&A로 철도운송과 부가서비스 부문에서 규모 경제를 달성하였지만 수익성 자체는 이전보다 하락한 것으로 나타났다. 2008년 상반기 매출액과 순이익은 52.3억 위안과 6.7억 위안 정도로 집계되었다. 매출신장에도 불구하고 이익은 10% 내외 감소한 것으로 나타났다. 경기침체로 물류주 전반이 타격받고 있으며, 2009년 경영실적 역시 부정적인 상태이다.

▣ 쓰추안청유고속도로(四川成渝高速公路, 0107.HK)

사천(四川, 쓰추안) 지역을 중심으로 고속도로 건설, 투자 및 운영업무를 수행하는 업체이다. 매출은 고속도로와 부가서비스 부문으로 구분된다. 사천 지방은 동부 연안 지역보다는 경제 규모는 작지만 서부(西部) 지역 경제 중심지로 부각되고 있다. 또한 서부 대개발이라는 장기 정책 호재도 존재한다. 2007년 매출액은 14억 위안 정도로 94.4%가 고속도로 부문에서 발생하였다. 청위(Chengyu)와 청야(Chengya) 두 고속도로 구간에서 전체 매출의 63.8%와 28.2% 정도를 점하고 있다. 경기침체와 더불어 성도와 총칭 운행거리를 청위(Chengyu)보다 45킬로미터(km) 단축시킨 고속도로 개통으로 매출이 타격을 받고 있다. 2008년 상반기 매출액과 순이익은 7.0억 위안과 2.9억 위안 정도로 집계되었다. 매출과 순이익 신장률은 각각 15%와 36% 내외로 조사되었다.

▣ 심천국제(深圳國際, 0152.HK)

심천국제는 지주회사 형태로 운영되고 있으며 사업부는 크게 물류, 유리제조, 고속도로 투자로 구분된다. 물류 서비스는 심천(深圳) 지역을 중심으로 이루어지고 있으며, floating glass(유리)제조 부문은 중국남파(中國南玻, CSG) 그룹이 담당하고 있다. 전년 물류 사업부 경영실적을 살펴보면 다음과 같다. 톨게이트 통행료가 4.5억 홍콩달러로 전체 매출의 52.9%를 차지하고 있으며, 그 다음은 물류서비스(27.2%), 물류창고(14.7%) 순이다. 물류서비스 부문은 수익성을 담보하지 못한 채 규모 확대에 만족하고 있다. 2007년에는 14억 홍콩달러 상당의 투자지분 처분 이익을 실현하였다. 2008년 1월부터 중국 신소득세법에 따라 산하 사업부 소득세율이 현행 15%에서 25%로 조정되었다. 2008년 상반기 매출액과 순이익은 5.5억 홍콩달러와 3.6억 홍콩달러로 집계되었다. 매출신장률은 21% 확대된 반면 순이익은 65% 이상 감소된 것으로 나타났다.

▣ 위에시우교통(越秀交通, 1052.HK)

위에시우교통은 광동(广東) 지역을 중심으로 도로 건설, 투자,

운영 업무 등을 영위하는 업체이다. 2007년 현재 자회사와 계열사가 관리하는 도로와 교각은 각각 8개와 5개로 나타났다. 전년도 매출액은 8.7억 홍콩달러로 집계되었다. 올해 상반기 매출액과 순이익은 5.0억 홍콩달러와 3.3억 홍콩달러 정도로 집계되었다. 또한 매출과 순이익 신장률은 각각 43%와 32% 내외로 조사되었다. 경기침체로 경영실적 둔화가 감지되고 있다. 다만 정책배경은 상당히 긍정적이다. 광동성 정부는 광주와 위성도시간의 교통망 확충을 위하여 2010년까지 신규 고속도로 2,773㎞를 추가 건설할 예정이다. 또한 광주시 정부 역시 2010년 아시아게임 이전에 6,680㎞ 상당의 도로망을 건설 및 정비할 계획이다. 도로 간의 연계효과가 그만큼 상승할 것으로 예상된다.

2.2 경영실적 비교분석

물류주 매출 흐름은 상당한 급등락을 나타내고 있으며 최근 그 경향이 두드러진다. 광선철도의 경우 2007년 장거리 철도운송회사인 핑스(PingShi) M&A 영향으로 그 추이가 더욱 뚜렷하다. 물류는 경기와 밀접한 영향을 가지고 있다. 2008년 매출신장률 급감은 어쩌면 당연한 결과이다. 2007년 중국경제는 정점에 도달하였다. 2008년 글로벌 경기침체가 발생하지 않았어도 한번쯤 조정이 필요한 단계였다.

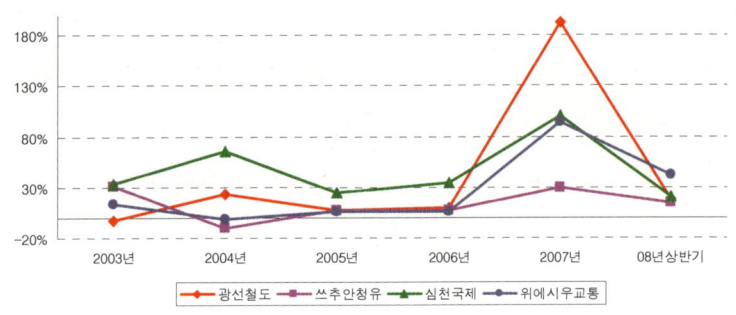

〈그림 9-8〉 주요 물류주 성장성 지표

자료제공: 중국경제정보분석(CEIA)

2009년은 실물경제 침체가 본격화될 것으로 예상된다. 다만 물류주 4종목 면면을 살펴보면 알겠지만 해상운송보다는 내륙운송과 깊은 밀착성을 보인다. 고속도로와 철도에 기반을 둔 업체라는 의미이다. 2008년 11월 4조 위안 규모의 경기부양책에서도 보듯이 내수진작은 기초 인프라 그 가운데, 철도와 고속도로를 축으로 이루어질 가능성이 높다. 단기는 부정적이지만 중장기적으로는 전화위복의 계기가 될 수도 있다. 그럼 수익성 현황을 간략히 살펴보기로 하자.

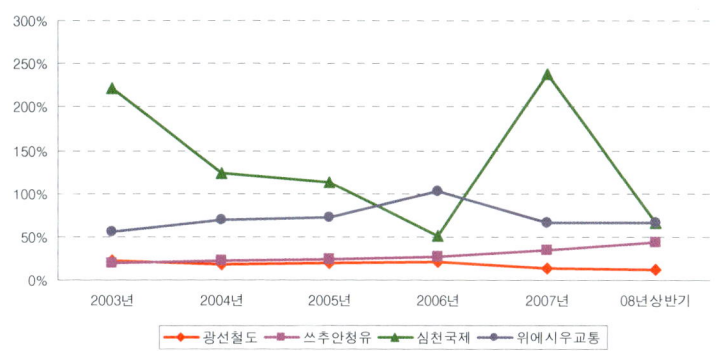

〈그림 9-9〉 주요 물류주 수익성 지표

　　　　　　　　　　　　　　자료제공 : 중국경제정보분석(CEIA)

　　종목별로 상당한 격차를 보이던 수익성이 2008년 수렴 과정을
보이고 있다. 쓰추안청유를 제외하고는 전반적으로 하향 혹은 보합
세를 기록하고 있다. 광선철도는 12%로 가장 낮은 수익성을 보이
고 있으며, 위에시우 교통은 67%로 가장 우수하다. 수익률 하락폭
은 심천국제가 가장 높은데, 2007년 240%에서 2008년 상반기
66% 수준까지 떨어졌다. 경기변동과 관계없이 쓰추안청유는 꾸준
한 수익률 향상을 기록하고 있다. 또한 타 종목에 비하여 매출 안
정성 역시 우수한 편이다. 그럼 다양한 모형을 통하여 기업가치를
추정해 보자. 투자지표를 통하여 살펴본 결론이 모형분석에서는 달
리 설명될 가능성 역시 존재한다.

3. 개별종목 투자가치 분석

머튼모형을 이용할 경우 4종목 모두 이론 주식가치가 현 시가총
액보다 높게 추산되었다. 광선철도의 경우 머튼모형이 FCF 추정치
보다 4배 높게 산출되었다. FCF모형은 심천국제와 위에시우교통
두 종목 주권가치를 제로로 표시하고 있다. 다만 머튼모형은 심천
국제와 위에시우교통 이론값을 96.3억 홍콩달러와 114.1억 홍콩달
러로 추산하고 있다. 쓰추안청유의 경우 FCF모형 산출치가 머튼
모형보다 18억 홍콩달러 높은 81.4억 홍콩달러를 기록하였다. 광선
철도의 경우 기대수익률(FCF모형)을 20%로 하향 조정할 경우 주
식가치가 148억 홍콩달러 내외로 도출되었다. 한편 베타계수는 종
목별로 상이한 수치를 제시한다. 위에시우교통은 0.3으로 H지수와

단위: 백만 홍콩달러(HKD)

종목명	시가총액			베타계수	상관관계
	실제	FCF 모형	Merton 모형		
광선철도	20,950	5,342	24,728	0.80	0.66
쓰추안청유	3,451	8,141	6,338	0.57	0.45
심천국제	4,353	0	9,633	0.69	0.45
위에시우교통	4,573	0	11,408	0.30	0.37

자료제공: 중국경제정보분석(CEIA). 시가총액은 2008년 10월 기준임.

일정한 거리감을 보이고 있으며 쓰추안청유 역시 0.57로 비교적 낮게 나타났다. 반면 심천국제와 광천철도는 0.69와 0.80으로 상대적으로 높은 민감도를 보인다. 상관계수 역시 0.3~0.6 사이로 석유와 석탄주보다 H지수 동조화가 낮게 형성되고 있다.

광선철도는 모형별 추정 값이 비슷하게 산출되고 있다. 다만 기대수익률을 30%로 끌어올릴 경우 FCF모형은 장부가 기준 1.11홍콩달러, 시가기준 0.75홍콩달러로 상대적으로 낮다. 기대수익률을 20%로 설정한다면 PER모형과 머튼모형이 제시한 수치와 그리 큰 차이는 보이지 않는다. 보수적인 투자자라면 2홍콩달러대가 적당할 것으로 사료되며 4홍콩달러를 돌파할 경우 고점으로 보고 수익 현실화에 나서는 것이 좋을 것이다.

〈표 9-2〉 모형별 물류주 주가 추정

단위: 홍콩달러(HKD)

종목명	실제주가	PER 수치도출		머튼모형		FCF 모형			
						기대수익률 20%		기대수익률 30%	
		최소	최대	10년	50년	장부	시가	장부	시가
광선철도	2.96	2.54	4.54	3.49	4.00	3.47	2.08	1.11	0.75
쓰추안청유	1.35	2.41	4.31	2.48	2.93	15.19	12.43	4.86	3.18
심천국제	0.31	0.85	1.59	0.68	0.81	0.00	0.00	0.00	0.00
위에시우교통	2.73	4.44	8.22	6.82	7.53	0.00	0.00	0.00	0.00

자료제공: 중국경제정보분석(CEIA). 실제 주가는 2008년 10월 평균주가를 의미함.

반면 쓰추안청유는 모형별로 상이한 결과 값을 보인다. PER모형의 경우 최대값을 4.3홍콩달러대로 제시한 반면 머튼모형은 2.93홍콩달러로 산출하였다. FCF모형은 기대수익률 20% 수준에서 12.43홍콩달러(시가)와 15.19홍콩달러(장부가)를 나타내고 있다. 다만 기대수익률을 30%로 상향 조정할 경우 3.18홍콩달러와 4.86홍콩달러로 앞서 두 모형과 근사한 수치를 나타내었다. 2.5홍콩달러 전후에서 매수할 수 있다면 만족할 만한 수익이 기대된다. 하지만 4홍콩달러를 넘어 5홍콩달러에 근접한다면 매도를 고려해 볼 필요가 있다. 최대치를 12홍콩달러 이상으로 산출하고 있지만 현실적으로 이 정도 수준을 기대하기는 힘들 것 같다.

FCF모형은 최악의 경우 심천국제와 위에시우교통 주가를 제로수준으로 보고 있다. PER모형의 경우 심천국제는 0.85~1.59홍콩달러, FCF모형은 0.68~0.81홍콩달러 수준을 그리고 있다. 최대값 수치를 제외하고는 0.8홍콩달러 전후에서 비슷한 결론을 내고 있는 셈이다. 위에시우교통은 FCF모형을 제외한다면 최소 4.4홍콩달러, 최대 7.5홍콩달러로 그려볼 수 있다. 최소값은 머튼모형이 PER모형보다 더 후한 점수를 주고 있다.

〈그림 9 – 10〉 기대수익률 변화에 따른 주가추이

단위: 홍콩달러(HKD)

자료제공: 중국경제정보분석(CEIA)

<그림 9 – 10>은 매출증가율 10%를 기준으로 한 것이다. 예외적으로 2007년 물류업종 전체가 높은 매출신장세를 기록하였지만 2008년에는 하향화 움직임을 나타내고 있다. 2008년에는 쓰추안청유 역시 15%를 장담하기 힘들 것 같다. 참고로 2008년 상반기 말 쓰추안청유 매출액은 전년동기 대비 14.9% 신장된 것으로 나타났

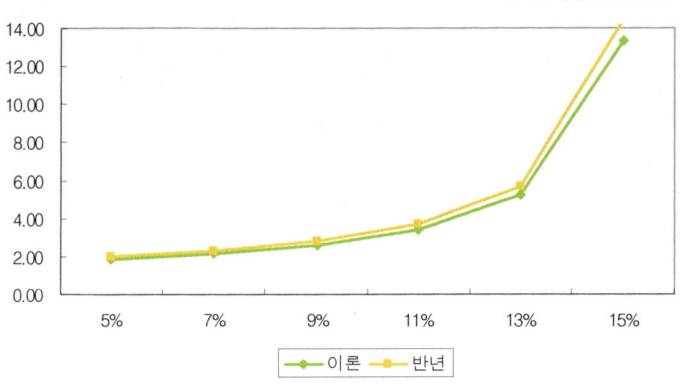

〈그림 9-11〉 매출증가율 변화에 따른 주가추이

단위: 홍콩달러(HKD)

자료제공: 중국경제정보분석(CEIA)

다. 이는 2007년 대비 과반에 불과한 수치이다. 2009년에는 10% 이하로 떨어질 가능성 역시 존재한다. 매출증가율 10% 기준이 20%보다는 더 현실감이 있는 수치이다. 시장이 20%의 투자수익률을 기대한다면 쓰추안청유 주가는 9홍콩달러 수준을 기록할 것이다. 하지만 10포인트 정도 추가 프리미엄을 요구한다면 3홍콩달러 전후가 적당할 것이다. 2008년 10월 말 실제주가는 1.5홍콩달러에도 미치지 못하고 있다. 시장이 30%를 넘어선 투자수익률을 기대하든지 혹은 매출신장률이 10%를 하회할 것으로 예상하기 때문이다.

<그림 9-11>은 기대수익률을 30%로 고정한 채 매출증가율 변화에 따른 주가추이를 살펴본 것이다. 만약 쓰추안청유가 2009

년 매출신장률 15% 이상을 달성한다면 3~4홍콩달러 수준은 매력적인 수치일 것이다. 물론 실제주가가 이론주가를 추격한다는 가정이 선행되어야 한다. 주가만을 놓고 본다면 쓰추안청유는 제대로 된 대접을 못 받는 것 같다. 2007년 폭등장에서도 3.5홍콩달러에 간신히 턱걸이하였다. 3가지 모형을 통한 이론주가 산출결과도 이런 추론을 뒷받침한다. 모형 최저주가도 1.35홍콩달러보다는 상당히 높게 추정된다. 시장은 2009년 쓰추안청유 매출신장률을 10% 이하로 보는 것 같다.

4. 기술적 분석으로 본 물류업종

4.1 대표 물류주 주가흐름

2005년 이후 진행된 상승세를 마무리하고 2005년 수준으로 수렴하는 모습을 보이고 있다. 2008년 10월 현 수준에서 한 단계 더 떨어진다면 IT버블 이후의 조정 국면을 연상해 볼 수도 있다. 물류, 항만주는 경제와 맞물려 돌아가는 특성이 있다. 국내외적으로 암울한 경기전망이 쏟아지고 있는 현재 기술적 반등만으로 상승모멘텀을 유지하기는 힘들 것이다. 다만 쓰추안청유와 광선철도 주가는 꾸준히 점검해 볼 것을 권한다. 상황이 힘들수록 저평가주와 가치주가 새롭게 주목받을 것이다.

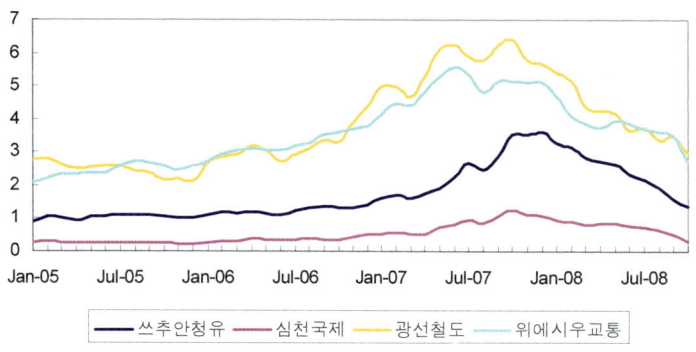

〈그림 9-12〉 종목별 주가흐름 추이

〈그림 9-13〉 종목별 주가흐름 추이(2005년 초 주가 = 100)

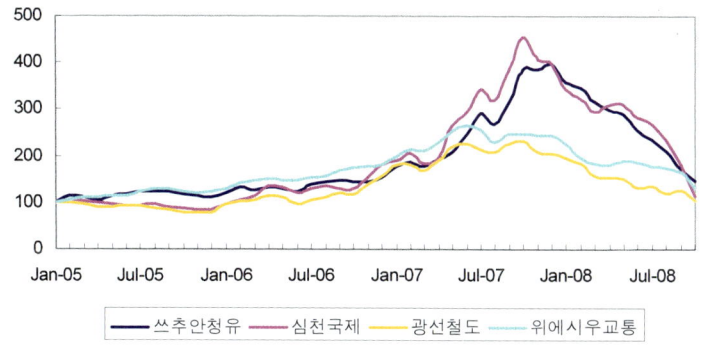

종목별 상승률을 비교한다면 쓰추안청유와 심천국제가 광선철도
와 위에시우교통보다 높게 나타났다. 쓰추안청유와 심천국제의 경
우 2005년 1월 대비 최대 4배까지 주가가 상승하였다. 반면 광선

철도와 위에시우교통은 2.4배 전후에서 상승을 마무리하였다. 주가
는 이상적이지 못하지만 나름대로 시장의 인정은 받은 셈이다.
2008년 10월 현재 쓰추안청유가 1.48배로 가장 높고 그 다음은 위
에시우교통(1.31배), 심천국제(1.13배), 광선철도(1.07배) 순이다. 그
럼 MACD를 통하여 추세흐름을 간략히 짚어보도록 하자.

4.2 물류주와 MACD

광선철도와 위에시우교통은 마이너스(-)권에서 플러스(+)권으
로의 진입을 모색하고 있다. 플러스(+) 시그널이 뚜렷하지 않다면
상승전환을 주장하기는 힘들 것 같다. 플러스(+)권에 살짝 걸쳐둔
채 다시 내리막으로 직행하는 경우도 다반사이다. 쓰추안청유와 심
천국제는 더 깊은 마이너스(-)권을 탐색할 소지도 있다. 반등 시
그널보다는 주가흐름 안정화를 먼저 확인해두길 바란다. 2009년
개별종목 MACD 곡선이 어떤 모습을 그릴지 단언하기는 힘들다.
다만 MACD 신호가 마이너스(-)에서 플러스(+)로 진입하는 시점
에서 한 번 더 추세확인을 하길 바란다. 선도적 혹은 공격적 투자
자라면 마이너스(-) 상태일지라도 추세전환만으로 매집에 나설 수
도 있다.

위험에 대한 완충능력에 따라 매매타이밍은 변동될 수 있다. 다
만 2006년부터 2007년 초까지 MACD 흐름을 찬찬히 살펴보길 바

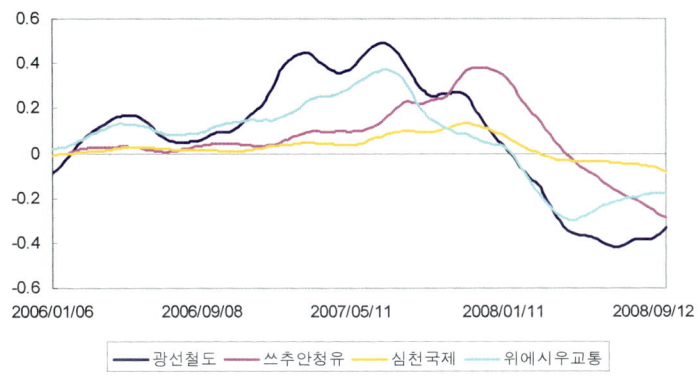

〈그림 9-14〉 MACD로 살펴본 종목별 주가현황

| 광선철도 | 쓰추안청유 | 심천국제 | 위에시우교통 |

자료제공: 중국경제정보분석(CEIA)

란다. 2007년 11월 하락세를 확인한 후 빠져나와도 충분한 수익을 실현하였을 것이다. 전문가가 아니라면 시장 선도자가 아닌 추세를 타는 투자자가 되기를 바란다. 다만 과열구간 추세에 편승하라는 말은 아니다.

4.3 매물대로 본 물류주

광선철도의 경우 5홍콩달러 이하에서 뚜렷한 매물벽은 감지되지 않는다. 향후 3홍콩달러에서 두꺼운 장벽이 재형성될 수도 있다. 하지만 일단 그 장벽만 헤쳐 나간다면 5홍콩달러까지 수직 상승할 것이다. 쓰추안청유는 2홍콩달러 아래에 두 개의 상승 저항선이

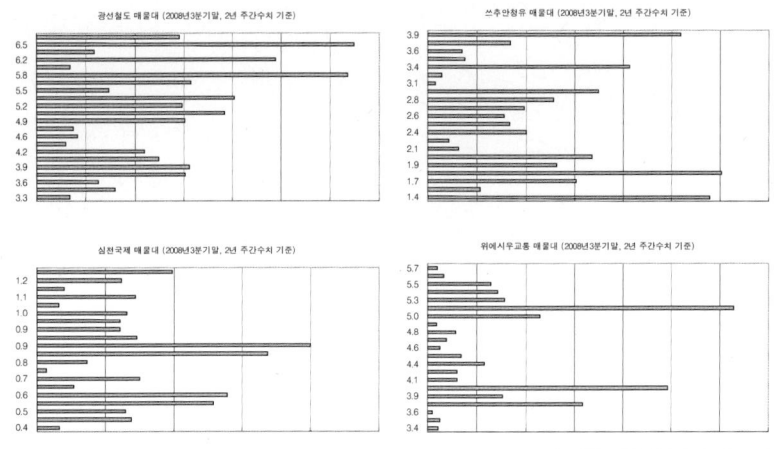

〈그림 9-15〉 종목별 매물대(2008년 3분기 말, 2년 주가수치 기준)

자료제공: 중국경제정보분석(CEIA)

자리 잡고 있다. 2홍콩달러 이하에서 지루한 공방이 벌어질 수도 있다. 일단 2홍콩달러를 돌파한다면 3홍콩달러 턱밑까지는 가파르게 올라갈 것이다. 심천국제는 0.6달러에서 약한 1차 저항선, 0.9달러에서 2차 전장이 마련되어 있다. 하지만 현 주가수준을 감안한다면 1차 저항선에 도달하는 것도 쉽지 않을 것 같다. 위에시우교통은 1달러 간격으로 저항선이 형성되어 있다. 강력한 돌파력을 수반하지 않는다면 4달러 관문에서 무너질 수도 있다. 그럼 다음 장에서 운수장비와 자동차 산업을 분석하기로 한다.

제10장 달리고 싶은 운수장비, 자동차주

본 장은 크게 운수장비와 자동차 산업으로 구분하여 분석을 진행하고자 한다. 자동차로 특정된 산업을 제외한 트랙터, 조선, 컨테이너, 크레인, 운송장비 등이 모두 운수장비로 편입되어 있다. 앞 장물류 부문이 운송을 위한 기반시설을 언급하였다면 본 장은 운송수단 그 자체에 포커스를 두었다. 그럼 운수장비부터 간략히 살펴보기로 한다.

1. 운수장비 산업

1.1 운수장비산업 현황

세계적인 조선, 해운분석기관인 클락슨즈(Clarksons) 보고서에 따르면 2007년 세계컨테이너 무역량은 11% 증가된 것으로 나타났다. 또한 컨테이너 화물물동량은 2006년 대비 10% 신장된 4.65억 TEU로 조사되었다. 신규 컨테이너 선박규모는 141만 TUE로 전년과 비슷한 수준을 유지하였다. 중국 항만 컨테이너 화물 물동량은 2006년 대비 20.4% 신장된 1.13억 TEU로 나타났는데, 이는 세계 평균보다 2배 높은 수치이다.

한편 World Cargo New 자료에 의하면 전 세계 컨테이너 수요

증가에 힘입어 생산량이 2006년 대비 25% 증가한 것으로 나타났다. 단 드라이컨테이너는 과잉생산 문제가 도출됨에 따라 2008년 수익전망은 부정적이다. 참고로 세계 드라이컨테이너 생산규모는 550만 TEU로 집계되었다. 컨테이너 생산원가는 상승하는데, 가격인상 여력은 한계가 있어 수익성 악화가 예상된다. 다만 2008년 글로벌 경기침체가 본격화됨에 따라 올해 컨테이너 부문 전망은 부정적이다. 최근에 발표된 Clarkson 보고서에 따르면, 2008년 컨테이너 물동량증가율은 6.5%에 그칠 것으로 전망된다. 이는 과거 추정치 10%에 비하여 약 60% 정도 하향 조정된 수치이다.

운송차량 부문의 경우 물류발달, 기초 인프라건설 투자증가, 정책적 배려 등으로 국내수요가 지속적으로 상승곡선을 그리고 있다. 에너지와 화학 장비 부문 사업전망도 상당히 긍정적으로 나타났다. 천연가스는 중국 에너지 공급의 2.7%를 점하고 있는데, 2010년에는 5.3%, 2020년에는 10% 수준까지 상승할 것으로 전망된다. 관련 장비 수요도 그만큼 확대될 것이다. 2007년 농업용 기계시장은 전반적으로 침체양상을 나타내었다. 트랙터 부문 역시 예외는 아니었다. 이는 제일트랙터 매출액 추이에서도 감지할 수 있는 대목이다. 다만 2008년 10월 17차 3중 전체회의에서 토지사용권 매매를 허용함에 따라 대형 기계화 농업 발판을 마련한 점은 긍정적으로 작용할 것이다.

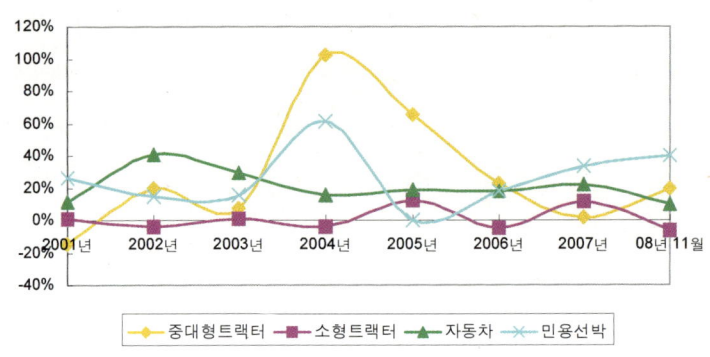

〈그림 10-1〉 주요 운수장비 생산량 증가율 추이

자료제공: 중국국가통계국

　　<그림 10-1>은 자동차와 주요 운수장비 생산량 추이를 나타
낸 것이다. 소형트랙터는 2008년 상반기 20% 신장세에서 11월 현
재 마이너스(-) 6% 수준으로 급감한 것으로 나타났다. 중대형트
랙터 역시 40% 수준에서 반 토막이 난 것으로 집계되고 있다. 다
만 2007년보다는 높은 수치를 유지하고 있다. 생산량 추이를 살펴
보면, 2004년을 정점으로 2007년까지 하락한 후 2008년 확대되는
모습을 그리고 있다. 또한 트랙터 시장이 소형에서 중대형으로 전
환되고 있다.

　　민용 선박의 경우 조선업 활황을 바탕으로 2005년 이후 생산량
이 확대되고 있다. 2008년 상반기 생산량 증가율은 43% 수준에
근접하고 있는데, 이는 2006년 증가율의 2배 수준에 해당한다. 다

만 해마다 증가속도는 완만한 모습을 그리고 있다. 3분기 이 수치는 40%로 3포인트 내외 하락세를 기록하고 있다. 자동차 업종은 다른 단락에서 집중적으로 검토하고자 한다. 다만 전년 대비 생산량 증가율이 50% 이상 둔화된 것으로 나타났다.

1.2 대표종목 소개

▣ 제일트랙터(第一拖拉机, 0038.HK)

트랙터 시장 내 주도적 위치를 점하고 있으며 주요 생산품목은 농업 및 건설용 기계이다. 농업 부문 주 생산품은 트랙터이며, 건설 부문은 로드롤러(road roller), 불도저, 지게차, 굴착기 등으로 구성된다. 2007년 매출액은 67.8억 위안으로 그중 농업기계 부문이 68.9%로 가장 높고, 그 다음은 건설용 기계(21.9%)와 디젤엔진(9.3%) 순이다. 현재 트랙터 제품 라인과 판매시장에 대한 구조조정을 실시하고 있다. 2007년 160~180마력 상당의 대형 트랙터 개발에 성공하였으며, 향후 이 부문 매출신장세가 기대된다. 2008년 상반기 매출액과 순이익은 40.4억 위안과 0.8억 위안 정도로 집계되었다. 매출은 12% 이상 확대된 반면 순이익은 35% 정도 감소한 것으로 조사되었다.

■ 광조우광추안국제주식(广州广船國際股份, 0317.HK/600685.SS)

조선업에 종사하는 업체로 직간접적으로 자회사 15개를 거느리고 있다. 주 사업 분야는 선박과 철골 구조물 제조이다. 건조선박 대부분이 3만~5만 dwt 규모의 석유, 화학 운반선으로 알려진다. 2007년 매출액은 59.1억 위안으로 조선 부문이 86.9%로 대부분을 차지하고 있다. 지역별 매출은 국내와 해외가 각각 35.7%와 64.3% 비중을 보이고 있다. 환 위험은 계약금 비율 인상과 선도거래를 통하여 헤지(hedge)하고 있다. 2008년 하반기 이후 조선경기 역시 다운되고 있다. 2007년 80% 수준을 기록한 매출신장률이 2008년 상반기 30% 선으로 급락하였다. 3분기 말 현재 30%에 육박하는 매출신장률에도 불구하고 순이익증가율은 1% 선에도 못미치고 있다. 매출액 대비 순이익비율이 14% 선을 유지하고는 있지만 상반기보다는 4포인트 정도 하락하고 있다. 2009년은 유동성확보가 최우선 과제일 것으로 판단된다.

■ 중지B주(中集B股, 000039/200039)

컨테이너, 운송차량, 에너지와 화학장비, 항공·항만설비 관련 분야의 제품을 설계, 제조 및 판매하는 회사이다. 1996년 이래로 컨테이너 제조부분에서 세계 1위를 고수하고 있으며, 세미트레일러(Semi-trailer) 부문 중국 최대 제조업체이다. 2007년 매출액은

487.6억 위안으로 그중 컨테이너 부문이 69.8%로 과반수를 차지하고 있으며, 그 다음은 운송차량(19.9%), 에너지와 화학장비(9.3%) 등의 순이다. 지역별 매출 비중은 아시아가 41.7%로 가장 높고, 그 다음은 미주(36.7%), 유럽(20.8%) 순이다. 2008년 상반기 매출액과 순이익은 302억 위안과 10억 위안 정도로 집계되었다. 매출은 29% 신장되었지만 순이익은 오히려 23% 내외 감소한 것으로 조사되었다. 3분기 매출신장률 둔화현상은 갈수록 심화되고 있다. 순이익 역시 12% 내외의 감소세를 유지하고 있다.

▣ 전화B주(振華B股, 600320/900947)

컨테이너, 크레인 등 항만 설비시설을 제조하는 업체이다. 1998년 이후 컨테이너 크레인 부문 세계시장 점유율 1위를 고수하고 있다. 산적화물용 기계, 유전개발용 해상중형장비, 대형강철구조물, 항만설비 등으로 사업 범위를 확대하고 있다. 2007년 매출액은 210억 위안으로 컨테이너 크레인 부문이 80% 정도를 점하였다. 그 외 산적화물용 기계장비 부문과 해상중형장비 부분에서 각각 11%와 7% 내외 매출실적을 올렸다. 지역별로는 중화권이 42.1%로 가장 높으며, 그 다음은 아시아(20.8%), 유럽(16.0%), 미주(12.4%) 등의 순이다. 2008년 상반기 매출액과 순이익은 106억 위안과 10억 위안 정도로 집계되었다. 매출과 순이익 신장률은 각각 15%와

4% 내외로 조사되었다. 상반기보다 하반기로 접어들면서 수익성 개선이 이루어지고 있다. 3분기 이 두 수치는 18.5%와 15.5%로 조사되었다.

1.3 경영실적 비교분석

물류주와 함께 운수주 역시 성장둔화 현상을 보이고 있다. 제일트랙터를 제외한 3종목 모두 해운과 밀접한 관계를 맺고 있다. 제일트랙터만 유독 미미한 성장세를 기록한 비결이기도 하다. 매출급감 속도가 가장 빠른 종목은 광조우광추안으로 조선업이 2007년 정점을 기록한 것과 연관성이 있다. 전년도 급격한 매출확대는 차년도 성장률을 보수적으로 탈바꿈하게 만든다. 2008년 하반기 이후 글로벌 경기침체가 현실화되어 긍정적 평가를 내리기 힘들다. 국제적으로 계약파기가 빈번히 발생하고 있다. 중지B주 역시 동일한 맥락에서 살펴볼 수 있다. 2007년 47% 매출신장률이 2008년 상반기 30% 이하로 떨어졌다. 전화B주는 2005년 이후 3년 연속 하락세를 지속하고 있다. 컨테이너크레인 제품 사이클을 감안할 때 2009년 역시 낙관할 수 없다. 3년~5년 만에 크레인을 교체한다고 볼 수 없기 때문이다.

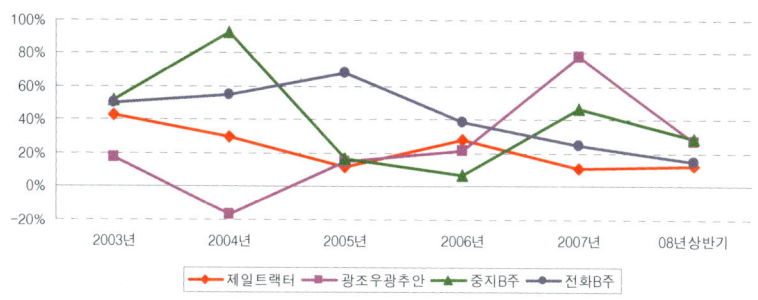

〈그림 10-2〉 주요 운수주 성장성 지표

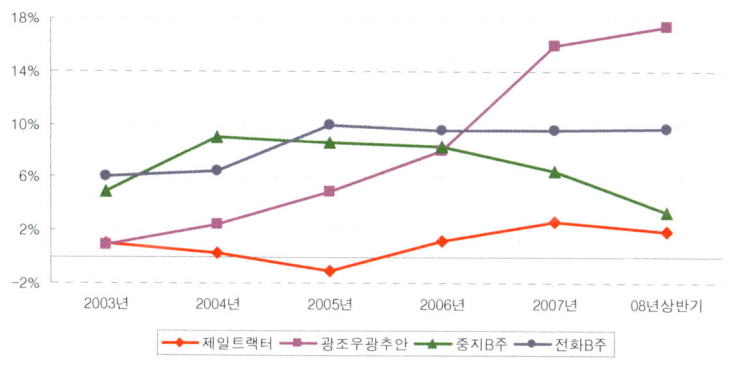

〈그림 10-3〉 주요 운수주 수익성 지표

매출증가율 둔화에도 수익성은 그리 악화된 것 같지는 않다. 전화B주의 경우 2005년 이후 10% 내외 수준을 꾸준히 유지하고 있으며, 3분기에는 15% 수준을 돌파한 것으로 나타났다. 광조우광추안은 상반기 18% 선에서 14%대로 밀렸지만 여전히 수익성은 확보하고 있다. 중지B주는 2007년 6.5%에서 상반기 3.4%로 비교적 큰 폭의 감소세를 나타내었다. 다만 하반기로 들어서면서 수익성은 일부 회복한 것으로 조사되었다. 2009년 글로벌 경기침체가 한층 현실화될 것으로 판단됨에 따라 운수주 역시 타격은 불가피할 것이다. 참고로 경영실적과 주가흐름이 일치한다고 볼 수는 없다. 주가는 선반영하는 특징이 있기 때문이다.

2. 자동차 산업

2.1 자동차 산업현황

중국자동차협회 발표에 의하면 2007년 중국 자동차 생산 및 판매대수는 888.2만 대와 879.2만 대로 2006년 대비 22.0%와 21.8% 증가한 것으로 나타났다. 동 협회는 2008년 이 수치가 1,000만 대를 돌파할 것으로 전망하였다. 하지만 2008년 하반기 이후 경기침체가 본격화됨에 따라 생산량이 대폭 둔화되고 있다. 2008년 11월 현재 자동차 생산량은 894만 대 정도로 9.7% 증가에 그쳤다. 전년의 과반에도 못 미치는 신장률이다.

자동차 산업불황은 관련 기업에도 심각한 타격을 미치고 있다.

지앙링은 2008년 상반기 13.4%와 32.3% 매출과 순이익 신장률을 기록하였지만 3분기로 넘어서면서 8.1%와 1.7%로 뚝 떨어졌다. 2008년 전체로는 순이익이 감소세를 실현할 수도 있다. 지앙링이 대표적인 실적우량주라는 점을 고려할 때 여타 종목들은 더욱 참담한 수치를 제시할 것으로 전망된다. 주식, 부동산에 이어 자동차 시장 구제론이 중국 각계에서 제기될 만하다. 참고로 중국 세무총국은 정유수급 불균형 해소와 환경보호를 이유로 중대형 승용차 소비억제 정책을 표면화시키고 있다. 그 결과 배기량 3.0ℓ 이상~4.0ℓ 이하 승용차는 현행 15%에서 25%로 소비세율이 상향 조정되었다. 자동차업계 입장에서는 설상가상인 형국이다.

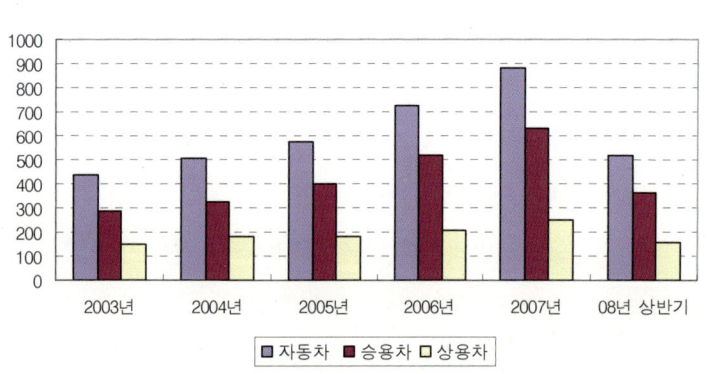

〈그림 10-4〉 차종별 자동차 판매량 추이

자료제공: 중국자동차공업협회

2008년 상반기 중국 자동차 판매량이 500만 대를 돌파한 것으로 나타났다. 이는 2007년 상반기 대비 15% 신장된 수치이다. 다만 신장률은 2007년 상반기 22%보다 7포인트 하락한 것으로 나타났다. 하반기로 접어들면서 그 격차는 더욱 확대되고 있다. 자동차 산업을 둘러싼 환경 역시 긍정적이지 못하다. 4.0 ℓ 를 초과하는 승용차는 현행 20% 세율에서 2배 인상된 40%를 적용하고 있다. 반면 1.0 ℓ 이하는 기존 3%에서 오히려 1%로 감소시켰다. 중대형차 소비를 억제함에 따라 석유와 공기오염을 방지하려는 의도로 판단된다. 현재 중국 자동차 산업은 고유가와 경기침체 파도를 넘지 못하고 있다. 참고로 미 의회는 빅3(GM, 포드, 크라이슬러)에 대한 170억 달러 구제금융안을 이미 승인하였다.

〈표 10-1〉 2008년 상반기 판매량 10위 기업 명단

순위	자동차	승용차	자가용	여객차	상용차
1위	上汽	上汽通用五菱	一汽大众	华晨金杯	北汽福田
2위	一汽	上海大众	上海大众	宇通	东风
3위	东风	一汽大众	上海通用	江铃	一汽
4위	长安	上海通用	一汽丰田	南京依维柯	江淮
5위	北汽	奇瑞	奇瑞	厦门金旅	重汽
6위	广汽	一汽丰田	东风日产	四川一汽丰田	金杯股份
7위	奇瑞	长安	北京现代	北汽福田	长安
8위	江淮	北京现代	广州本田	金龙联合	江铃
9위	哈飞	东风日产	吉利	东南	陕汽
10위	华晨	广州本田	长安福特	金龙联合	南汽
판매량/점유율	435만 대/84%	35만 대/59%	176만 대/66%	13만 대/67%	111만 대/70%

자료제공: 중국자동차공업협회

<표 10-1>은 2008년 상반기 기준 판매량 10위 메이커를 조사한 것이다. 10위 업체의 전체 자동차 판매량은 435만 대로 시장 점유율은 84%로 나타났다. 자가용, 여객, 상용차가 모두 65%를 상회하는 데 반하여 승용차는 59% 수준인 것으로 집계되었다. 다만 여객 부문은 중국 5대 메이커가 아직 명함을 내밀지 않은 것 같다. 동펑(東風)은 자동차 부문 3위로 상장사 가운데 가장 큰 규모를 차지하고 있다. 국내투자자에게 친숙한 지앙링(江鈴, 200550)이 3위에 랭크되어 있다. 지앙링의 경우 상용차 부문도 8위를 점한 것으로 나타났다. 참고로 북경현대(北京現代)는 자가용과 승용차 부문에서 각각 7위와 8위를 차지하고 있다. 장기적으로는 10대 메이커가 아닌 5대 메이커 중심으로 구조조정이 이루어질 것이다.

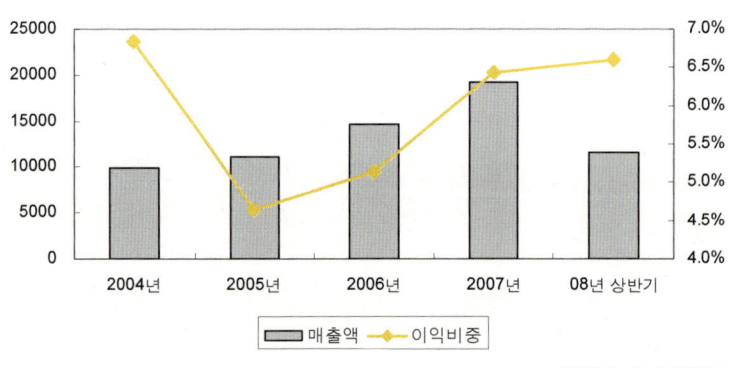

〈그림 10-5〉 자동차 업계 매출 및 수익현황

자료제공: 중국국가통계국

<그림 10-5>는 중국 자동차산업 매출과 수익현황을 살펴본 것이다. 산업규모가 꾸준히 확대되고 있는 것을 관찰할 수 있다. 경기불황이 전 산업을 강타하고 있는 2008년에도 절대치는 증가세를 나타내고 있다. 다만 수익성은 눈에 띄게 둔화되고 있다. 2005년 5% 이하인 수익성이 2006년 5% 돌파, 2007년 6.5% 문턱까지 도달하였다. 하지만 2008년 상반기 6.5%를 간신히 턱걸이하고 있으며 2008년 전체로는 6%도 장담하기 힘들다. 내년은 2005년 수준(5% 이하)으로 회귀될 가능성 역시 존재한다.

<표 10-2>는 중국 승용차시장 구조를 살펴본 것이다. 소형차를 제외한 전체 모형에서 매출둔화가 감지되었다. 소형차의 경우 전년 7.6%에서 2008년 상반기 13.8%로 2배 정도 매출신장률이 상승하였다. 고유가, 경기침체, 중대형차 소비억제책 등이 복합적

〈표 10-2〉 중국 승용차시장 구조변화

단위: 만 대, %

구분	2006년		2007년		2008년 상반기	
	수량	증감률	수량	증감률	수량	증감률
자가용	387.0	39.25%	472.7	23.46%	266.8	16.72%
MPV	19.1	22.62%	22.6	18.14%	11.1	4.09%
SUV	23.8	21.23%	35.7	50.09%	22.4	42.01%
소형차	91.8	10.40%	98.8	7.62%	60.6	13.81%
합계	517.7	30.00%	629.8	21.68%	360.9	17.07

자료제공: 중국자동차공업협회

으로 작용한 것 같다. 모형별로는 MPV와 SUV 차량 둔화세가 두드러진다. MPV는 2007년 18.1%에서 4.1%로 14포인트 하락하였으며, SUV는 8포인트 하락한 42% 신장세를 기록하고 있다. 자가용 역시 7포인트 정도 감소하였다. 다만 절대적 성장률은 SUV가 독보적인 모습을 그리고 있다. 2008년 승용차업계 평균신장률을 3배 정도 앞서고 있다.

2.2 대표종목 소개

▣ 쥔웨이자동차(駿威汽車, 0203.HK)

쥔웨이는 자동차와 관련 부속품을 제조하는 자동차 메이커이다. 지주회사 형태로 운영되고 있으며 투자지분 이익이 매출액을 2배 이상 초과한다. 자회사인 광조우자동차그룹은 광조우도요타 지분 50%를 보유하고 있다. 2007년 자동차 생산 및 판매대수는 29.5만 대와 29.5만 대로 12.8%와 13.5% 증가세를 기록하였다. 2007년 매출액은 8.6억 홍콩달러로 그중 자동차 판매 부문이 64.4%로 가장 높고, 그 다음은 오디오 기기(34.1%), 자동차부품(1.4%) 순이다. 자동차 판매부분은 2007년 적자 전환되었다. 2008년 상반기 매출액과 순이익은 3.6억 위안과 12.4억 위안 정도로 집계되었다. 자체 매출은 7.7% 감소하였지만 자회사 지분이익이 확대됨에 따라 순이익은 1% 내외 신장세를 유지하고 있다.

▣ 창청자동차(長城汽車, 2333.HK)

중소형 자동차 제조업체로 SUV차량 부문에 강점을 보유하고 있다. 2007년 자동차 판매량은 10.8만 대로 집계되었다. 제품별로는 픽업트럭과 SUV(CUV 포함) 부문이 54,955대와 51,855대 정도이며 SUV 판매신장률이 픽업보다 4배 정도 높다. 2007년 매출액은 75.8억 위안으로 그중 56.2%가 SUV 부문에서 발생하였다. 지역별로는 국내와 해외매출 비중이 각각 59.2%와 40.8%로 집계되었다. SUV차량에 고율 소비세를 부과함에 따라 사업부 마진율은 하락추세이다. SUV 부문 기술과 디자인 개발에 역량 집중하고 있으며 세단 부문도 염두에 두고 있다. 2008년 상반기 매출액과 순이익은 46.1억 위안과 4.1억 위안 정도로 집계되었다. 매출은 38% 신장세를 보인 반면 순이익은 1%에도 못 미치는 증가세에 그쳤다.

▣ 지앙링B주(江鈴B股, 000550/200550)

화동(華東) 지역을 중심으로 소형자동차와 관련 부속품을 제조하는 업체이다. 2007년 자동차 판매량은 9.5만 대로 12% 신장세를 기록하였다. 모델별로는 소형화물차, 트럭, 상용차가 주를 이루고 있다. 일정한 가격경쟁력을 보유하고 있으며 2007년 기준 자동차 시장 점유율은 1.1%로 집계되었다. 다만 소형화물차(트럭판매량 포함)와 소형버스 등은 5.7%와 11.9% 시장 점유율을 나타내고 있다. 2007년 매출액은 84.6억 위안이며 지역별로는 화동(華東) 지역에서 51% 이상 매출이 실현되고 있다. 기존 소형자동차와 트럭 개량화 작업에 역량을 집중하고 있다. 2008년 상반기 매출액과 순이익은 45.8억 위안과 5.3억 위안 정도로 집계되었다. 매출과 순이익 신장률은 각각 13.4%와 32.3% 내외로 조사되었다. 다만 3분기로 접어들면서 실적악화가 현실화되고 있다. 3분기 매출과 순이익 신장률은 8.1%와 1.7%에 불과하다.

▣ 동펑자동차(東風汽車, 0489.HK/600006.SS)

중국 5대 자동차 메이커 중 하나로 자동차 생산능력은 112만 대, 엔진 생산능력은 138만 개 정도로 집계되고 있다. 2010년까지 161만 대로 생산능력을 끌어올릴 계획이다. 2007년 매출액은 593.2억 위안으로 승용차와 상용차 부문이 70.2%와 28.5% 매출 비중을 나타내고 있다. 승용차와 상용차 시장 점유율은 각각 10.1%와 12.5%로 조사되었다. 2007년 자동차 판매량은 95만 대 정도로 그중 승용차와 상용차가 각각 67.3%와 32.7% 비중을 나타내고 있다. 2008년 상반기 매출액과 순이익은 379억 위안과 25억 위안 정도로 집계되었다. 매출과 순이익 신장률은 각각 31%와 27% 내외로 조사되었다. 참고로 3분기에는 매출 26.9% 신장에도 불구하고 순이익은 4.7% 감소세로 돌아섰다. 매출둔화보다 순이익 감소가 더욱 급변하게 전개되고 있는 셈이다.

2.3 경영실적 비교분석

동평자동차를 제외하고는 매출증가율이 모두 하락한 것으로 나타났다. 창청과 쥔웨이 하락세가 특히 두드러지게 나타나고 있다. 쥔웨이는 2007년 6.8% 매출신장에서 2008년 상반기 말 현재 마이너스(-) 7.7%를 기록하고 있다. 지앙링B주는 매년 15%~20% 사이를 유지하고 있다. 창청자동차는 54%에서 2008년 상반기 37.8%로 거의 20포인트 정도 떨어졌다. 4종목 가운데 동평자동차만 유일하게 상승세를 이어가고 있다. 다만 2008년 전체 데이터 기준으로는 동평자동차 역시 이상적이지 못할 것이다. 매출안정성은 지앙링B주가 가장 우수하다.

한편 매출액 대비 순이익 비율은 매출증가율과 다른 모습을 보이고 있다. 쥔웨이자동차는 매출증가율이 최고점을 기록한 2007년 수익성은 오히려 퇴보한 것으로 나타났다. 마이너스(-) 매출증가율을 기록한 2008년 상반기 매출액 대비 순이익이 500%를 초과하고 있다. 이런 현상은 매출과 수익 간의 차별화된 경영구조 때문이다. 쥔웨이는 지주회사 형태로 운영되고 있어 매출확대가 꼭 수익을 담보하는 것은 아니다. 창청자동차는 성장성과 수익성 모두둔화 양상을 나타내고 있다. 반면 지앙링은 매출 추이와 관계없이

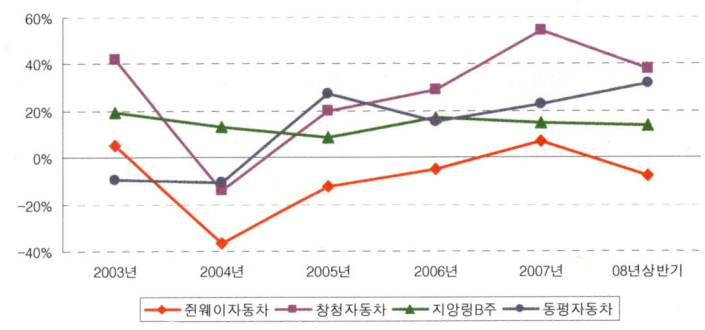

〈그림 10-6〉 주요 자동차주 성장성 지표

쥔웨이자동차 ━◆━ 창청자동차 ━■━ 지앙링B주 ━▲━ 동평자동차 ━●━

자료제공: 중국경제정보분석(CEIA)

〈그림 10-7〉 주요 자동차주 수익성 지표

쥔웨이자동차 ━◆━

창청자동차 ━◆━ 지앙링B주 ━■━ 동평자동차 ━▲━

자료제공: 중국경제정보분석(CEIA)

수익성은 2004년 이후 지속적으로 개선되고 있다. 전반적으로 지앙링이 가장 긍정적인 실적을 보이고 있으며, 동평자동차는 그나마 선방하고 있다. 창청자동차는 규모 확대 대가로 수익성을 희생하고 있으며, 쥔웨이는 지주회사라는 한계가 존재한다. 참고로 자동차

산업불황이 현실화되고 있어 2008년 상반기 실적보다 한층 보수적인 접근이 요구된다.

3. 개별종목 투자가치 분석

3.1 운수장비

자유현금흐름이 모두 마이너스(-) 상태에 놓임에 따라 FCF모형을 통한 이론주가 산출 자체가 불가능한 상태이다. 광조우광추안은 2006년 10억 위안 이상 자유현금흐름이 순 유출을 기록한 이후 2007년 1억 위안 순 유입을 기록한 것으로 나타났다. 2008년에는 마이너스(-) 3억 위안 내외가 예상되고 있으며, 이는 동사 주가에 선 반영된 형태로 나타나고 있다. 전반적인 홍콩증시 폭락추세를 감안하더라도 최고가 68홍콩달러에서 10달러 이하로 6배 이상 폭락한 것은 증시상황으로 몰고 가기에는 부족한 면이 있다.

<표 10-3> 운수장비주 시가총액 추정

단위: 백만 홍콩달러(HKD)

종목명	시가총액			베타계수	상관관계
	실제	FCF 모형	Merton 모형		
제일트랙터	907	0	4,061	0.82	0.47
광조우광추안	2,884	0	9,335	0.95	0.48
중지B	11,569	0	27,537	1.05	0.80
전화B	17,007	0	24,412	0.99	0.67

자료제공: 중국경제정보분석(CEIA). 시가총액은 2008년 10월 기준임.

머튼모형을 이용할 경우 중지B주와 전화B주 주권가치는 275.4억 홍콩달러와 244.1억 홍콩달러로 추정되었다. 광조우광추안과 제일트랙터는 각각 93.4억 홍콩달러와 40.6억 홍콩달러로 나타났다. 베타계수는 제일트랙터를 제외하고는 모두 0.9 이상으로 도출되었다. 4종목 가운데 중지B주가 증시상황에 가장 민감한 것으로 나타났다. 상관관계는 제일트랙터와 광조우광추안이 0.47과 0.48로 비슷한 동조화 수준을 보이고 있다. 참고로 이 두 종목의 베타와 상관관계는 H지수를 이용하여 추정하였다.

FCF모형을 적용할 경우 운수장비주 4종목 모두 주권가치가 제로(0)로 산출되었다. 따라서 머튼모형만을 비교대상으로 삼고자 한다. 머튼모형은 4종목 모두 시가총액이 이론가치보다 상당히 저평가된 것으로 추산되었다. 광조광추안과 제일트랙터는 3~4배, 전화B주와 중지B는 1.4~2배 정도 저평가된 것으로 나타났다. 자산과

〈표 10-4〉 모형별 운수장비주 주가 추정

단위: 홍콩달러(HKD), 미 달러(USD)

| 종목명 | 실제 주가 | PER 수치도출 | | 머튼모형 | | FCF 모형 | | | |
| | | | | | | 기대수익률 20% | | 기대수익률 30% | |
		최소	최대	10년	50년	장부	시가	장부	시가
제일트랙터	1.07	1.95	4.99	4.80	6.96	0.00	0.00	0.00	0.00
광조우광추안	5.83	10.41	18.59	18.86	27.83	0.00	0.00	0.00	0.00
중지B	4.35	8.18	31.32	10.34	15.98	0.00	0.00	0.00	0.00
전화B	0.76	0.80	1.91	1.09	1.90	0.00	0.00	0.00	0.00

자료제공: 중국경제정보분석(CEIA), 실제 주가는 2008년 10월 평균주가를 의미함.

부채의 질(質)보다는 규모, 즉 양(量)에 집중한 모형 특성이강하게 작용한 결과이다. 그럼 주가로 <표 10-3> 내용을 전이시켜 보자. 시가총액보다 주가로 살펴보는 것이 더 쉽게 이해될 것이다.

<표 10-4>에 나타났듯이 FCF모형은 4종목 모두 제로(0) 주가를 제시하고 있다. 운수장비주 투자에 대한 충분한 경고 시그널은 보내주고 있는 셈이다. 다만 PER모형과 머튼모형은 좀 다른 결론을 제시하고 있다. 제일트랙터의 경우 PER모형은 최소 1.95홍콩달러, 최대 4.99홍콩달러를 산출하고 있으며, 머튼모형은 4.80홍콩달러~6.96홍콩달러 선을 나타낸다. 참고로 PER모형 최대값과 머튼모형 10년 생존 값이 거의 비슷한 수준을 제시한다. 광조우광추안 역시 비슷한 현상을 보인다. 중지B주의 경우 PER모형 최소, 최대값 범위가 상당히 넓게 나타났다. 8.18홍콩달러에서 31.32홍콩달러로 거의 4배 차이가 난다. 반면 머튼모형은 10.34홍콩달러에서

15.98홍콩달러로 추정 폭이 비교적 좁다. 전화B주는 PER모형과 머튼모형이 거의 동일한 범위를 제시하고 있다. 0.8달러(USD) 이하라면 입질을 해 보아도 될 것 같다.

3.2 자동차 업종

<표 10 - 5>는 자동차주 시가총액을 살펴본 것이다. 기대수익률을 20%로 하향 조정할 경우 쥔웨이자동차 주권가치는 <표 10 - 5>상의 79.7억 홍콩달러가 아닌 101억 홍콩달러로 추산되었다. <표 10 - 5>는 기대수익률 30%를 기준으로 한 것이다. 창청자동차는 모형 자체가 기존 매출증가율을 받아들이지 못함에 따라 중국경제성장률 수치(9%로 추정)를 인용하여 추산하였다. 물론 투자자가 주식매입 혹은 투자의 대가로 요구하는 수익률을 70%~80%로

〈표 10 - 5〉 자동차주 시가총액 추정(기대수익률 30%)

단위: 백만 홍콩달러(HKD)

종목명	시가총액			베타계수	상관관계
	실제	FCF 모형	Merton 모형		
쥔웨이자동차	13,978	7,965	12,700	0.67	0.56
창청자동차	2,338	9,307	8,177	0.59	0.38
지앙링B주	3,634	2,674	4,939	0.97	0.79
동펑자동차	18,299	0	36,622	0.82	0.56

자료제공: 중국경제정보분석(CEIA), 시가총액은 2008년 10월 기준임.

밀고 간다면 매출증가율 28.8% 수준에서 창청자동차의 주권가치는 92억 홍콩달러 정도로 추산되었다. 한편 지앙링B주의 경우 기대수익률을 30%가 아닌 20%로 고정할 경우 주권가치는 173억 홍콩달러로 계산되었다.

동평자동차의 경우 매출증가율을 9%로 둘 경우 주권가치는 531억 홍콩달러로 추산되었다. 다만 막대한 부채로 실제 매출증가율을 적용할 경우 주식가치는 제로로 나타났다. 아쉽게도 2009년 동평자동차 매출신장률이 9%를 기록할 가능성은 거의 없다. 매출규모가 지금보다 훨씬 적었던 2003년 9% 수준을 기록한 적은 있다. 참고로 머튼모형을 대입할 경우 동평자동차 주식가치는 366억 홍콩달러 이상으로 산출되었다. 창청자동차를 제외하고는 3종목 모두 FCF모형보다는 머튼모형이 주권가치를 더 높게 추정하고 있다. 베타계수의 경우 창청자동차가 0.59로 가장 낮게 나타났으며 지앙링B주가 0.97로 가장 높게 조사되었다. 동평자동차 역시 0.82로 주가지수 변화에 민감한 반응을 보이고 있다. 상관관계도 비슷한 흐름을 나타낸다.

2008년 10월 주가를 기준으로 살펴볼 때 지앙링B주는 모형 범위 안에 주가가 형성된 것으로 나타났다. 또한 그 값도 최대값보다는 최소값에 근접하여 있다. 가치투자 입장에서 향후 상승동력은 충분히 확보된 모습이다. 반면 동평자동차는 FCF모형은 평가 자체를 부정하고 있다. 주가를 제로로 추산하였기 때문이다. 다만 PER모형과 머튼모형만을 참고할 경우 현 주가수준은 저평가 단계로 볼 수 있다. 창청자동차의 경우 모든 모형이 현 주가수준을 저평가로 보고 있다. 실제 주가흐름은 어떨지 장담하기 힘들지만 상승모멘텀이 가장 충실하다. 쥔웨이자동차 역시 지앙링과 비슷한 모습을 그리고 있다. 지앙링의 경우 PER모형과 머튼모형 모두 현 주가를 저 평가로 예측한 반면 쥔웨이는 PER모형 하나만 인정하고 있다. 쥔웨이자동차 지주회사라는 점이 작용한 것 같다.

〈표 10-6〉 자동차주 주가 추정

단위: 홍콩달러(HKD)

| 종목명 | 실제주가 | PER 수치도출 | | 머튼모형 | | FCF 모형 | | | |
| | | | | | | 기대수익률 20% | | 기대수익률 30% | |
		최소	최대	10년	50년	장부	시가	장부	시가
쥔웨이자동차	1.86	3.68	6.58	1.69	1.70	1.78	1.35	1.23	1.06
창청자동차	2.13	10.92	19.50	7.47	9.29	–	–	9.07	8.50
지앙링B주	4.21	10.35	22.97	5.72	7.58	–	20.10	7.71	3.10
동평자동차	2.12	5.59	9.98	4.29	6.97	0	0	0	0

자료제공: 중국경제정보분석(CEIA), 실제 주가는 2008년 10월 평균주가를 의미함.

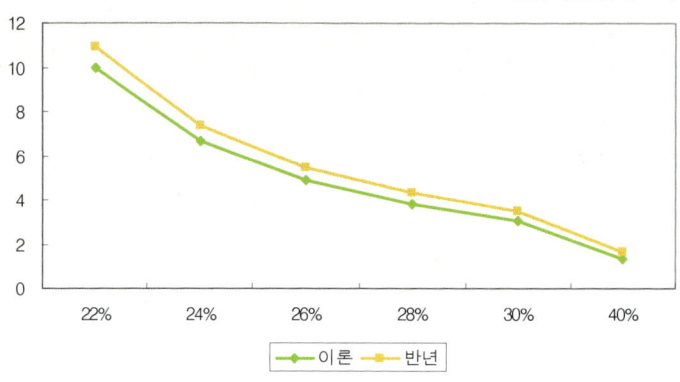

〈그림 10-8〉 기대수익률 변화에 따른 주가추이

단위: 홍콩달러(HKD)

이론 반년

자료제공: 중국경제정보분석(CEIA)

<그림 10-8>은 매출증가율을 14%로 고정한 채 기대수익률 변화에 따른 지앙링B주 주가추이를 살펴본 것이다. 최대 10.9홍콩달러에서 최소 1.3홍콩달러로 그 격차가 상당히 크게 나타난다. 사실 연 40% 투자수익률(지앙링 이론주가 1.3홍콩달러)을 기대하는 것은 좀 과한 측면이 있다. 30%로 기대수익률을 다운시킨다면 지앙링B주 이론주가는 3.07~3.52홍콩달러로 하향 조정될 것이다. 2008년 10월 말 주가(4.21홍콩달러)가 매력적인 구간만은 아닌 것이다. 만약 24%로 기대수익률을 한층 낮춘다면 이론주가는 6.65홍콩달러~7.33홍콩달러로 추산되었다. 여러분이 연 25% 이하에 만족한다면 지금이 바로 진입타이밍인 셈이다. 기대수익률은 이렇게 매매타이밍에도 상당한 영향력을 발휘한다.

〈그림 10 – 9〉 매출증가율 변화에 따른 주가추이

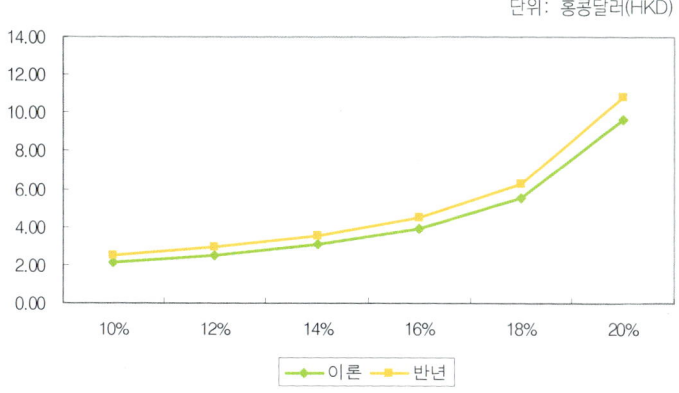

단위: 홍콩달러(HKD)

자료제공: 중국경제정보분석(CEIA)

    <그림 10 – 9>는 <그림 10 – 8>과 달리 기대수익률은 30%로 고정한 채 매출증가율을 변화시킨 것이다. 2003년부터 2008년 상반기 말 현재까지 지앙링B주 매출증가율은 최소 8% ~ 최대 19% 수준을 그리고 있다. 참고로 2008년 상반기 매출증가율은 13%대를 나타내고 있다. 2006년을 정점으로 2년 연속 하락세를 기록한 셈이다. 2009년 10% 이하로 떨어질 가능성 역시 존재한다. 현재 형성되고 있는 주가는 이를 선반영하고 있을지도 모른다.

4. 기술적 분석으로 본
운수장비와 자동차 업종

4.1 운수장비

■ 운수장비주 주가흐름

운수장비주 가운데 광조광추안은 주가와 주가상승률에서 독보적 위치를 점하고 있다. <그림 10-10>에서 보듯이 2007년 하반기 광조광추안 주가는 60홍콩달러를 상회한 것으로 나타났다. 조선주 활황에 따른 맹목적 투자열기가 산출 가능한 이론주가를 몇 배 이상 부풀린 것 같다. 동일한 주가흐름을 나타내지만 그 등락폭이 월등히 높은 이유 역시 여기에 있다. 기업실적에 따라 동종업계보다 등락폭이 높게 책정될 수는 있다. 다만 동종업계가 최대 5배 이하 상승률을 나타낼 때 홀로 30배 이상 주가가 폭등한 것은 버블을 제외하고는 설명할 길이 없다. 2008년 10월 현재 광조우광추안은 중지B주와 거의 수렴하는 모습을 보이고 있다.

중지B주의 경우 활황장의 소외주로 볼 수 있다. 2005년 주가보다 오히려 낮게 형성되고 있으며 최저점을 연신 기록하고 있다. 반면 광조광추안은 2홍콩달러 이하에서 최대 60홍콩달러 수준을

〈그림 10 - 10〉 운수장비주 주가흐름

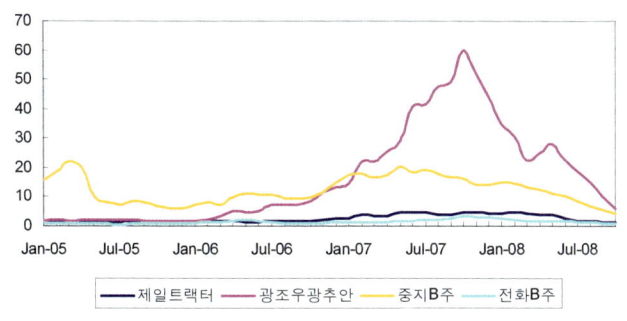

비교 주가흐름(2005년 1월 주가 = 100)

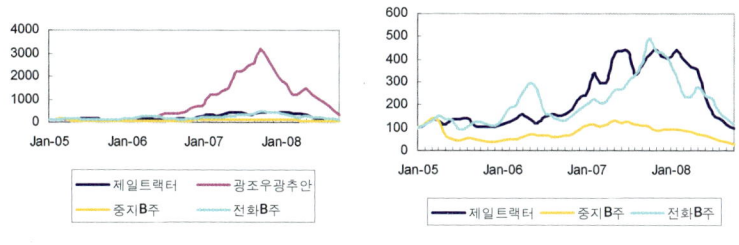

자료제공: 중국경제정보분석(CEIA)

기록한 후 버블 붕괴와 더불어 5.83홍콩달러까지 떨어졌다. 주가수
준이 낮아 주목을 받지 못하였지만 제일트랙터 역시 2005년 초 대
비 최대 4.8배까지 주가가 상승하였다. 전화B역시 제일트랙터와
동일한 모습을 나타내고 있다.

▣ 운수장비주와 MACD

앞서 살펴본 주가그래프와 같이 MACD 시그널 역시 가파른 하
락세를 그리고 있다. 광조우광추안 주가수준이 절대적으로 높아 좌
측 그림만으로는 정확한 흐름이 파악되지 않는다. 하지만 광조우광
추안을 따로 분리한 우측그림을 살펴본다면 중지B주 역시 광조우
광추안만큼 MACD 시그널이 가파르게 하락하였다는 것을 알 수
있다. 또한 기타 종목 MACD시그널 역시 마이너스(-)를 벗어나지

〈그림 10-11〉 MACD로 살펴본 종목별 주가현황

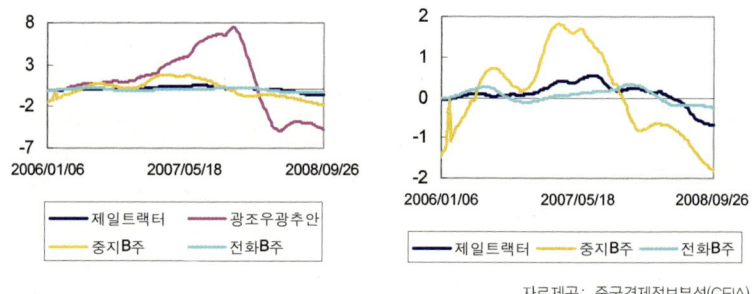

자료제공: 중국경제정보분석(CEIA)

못한 것은 매한가지이다. 다만 물류주와 달리 MACD 곡선이 추가 하향보다는 횡보를 통한 바닥모색에 들어선 것 같다. 예외적으로 중지B주만이 하락시그널을 보내고 있을 뿐이다.

▣ 매물대로 본 운수장비주

제일트랙터는 2홍콩달러 근처에서 강력한 저항선을 구축하고 있다. 이 구간을 돌파한다면 상당한 탄력을 받을 것 같다. 비록 1홍콩달러 단위로 장벽이 설치되어 있지만 돌파 자체를 제한할 정도는 아니다. 광조광추안은 15홍콩달러 이하 1차 저항장벽이 구축되어 있다. 하지만 24홍콩달러～30홍콩달러 구간보다는 두텁지 않다. 일단 30홍콩달러를 돌파한다면 50홍콩달러는 무난할 것이다. 30홍콩달러 돌파 그 순간이 상승에서 활황으로 넘어서는 길목 같다. 다만 첫 관문 돌파가 쉽지 않으며 현재 10홍콩달러 밑에서 형성되고 있는 매물대 역시 부담스러운 실정이다.

중지B주는 타 종목과 달리 저가부근 매물대가 상당히 빈약하다. 상승동력만 확보된다면 13홍콩달러 부근까지는 돌파할 수 있을 것이다. 다만 중지B주 경영실적을 감안할 때 상승모멘텀을 찾을 수 있을지 의문시된다. 전화B주는 1차 저항선이 1.5홍콩달러 전후에 형성되어 있다. 현재 1홍콩달러 이하에서 매물대가 축적되고 있어 1차 저항선 수준이 하향 조정될 가능성 역시 존재한다. 2.1홍콩달

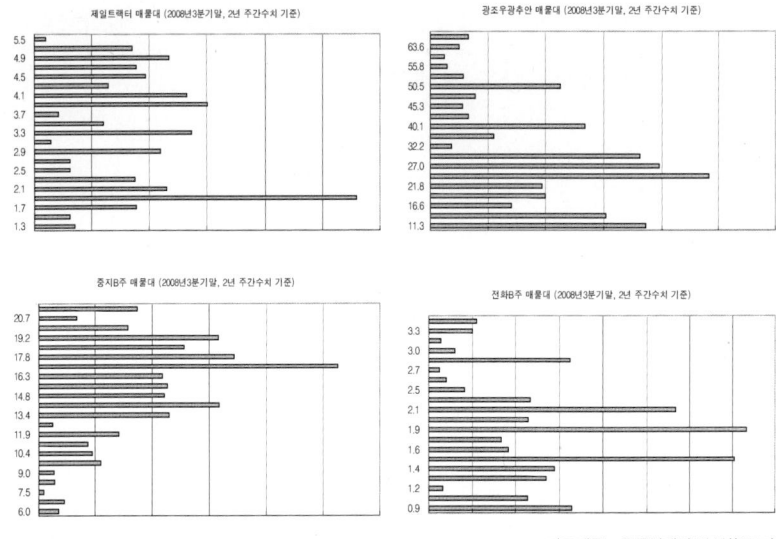

〈그림 10-12〉 종목별 매물대(2008년 3분기 말, 2년 주가수치 기준)

자료제공: 중국경제정보분석(CEIA)

러 이하에 최소한 3개의 저항선이 형성된 사실을 감안한다면 2홍콩달러를 돌파하기 위해서는 상당한 에너지가 필요할 것이다. 결론적으로 제일트랙터 상승탄력이 기타 종목보다는 높은 것 같다.

4.2 자동차 업종

▣ 자동차주 주가흐름

자동차 종목은 운수주와 거의 비슷한 주가상승폭을 나타내었다.

30배 이상 폭등한 종목은 없지만 지앙링B주와 창청자동차 역시 4～5배 상승은 기록하였다. 또한 쥔웨이자동차와 동펑자동차는 최대 2～3배 수준을 실현하였다. <그림 10-13>을 살펴보면 우리는 종목별로 이분화된 구조를 가지고 있다는 사실을 발견할 수 있다. 창청자동차와 지앙링B주는 최대 12홍콩달러 수준을 기록한 반면 동펑과 쥔웨이는 4～6달러 수준에 머물렀다. 하지만 그 과정이야 어떠하든지 폭락은 끝은 거의 동일한 것 같다. 2008년 10월 현재 지앙링B주만이 4홍콩달러대를 고수하고 있을 뿐이다. 그 외 종목은 2홍콩달러 전후를 기록하고 있다.

증시가 좋을 때는 종목 간 주가 격차도 크게 벌려지지만 일단 붕괴로 돌아서면 모든 종목이 근묵자흑인 것 같다. 떨어지는 소나기는 일단 피하는 것이 상책이다. 종목 호불호(好不好)를 떠나 일

<그림 10-13> 자동차주 주가흐름

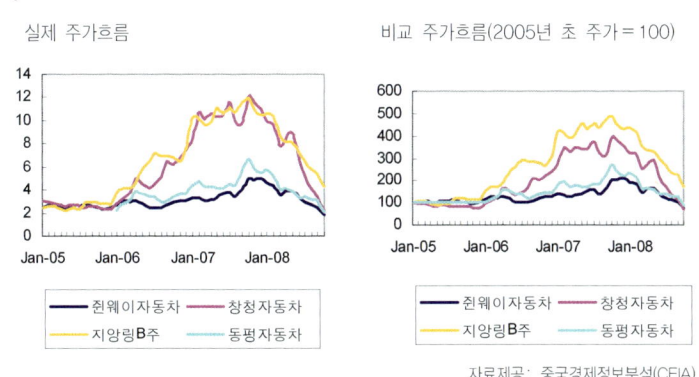

실제 주가흐름

비교 주가흐름(2005년 초 주가＝100)

쥔웨이자동차　창청자동차
지앙링B주　동펑자동차

쥔웨이자동차　창청자동차
지앙링B주　동펑자동차

자료제공: 중국경제정보분석(CEIA)

단 시장에 순응하길 바란다. 소나기가 지나간 후 능력을 발휘하여도 늦지는 않을 것이다. 참고로 동펑자동차를 제외한 3종목은 분명히 저평가 단계이다. 다만 매력적인 종목도 증시가 외면한다면 어쩔 수 없다. 투자심리가 살아날 때까지 기다릴 뿐이다. 다만 관심종목은 항상 사정권에 두고 체크하길 바란다. 자동차주는 소위 말하는 대박종목은 아니다. 경영실적과 흐름이 비교적 뚜렷하기 때문이다. 하지만 여러분의 포트폴리오 한 자리를 점할 가치는 있다.

▣ 자동차주와 MACD

자동차주 4종목 모두 MACD 시그널이 마이너스(-)를 나타내고 있다. 하지만 종목별로 함축된 의미는 다르다. 동펑자동차는 MACD 시그널이 마이너스(-)를 표시하고 있지만 최근 우상향 조짐을 보이고 있다. 반면 창청자동차는 끝을 보았다고 장담하기 힘들다. 쥔웨이자동차와 지앙링은 조금 더 등락을 반복하면서 횡보를 지속할 것 같다. MACD 그래프만으로 판단해 본다면, 주가상승의 첫 테이프는 동펑자동차가 끊을 가능성이 높다. 물론 이런 전망은 상당 기간 지속될 횡보세를 전제로 한 것이다. 횡보세를 수반하지 않고 일제히 상승 전환된다면 중장기 추세로 보기는 힘들다. 단기 반등 정도로 판단하는 것이 더 현명할 것이다. MACD 그래프가 하락, 조정 사이클을 마무리하려면 3년은 소비될 것이다.

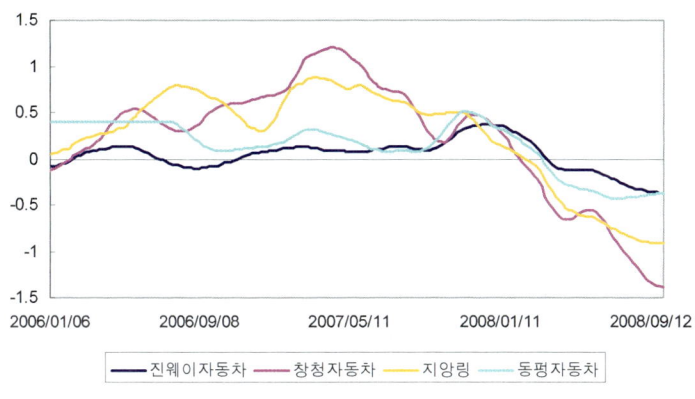

〈그림 10-14〉 MACD로 살펴본 종목별 주가현황

| ─── 진웨이자동차 ─── 창청자동차 ─── 지앙링 ─── 동펑자동차 |

자료제공: 중국경제정보분석(CEIA)

▣ 매물대로 본 자동차주

진웨이자동차 매물대는 3홍콩달러 구간에 집중되어 있다. 2홍콩달러와 4홍콩달러 구간은 상당히 빈약한 모습을 보이고 있다. 앞서 살펴본 이론주가 모형은 2홍콩달러를 밑도는 수준을 적정주가로 제시하였다. 상승장이 표면화되지 않는 한 4달러 진입은 어려울 것이다. 창청자동차는 매물대가 아래보다는 위에 포진된 구조를 나타낸다. 증시가 안정화된다면 8홍콩달러 턱밑까지는 빠르게 회복될 것이다. 다만 그 이후 구간은 상당한 매물압박에 직면할 것 같다.

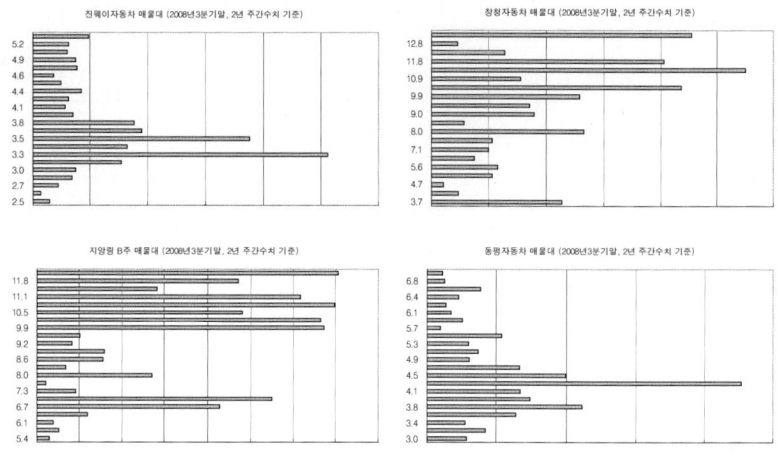

〈그림 10 - 15〉 종목별 매물대(2008년 3분기 말, 2년 주가수치 기준)

자료제공: 중국경제정보분석(CEIA)

　지앙링B주 역시 창청자동차와 비슷한 모습을 나타내고 있다. 지 앙링B주와 창청자동차 투자자 대부분은 저점보다는 중고점에 주식 을 매집한 것 같다. 동펑자동차의 경우 4홍콩달러 전후에 매물대 가 집중되어 있다. 2008년 10월 2홍콩달러를 살짝 넘어선 상태로 현 수준에서 공방이 치열하게 진행된다면 2홍콩달러대에 추가 매 물대가 형성될 가능성 역시 존재한다. 매물대 구조 역시 주가흐름 과 같이 종목별로 이원화된 모습을 보이고 있다.

제11장 너무 현실적인 항만주

2009년 항만업종 현황은 긍정보다 부정에 더 무게중심이 옮겨지고 있다. 세계은행은 1970년 이후 가장 낮은 수치인 0.9%를 세계경제성장률로 제시하고 있다. 특히 중국 대외무역 중심축인 미국과 EU의 경우 2009년 마이너스(−) 0.5%와 마이너스(−) 0.6%를 기록할 것으로 전망되고 있다. 2008년 역시 긍정적인 수치를 제시한 것은 아니다. 연초 중국을 강타한 폭설로 1분기 중국 항만업계는 암울한 경영실적을 실현하였다.

1분기 이후 수습국면에 들어섰지만 하반기로 접어들면서 표면화된 글로벌 경기위축 여파로 2008년 11월에는 무역규모가 처음으로 둔화되는 모습을 나타내었다. 하지만 모든 항만산업이 부정적인 것만은 아니다. 절대적 박탈감이 심한 것뿐이지 자체 성장동력이 소진된 것은 아니다. 이는 개별종목 실적에서도 감지될 수 있다. 미국, EU, 일본 등이 마이너스(−) 성장세를 기록할 것으로 예측되는 2009년 중국은 여전히 7%∼8%대 유지가 가능할 것으로 추정되고 있다.

항만업종은 크게 네 부문으로 세분화할 수 있다. 운송을 담당하는 해운 부문, 적재, 통관서비스를 담당하는 항만 서비스 부문, 항만을 운영하는 항만 운영 부문, 마지막으로 항만자재 생산과 같은 기타 관련 산업이 그것이다. 또한 해운 부문도 운송비중에 따라 국내(연해)와 국제 부문으로 구분할 수 있다. 전체 항만산업 경영환경이 부정적으로 변한다면 관련 업계의 타격이 불가피할 것이지만 그 충격은 사업 영역에 따라 상이할 수 있다. 종목을 선택할 때 이 부문도 염두에 두길 바란다. 항만산업 전체를 두고 볼 때, 국제보다는 국내(연해) 부문에 포커스를 둘 필요가 있다. 또한 해운보다는 항만서비스, 항만운영 부문이 더 안정적일 것이다.

1. 중국 항만업 현황분석

1.1 조정의 기로에 선 항만업

중국은 GDP 대비 18.5%를 물류에 투입하는 것으로 집계되었다. 이는 미국과 유럽보다 8~9포인트 높은 수치이다. 경제와 수출입 규모 확대로 물동량이 증가한다는 긍정적인 사실과 함께 물류 부문 효율성이 미국과 유럽보다 낮다는 점 역시 암시한다. <그림 11 -1>에서 보듯이 2004년을 기점으로 중국 항만물동량 증가율은 하락세를 나타내었다. 2007년 석탄, 철강재 등 일부 품목에 대한 수출제한 조치발동으로 2006년보다 하락기울기가 더욱 가파르게 나타났다. 또한 수출물동량 증가율이 내수 물동량을 상회하던 구조

〈그림 11-1〉 항만물동량 증가율 추이

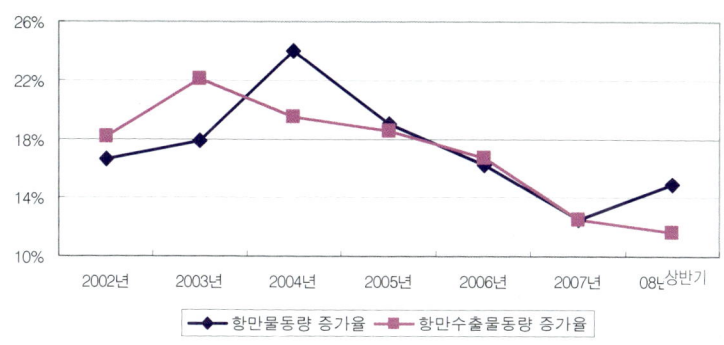

자료제공: 중국국가통계국

가 무너질 기미도 표면화되고 있다. '세계공장'으로써의 중국 입지를 감안할 때 글로벌 경기둔화 시그널은 사전에 이미 표출된 것이다. 2008년 상반기 말 현재 항만물동량과 항만수출물동량은 14.9%와 11.6% 신장세를 기록하고 있다. 항만물동량이 3.3포인트 정도 높은 수치를 제시하고 있는 셈이다. 항만업종에 관심이 있는 투자자라면 수출항보다는 내륙운하가 더욱 매력적으로 다가올 것이다.

항만별로는 상해항과 녕파(宁波)-주산(舟山)이 가장 높은 비중을 차지하고 있으며, 그 다음은 광조항과 천진항인 것으로 조사되었다. 글로벌 경기침체 여파로 컨테이너 물동량이 2007년 대비 대폭 둔화된 것으로 나타났다. 컨테이너 물동량 대부분이 수출입화물이라는 점에서 중국 수출둔화 현상이 이해된다. <그림 11-1> 항만수출물동량 증가율 추이에서도 이런 사실을 검증할 수 있다.

2008년 상반기 말 기준 중국 전체 컨테이너 물동량은 2007년 동기대비 17.1% 신장된 것으로 나타났다. 그중 연해는 16.6% 신장세에 그친 반면 내륙물동량은 23.1% 증가한 것으로 나타났다.

2007년 기준 전 세계 5대 컨테이너 항만에 중국 항만이 3개(홍콩, 상해, 심천) 속한 것으로 나타났다. 또한 20위권 이내에는 7개 항만이 속한 것으로 조사되었다. 1위는 싱가포르가 차지하였으며, 총 물동량은 2,790만 TEU인 것으로 나타났다. 그 다음은 상해로 2,615만 TEU로 집계되었다. 한 가지 흥미로운 사실은 상해가 홍콩을 제치고 세계 제2위 컨테이너 항만으로 발돋움한 것이다. 한편 상해는 20%를 넘어선 성장을 기록한 반면 싱가포르는 12.5%에 그쳤다. 홍콩은 정체현상을 지속하고 있다. 기존 추세를 감안한다면 2010년 이전에 상해가 싱가포르를 제치고 최대 컨테이너 무역항으로 올라설 것이다. 참고로 부산항은 2006년에 이어 2007년에도 5위를 유지하고 있다.

<표 11-1>는 중국 10대 컨테이너 항만을 연도별로 나열한 것이다. 상해가 부동의 1위를 고수하고 있는 가운데 선전이 그 뒤를 추격하고 있다. 제3위는 청도항이 차지하고 있는데, 현 성장세를 유지한다면 2011년경 부산항을 제치고 세계 5대 항만으로 발돋움할 수 있을 것이다. 상위에 랭크된 항만들은 남방과 북방 경제권의 거점통로라는 사실 이외에 외자기업이 집중 배치된 지역이기도 하다. 컨테이너와 산적화물 유무를 떠나서 해상 물동량 증가세는

〈표 11-1〉 중국 10대 컨테이너 항만 물동량 현황

순위	항만명	2005년		2006년		2007년		08년 상반기	
		물동량	증가율	물동량	증가율	물동량	증가율	물동량	증가율
1	상해(上海)	1,808	24.30	2171.00	20.10	2,615	20.45	1,382	10.40
2	선전(深圳)	1,620	18.60	1846.89	14.03	2,110	14.24	1,019	10.20
3	청도(靑島)	631	22.70	770.20	22.11	946	22.85	599	36.40
4	넝파(宁波)－주산(舟山)	521	30.02	706.80	35.70	936	32.42	523	17.00
5	광조(广州)	480	25.80	660.00	40.94	920	39.39	500	8.30
6	천진(天津)	468	40.74	595.00	23.93	710	19.37	408	21.60
7	하문(厦门)	334	16.39	401.87	20.22	463	15.29	243	10.50
8	대련(大连)	266	20.00	321.20	21.20	381	18.71	216	24.30
9	연운(连云港)	101	100.20	130.23	30.00	200	53.62	134	59.20
10	영구(营口)					137	35.70	101	44.50
11	중산(中山)	108	12.00	117.34	9.06				
12	복주(福州)								

자료제공: 중국항구컨테이너망

전반적으로 둔화될 것으로 전망된다. 자원소모형 산업과 가공무역 밀집 지역을 끼고 있는 항만은 그 감소세가 특히 선명하게 나타날 것이다. <표 11-1>에서 천진, 대련, 하문 지역 물동량 증가율이 둔화 양상을 보이는 것도 이런 맥락이다. 항만 서비스업종에 관심을 가지고 있는 투자자라면 물동량이 증가 추세에 있는 항만주를 매입하는 것이 더 매력적이지 않을까? 또한 항만물동량은 항만주에 그치지 않고 고속도로 업종에도 영향을 미친다. 화물차 유출입이 빈번한 고속도로가 경영실적이 좋은 것은 불문가지의 사실이다.

1.2 해운업계 현황분석

판매가격이 높을수록 공급자에게는 유리한 것이 일반적이다. 하지만 일정 한계치를 초과한다면 오히려 양날의 칼이 될 수 있다. 2007년에는 중국 해운업이 바로 그런 상황에 직면하였다. 2007년 중국, 인도와 같은 신흥 개발대국의 에너지, 공업원료 수요가 급격히 증대되었으며, 글로벌 경기 역시 긍정적인 편이였다. 비록 2007년 하반기 이후 국제금융시장이 경색국면을 나타내었지만 실물경제를 타격하는 수준은 아니었다. 또한 해상화물 신장률에 비하여 투입 가능한 선박량과 항만시설이 제한된 점 역시 운임을 높이는 요소로 작용하였다. 해상물동량 증가와 함께 조선업계들이 선박 건조량을 확대하였지만 건조 기간이라는 시간차를 극복하지는 못하였다.

〈그림 11-2〉 벌크선 운임지수(2003년 01월~2008년 08월)

벌크선 운임지수(2003년.01월~2008년.08월)

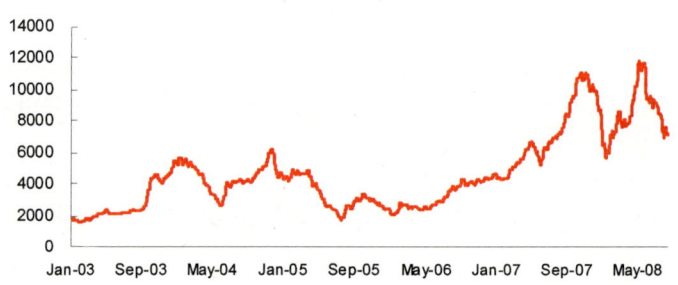

자료제공: 한국해양수산부

<그림 11 - 2>는 2003년부터 2008년 상반기까지 벌크선 운임지수(BDI)를 나타낸 것이다. 2005년 하반기 이후 지속된 상승세가 2007년 4분기를 기점으로 하락 반전된 것을 발견할 수 있다. 2008년 1분기 일시적인 반등을 기록하였지만 최근 몇 년과 같은 구조적 상승을 기대하기는 힘들다. 서브프라임 모기지 부실사태로 촉발된 금융불안이 2008년 하반기 이후 본격적으로 실물경제에 파고들고 있기 때문이다.

해운업계 입장에서는 2007년이 상당히 아쉬운 구간이다. 원가상승 요인(고유가)이 존재하지 않았다면 황금기라고 불릴 한 해였기 때문이다. 글로벌경기침체와 물동량 둔화, 금융불안에 따른 자금압박, 높은 유가수준 등 각종 악재가 산적한 2008년과 다가올 2009년 해운업계는 심각한 구조조정에 직면할 것이다. 특히 중소형 해

〈그림 11 - 3〉 중국 컨테이너수출 운송가격지수(2004년 01월 ~ 2008년 02월)

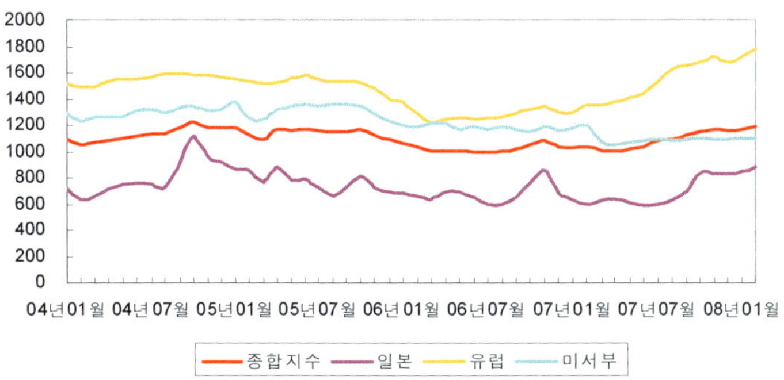

자료제공: 중국교통운수부

운업계의 경우 생존환경을 위협받을 수도 있다. 만약 여러분이 보유한 종목이 중소형 해운주라면 지금 당장 재무구조를 들여다보길 바란다.

<그림 11-3>은 2004년부터 2008년 2월까지 중국 컨테이너 수출운송 가격지수를 산출한 것이다. 참고로 2월 이후로는 공식적으로 관련 보고서를 제출하지 않고 있다. 2006년 하락세를 보였지만 2007년 이후 상승세로 반전된 것으로 나타났다. 단 2007년 12월은 소폭 하락하는 모습을 일시 보였다. 앞서 <그림 11-1>을 통하여 살펴본 벌크선운임지수(BDI)와 동일한 맥락에서 접근 가능하다. 비록 <그림 11-3> 그래프에는 없지만 2008년 하반기로 접어들면서 구조적인 하락세를 보이고 있다. 글로벌 경기침체로 인

〈그림 11-4〉 중국연안 운송가격지수(2004년 01월~2008년 02월)

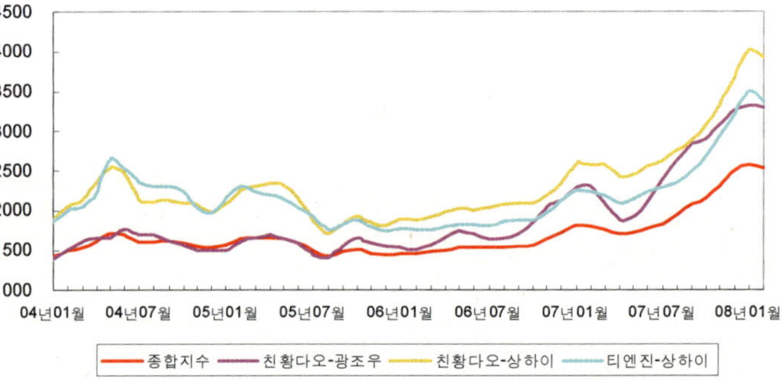

자료제공: 중국교통운수부

한 중장기 불황을 걱정해야 될 지경이다. 그럼 해외가 아닌 내륙 운송 부문은 어떠할까? <그림 11 - 4>를 통하여 살펴보도록 하자.

연안운송지수의 경우 컨테이너 수출운송가격 지수와 달리 2007 년 말 이미 하락 반전된 것으로 나타났다. 국제운송보다 운송거리 가 짧아 비용상승요인(고유가)보다 경기 그 자체에 더 강한 영향을 받은 것 같다. <그림 11 - 4>에서 2007년을 정점으로 그 추세가 꺾이는 모습을 관찰할 수 있다. 연안운송 물품 대부분은 석탄, 석 유, 철강 등과 같은 벌크화물이다. 참고로 2008년 철강경기 둔화는 석탄 운송량 감소로 연결된다.

<그림 11 - 5>은 2002년부터 2008년 상반기까지 해운화물과 회전량 증가율 추이를 나타낸 것이다. 해운량은 2004년 30%대로

〈그림 11 - 5〉 해운 화물과 회전량 증가율 추이(2002년 ~ 2008년)

자료제공: 중국국가통계국

최고점에 도달한 이후 2007년까지 증가율 둔화세를 기록하였다. 2007년 해운량 증가율은 9.7%로 2002년 이후 최저치를 기록하였다. 2008년 상반기 말 현재 이 수치는 11.4%를 나타내고 있다. 한편 해운회전량 수치는 해운량과 다른 모습을 보이고 있다. 해운량 증가율이 상승함에도 해운회전량 신장률은 하락세를 그리고 있다. 수익성 측면에서 해운량보다는 회전률이 더 중요한 의미를 가진다. 참고로 3분기 말 기준 해운량과 해운회전량 증가율 수치는 11.7%와 6.5%를 기록하고 있다. 2009년 해운업계 경영실적은 2008년보다 한층 부정적일 것으로 판단된다.

2. 너무 현실적인 항만주

2.1 대표종목 소개

▣ 코스코태평양(中遠太平洋, 1199.HK)

항만, 물류 서비스, 컨테이너 대여, 제조 등을 영위하는 기업이다. 세계 제2위의 컨테이너 임대업체로 세계 시장점유율은 13.2%로 집계되었다. 모 회사인 COSCO는 세계6대 컨테이너 화물운송업체인 중위엔지윈(中遠集運 지분 100%와 코스코태평양 지분 51%를 보유하고 있다. 2007년 매출액은 2.99억 달러로 그중 82% 정도가 컨테이너 임대와 운영 부문에서 발생하였다. 나머지 18% 내외는 컨테이너 터미널 부문에서 실현되었다. 컨테이너 임대와 운영 부문은 감소세를 보인 반면 터미널 부문은 79% 이상 급신장한 것으로 나타났다. 2008년 상반기 매출액과 순이익은 1.62억 달러(USD)와 1.57억 달러(USD) 정도로 집계되었다. 매출과 순이익 신장률은 각각 10.0%와 3.5% 내외로 조사되었다.

▣ 중하이발전(中海發展, 1138.HK/600026.SS)

중하이발전은 중국 최대의 항만도시인 상해(上海)를 기반으로 한 해운회사로 주요 취급품목은 석유, 석탄 등 벌크화물이다. 2007년 매출액은 123.9억 위안으로 34.7% 신장된 것으로 나타났다. 2007년 매출급신장은 운송가격 상승 이외에 지배주주인 중국해운총공사(China Shipping Company)로부터 42척의 벌크운송선을 인수하였기 때문이다. 취급품목별로 석유가 972억 톤 해리로 가장 큰 비중을 점하고 있으며 그 다음이 석탄(813억 톤 해리), 기타 벌크화물(379억 톤 해리) 순이다. 운송 지역별로는 내륙운송이 46.7% 증가한 반면 국제운송은 20.5% 신장에 그쳤다. 운송능력 확대를 위하여 59척(869만 DWT)을 생산 주문한 상태로 2012년경 모두 인도될 예정이다. 2008년 상반기 매출액과 순이익은 91억 위안과 32억 위안 정도로 집계되었다. 매출과 순이익 신장률은 각각 65%와 44% 내외로 조사되었다. 3분기 이 두 수치는 약간 하락한 것으로 나타났다.

▣ 진강B주(錦港B股, 600190/900952)

진강B주는 진조우(錦州)시를 중심으로 항만 서비스를 제공하는 업체이다. 주요 사업 분야로는 선적, 창고업, 화물 대리업 등이 있으며, 주변 경제권은 광산, 시멘트, 농산품 등을 기반으로 하고 있다. 현재 진조우(錦州)항은 중국 최대 곡물환적항을 목표로 하고 있다. 전년 매출액은 5.26억 위안으로 84% 정도가 선적 부문에서 발생하였다. 2007년 처리 물동량은 3,515만 톤으로 그중 석탄 부문은 96.2% 증가한 577.9만 톤, 컨테이너는 45% 신장된 45만 TEU로 조사되었다. 항만처리능력을 확대로 물동량 증가를 보이고 있다. 2008년 상반기 매출액과 순이익은 4.0억 위안과 0.86억 위안 정도로 집계되었다. 매출과 순이익 신장률은 58%와 127% 내외로 조사되었다. 3분기로 들어서면서 이 두 수치는 한층 탄력을 받고 있는데, 각각 65%와 180%를 기록하고 있다. 수익성도 상반기보다 10포인트 정도 상승세를 기록하고 있다. 경영환경은 긍정적이지만 투자자금 부족이 미결로 남아 있다.

▣ 선츠완B주(深赤湾B, 000022/200022)

심천을 중심으로 컨테이너와 산적화물 선적, 보관, 운송 업무를 영위하는 업체이다. 참고로 2007년 심천항 전체 물동량의 29.6%를 담당하였다. 2007년 매출액은 20억 위안으로 그중 선적 부문이

89% 정도를 차지하고 있다. 심천항 컨테이너 처리능력 확장에도 불구하고 물동량이 뒷받침되지 않아 성장한계를 도출하고 있다. 장강삼각주, 환발해권과의 경쟁심화로 큰 폭의 수익성 향상은 기대하기 힘들다. 규모경제로 비용 상승분을 흡수하는 한편 절대적 이익규모 확대로 방향을 선회할 필요가 있다. 2008년 상반기 매출액과 순이익은 9.8억 위안과 3.3억 위안 정도로 집계되었다. 매출과 순이익신장률은 각각 6.2%와 8.4% 내외로 조사되었다. 3분기 실적 악화가 한층 심화되고 있으며 순이익은 감소세(-3.2%)로 돌아섰다.

2.2 경영실적 비교분석

항만업종은 2005년부터 성장둔화를 겪고 있으며 2007년을 기점으로 종목별 양극화 현상이 나타나고 있다. 4종목 모두 2006년 바닥을 친 후 중하이발전과 진강B주는 상승세로 전환되었다. 코스코태평양과 선츠완B주는 보합세를 지속하고 있다. 항만업종은 국내요인과 더불어 해외요인도 강한 영향을 미친다. 통상마찰 회피를 위하여 가공무역에 대한 감독강화책을 사용하고 있으며, 원자재 수출보다는 국내자원 활용을 장려하고 있다. 수출입 관련 종목은 위축될 수밖에 없다. 특히 선츠완B주는 진강B주와 달리 심천이라는 중심 경제권을 바탕으로 컨테이너와 산적화물을 취급하고 있다. 대내외 경기변화에 민감할 수밖에 없으며 국내외 항만 간의 경쟁에

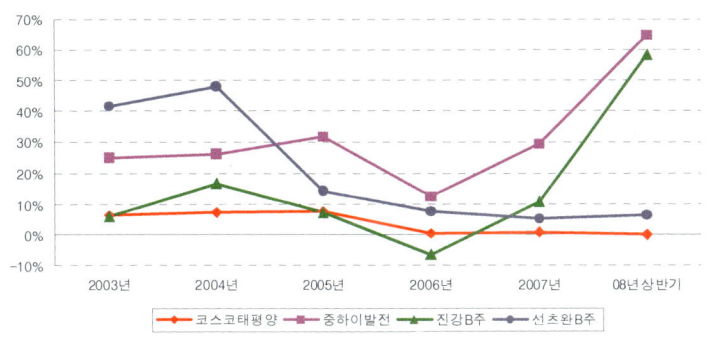

〈그림 11-6〉 주요 항만주 성장성 지표

자료제공: 중국경제정보분석(CEIA)

도 노출되어 있다.

한편 진강B주는 진조우(錦州)라는 경제중심권 외곽에 포진되어 있으며, 석탄을 주 선적품목으로 두고 있다. 고유가로 석탄수요가 확대되고 있어 그만큼 매출 탄력을 받고 있다. 중하이발전 역시 벌크화물을 취급하고 있어 매출증가세를 뒷받침하고 있다. 코스코 태평양은 매출과 이익 모두 컨테이너 운송과 밀접한 연계성을 띠고 있다. 글로벌 경기침체 사정권에 노출된 종목이다. 같은 항만주라도 컨테이너보다는 석탄, 석유와 같은 벌크 부문이 현 상황에서는 유리하며 2009년에는 이 기조가 더욱 뚜렷해질 것이다.

<그림 11-7> 주요 항만주 수익성을 비교한 것이다. 매출액 대비 순이익은 진강B주가 21.5%로 가장 저조하다. 하지만 이는 2007년보다 2배 정도 향상된 수치이다. 중하이발전은 2007년

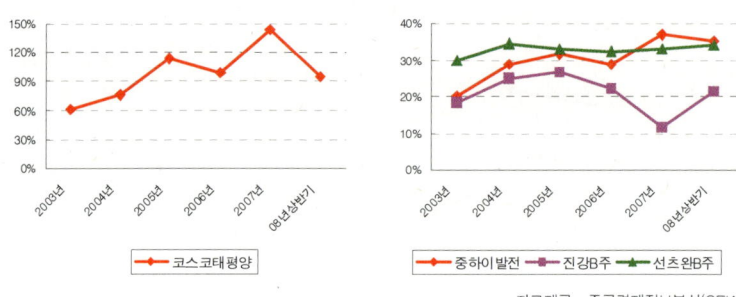

〈그림 11-7〉 주요 항만주 수익성 지표

자료제공: 중국경제정보분석(CEIA)

36.7%에서 2008년 상반기 35.0%로 소폭 하락된 것으로 나타났다. 선츠완B주는 앞서 살펴본 매출추이와 동일한 흐름을 보이고 있다. 2003년 이후 33% 전후에서 등락을 반복하고 있다. 코스코태평양은 수익성 퇴조가 뚜렷이 감지되고 있다. 2007년 140%에서 2008년 상반기 90% 수준으로 떨어졌다. 기존 추세가 유지된다면 2009년에는 70%대도 장담하기 힘들 것 같다. 성장성과 수익성 모두를 고려한다면 중하이발전이 가장 매력적인 것이다. 진강B주는 상승세를 타고 있지만, 포지션을 대폭 확대하기에는 위험부담이 존재한다. 상황에 따라 투자리스트에 올려둘 필요는 있다. 선츠완B주도 그리 나쁜 선택은 아니다. 코스코태평양의 경우 수익성이 지분투자 이익에 좌우되는 경향을 나타내고 있다. 항만업종 현황을 가늠하는 바로미터 역할을 하고 있다.

3. 개별종목 투자가치 분석

항만주는 대폭락에도 불구하고 시가총액이 모형수치보다 높게 형성되고 있다. 2008년 10월 기준 여전히 하락공간은 존재한다. 다만 코스코태평양은 지수회사라는 점에서 이론주가 산정에 상당한 오류가 내포되어 있다. 일단 <표 11 - 2> 수치보다는 <표 11 - 3> PER 수치를 참조하는 것이 적당할 것 같다. 실제 중하이발전 시가총액은 FCF모형치보다는 높지만 머튼모형보다 낮은 것으로 관측되었다. 대체로 이론 주식가치와 시가총액이 근접한 모습을 보이고 있다. 진강B주 역시 동일한 현상이 관측된다. 다만 FCF모형을 적용할 경우 진강B주 기업가치보다 부채총액이 더 높은 것으로 추산되었다. 투자가치를 제로로 보고 있는 셈이다. 선츠완B주는 모형

단위: 백만 홍콩달러(HKD)

종목명	시가총액			베타계수	상관관계
	실제	FCF 모형	Merton 모형		
코스코태평양	14,197	0	3,573	1.00	0.69
중하이발전	22,894	19,455	23,655	1.04	0.67
진강B주	2,353	0	2,146	0.96	0.78
선츠완B주	4,983	1,822	3,781	0.74	0.69

자료제공: 중국경제정보분석(CEIA). 시가총액은 2008년 10월 기준임.

별로 도출치가 상당한 격차를 보이고 있다. 머튼모형은 37.8억 홍콩달러로 추산한 반면 FCF모형은 그 절반인 18.2억 홍콩달러를 제시한다. 모형수치 모두 실제 시가총액보다는 낮게 도출되고 있다.

2008년 10월 말 현재 코스코태평양 주가는 6.32홍콩달러로 나타났다. 반면 이론주가는 최대 33.79홍콩달러, 최소 제로(0)로 추산되었다. 지주회사라는 특성을 감안한다면 코스코태평양은 PER수치를 참조하는 것이 더 적당할 것이다. 중하이발전은 최소 5.71홍콩달러에서 최대 31.07홍콩달러로 상당히 넓은 이론주가 분포를 가지고 있다. 머튼모형과 FCF모형보다는 PER모형이 상당히 좋은 점수를 주고 있다. 2008년 10월 말 현재 중하이발전 주가는 6.88홍콩달러이다. 시장은 PER모형보다는 훨씬 냉혹하게 중하이발전을 판단하고 있는 것이다.

〈표 11-3〉 항만주 주가 추정

단위: 홍콩달러(HKD), 미 달러(USD)

종목명	실제주가	PER 수치도출		머튼모형		FCF 모형			
						기대수익률 20%		기대수익률 30%	
		최소	최대	10년	50년	장부	시가	장부	시가
코스코태평양	6.32	18.92	33.79	1.46	1.84	0.00	0.00	0.00	0.00
중하이발전	6.88	17.40	31.07	6.95	8.37	-	-	-	5.71
진강B주	0.32	0.17	0.39	0.29	0.49	0	0	0	0
선츠완B주	7.73	9.95	22.55	5.86	7.72	20.48	6.05	9.75	2.82

자료제공: 중국경제정보분석(CEIA), 실제 주가는 2008년 10월 평균주가를 의미함.

진강B주 실제주가(0.32)는 PER와 머튼모형 범위 안에 놓여 있다. 머튼모형은 최대 0.49달러(USD)까지 이론주가를 추정하고 있으며 PER모형도 0.39달러(USD) 정도는 바라보고 있다. 다만 FCF모형은 이론주가를 휴지조각 수준으로 떨어뜨리고 있다. PER모형과 머튼모형 역시 최저치는 실제주가보다 낮은 0.17달러(USD)와 0.29달러(USD)를 제시하고 있다.

마지막으로 선츠완은 모형별로 다양한 옵션을 투자자에게 제시한다. 기대수익률 30%에서도 9.75홍콩달러(장부가 기준)라는 비교적 높은 주가수준을 제시한다. 시가를 적용할 경우 주가는 2.82홍콩달러로 대폭 축소되었다. 만약 여러분이 연 20% 수익률에 만족한다면 6홍콩달러 미만에서 매입을 고려해 볼 수도 있다. 머튼모형도 10년 생존을 기초로 5.86홍콩달러를 이론주가로 제시하고 있다. 2008년 10월 7.73홍콩달러에서 종가가 형성되고 있다. 시장흐

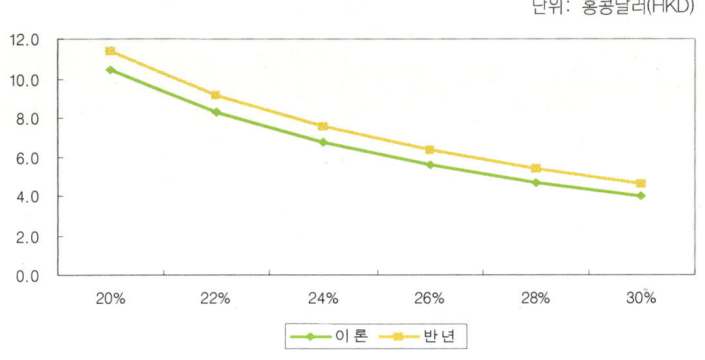

〈그림 11-8〉 기대수익률 변화에 따른 주가추이(선츠완)

단위: 홍콩달러(HKD)

이론 | 반년

자료제공: 중국경제정보분석(CEIA)

름이 이론주가를 추정한다면 아직은 관망할 필요가 있다. 참고로 PER모형은 지금 당장 매입하여도 괜찮다는 시그널을 발출하고 있다. 위 결과는 참고용일 뿐이다. 최종 선택은 언제나 여러분의 몫이다.

　<그림 11-8>은 매출증가율을 10%로 고정한 채 기대수익률 변화에 따른 선츠완 주가추이를 살펴본 것이다. 선추완 주가는 기대수익률 변화에 따라 최대 11.4홍콩달러, 최소 3.97홍콩달러를 그리고 있다. 2008년 10월 말 주가(7.73홍콩달러)는 두 수치 중간에 걸쳐 있다. 여러분이 20% 기대수익률에 만족한다면 현 주가수준이 그리 나쁜 선택은 아니다. 하지만 프리미엄 10포인트(기대수익률 30%)를 더 기대한다면 4홍콩달러를 하회할 때까지 관망해도 좋을 것이다. 기대수익률이 30%를 넘어 40%까지 도달한다면 이론주가

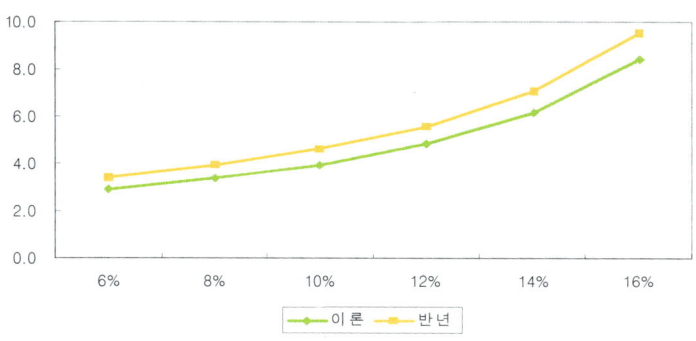

〈그림 11 - 9〉 매출증가율 변화에 따른 주가추이(선츠완)

단위: 홍콩달러(HKD)

자료제공: 중국경제정보분석(CEIA)

는 2홍콩달러 미만으로 떨어진다. 연 40% 수익률 목표는 투자보다는 투기에 근접하다. 현실적으로 연 30%를 꾸준히 실현하는 투자가도 상당히 드물다. 대부업 최고 이자율이 연 49%라는 점을 명심하길 바란다.

<그림 11 - 9>는 기대수익률을 30%로 고정한 채 선츠완 매출증가율을 변화시킨 것이다. 매출증가율이 확대될수록 주가곡선이 우상향하는 모습을 나타내고 있다. 만약 2009년 선츠완이 16% 수준의 매출신장률을 달성한다면 최대 9.5홍콩달러까지 주가상승을 바라볼 수 있을 것이다. 하지만 현실적으로 그럴 가능성은 높지 않다. 2005년 이후 매출신장률이 10%를 초과한 적이 없으며, 그 수치도 매년 하향세를 보이기 때문이다.

〈그림 11-10〉기대수익률과 매출증가율 변화에 따른 주가추이(중하이발전)

단위: 홍콩달러(HKD)

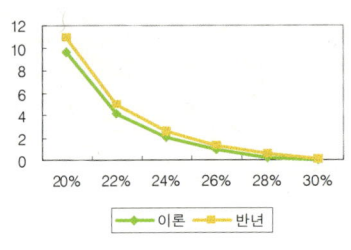

자료제공: 중국경제정보분석(CEIA)

<그림 11-10>은 <그림 11-9>과 동일한 방법으로 중하이발전 주가추이를 살펴본 것이다. 매출증가율을 20%로 고정한 채 20%에서 30%로 기대수익률을 2포인트 단위로 변경한 결과 이론주가는 최대 10.9홍콩달러에서 최소 0달러 수준까지 나타났다. 한편 기대수익률을 30%로 둘 경우 매출증가율 변화에 따라 0.14홍콩달러에서 12.2홍콩달러까지 주가가 형성되고 있다. 2008년 10월 말 현재 중하이발전 주가는 6.88홍콩달러를 가리키고 있다. 여러분 혹은 시장 선택에 따라 현 주가는 과대 혹은 과소평가된 것일 수도 있다. 매출신장률을 높이는 것이 기업 몫이라면 과도한 기대수익률을 자제하는 것은 시장의 선택일 것이다. 암울한 전망이 증시를 뒤덮고 있는 현재 시장이 기대수익률을 대폭 낮출 것 같지는 않다.

4. 기술적 분석으로 본 항만주

4.1 항만주 주가흐름

항만주는 상대적으로 낮은 주가상승률을 나타낸 것으로 조사되었다. 5배 이상 주가가 상승한 업종들이 즐비한 가운데 중하이발전을 제외하고는 2배 정도 수준을 기록하였을 뿐이다. 선츠완B주의 경우 활황장인 2007년 하반기를 제외하고는 2005년 초 주가수준에도 못 미쳤다. 증시활황 과실도 제대로 누리지 못한 채 폭락의 유탄만 맞고 있는 형국이다. 수익성과 성장성이 타 업종 대비 열위에 있는 것도 아니다. 이익창출능력과 안정성 면에서는 앞서 살펴본 운수주와 자동차주보다 전반적으로 우위에 있다.

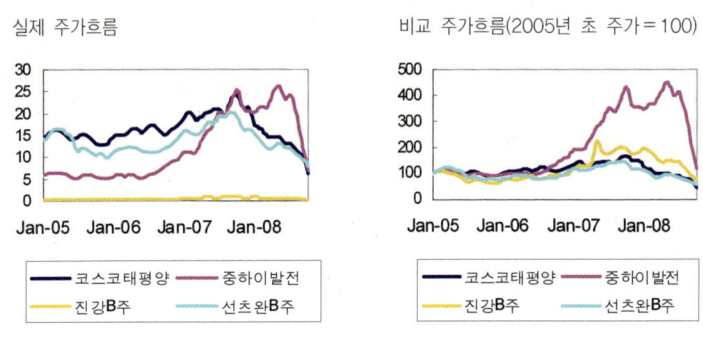

자료제공: 중국경제정보분석(CEIA)

그럼 왜 시장은 항만주를 아웃사이더로 방치하는 것일까? 그 해답은 <표 11 - 2> 속에 놓여 있다. 항만주는 소외된 것이 아니다. 다만 시장이 투자가치를 비교적 정확히 반영하였을 뿐이다. 투자자들에게 환상을 심어주기에는 항만주가 너무 현실적이라는 단점(?) 역시 존재한다. IT, 전자업종처럼 기술혁신을 통한 폭발적인 실적개선을 장담하기 힘들며 부동산주처럼 투자광풍을 불러일으키지도 못한다. 주기적으로 한방을 터트리는 조선주도 아니다. 그렇다고 업종 친밀감이 높은 것도 아니다. 항만주로 대박을 실현할 것이라는 사고는 접기를 바란다. 항만주는 포트폴리오의 한 기둥은 될 수 있어도 캐쉬카우(Cash Cow)는 될 수 없다.

4.2 항만주와 MACD

중하이발전이 마이너스(−)의 끝을 탐색하는 가운데 코스코태평양과 선츠완B주는 이미 2008년 1분기 하락의 끝을 마무리한 것같다. 현재 이 두 종목은 반년 가까이 횡보 시그널을 보내고 있다. 중하이발전이 향후 걸어갈 모습이 바로 코스코태평양과 선츠완B주 주가 흐름이다. 참고로 진강B주 MACD 추이는 중하이발전과 상당히 근접하다.

MACD 시그널이 가진 투자신호로 볼 때 현재는 좀 더 관망하는 것이 좋을 것 같다. 개별시그널이 마이너스(−)권에서 플러스(+)로 진입하는 그 순간을 일반적으로 매입시그널로 본다. 하지만 그 시그널이 진정한 매입타이밍을 의미하는지는 좀 더 지켜볼 필요가

〈그림 11-12〉 MACD로 살펴본 종목별 주가현황

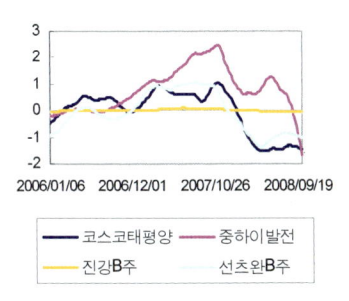
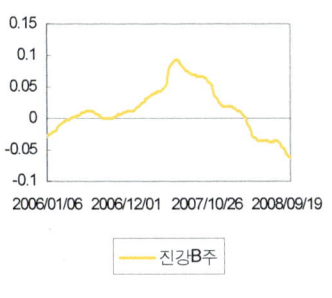

자료제공: 중국경제정보분석(CEIA)

있다. 앞서도 언급했듯이 MACD 시그널은 후행적 특징이있다. 추세변화를 점검하는 지표이지 정확한 매매타이밍을 짚어주는 지표는 아니다. 간혹 일 MACD 시그널을 매매에 이용하는 투자자도 있다. 하지만 독자 여러분은 일 데이터 이용을 자제하길 바란다. 추세는 일단위로 들고 가는 것이 아니다. 최소한 2년 정도의 흐름을 점검하면서 수정하고 보완할 필요가 있다. 2010년까지 시그널 추이를 나름대로 그려보면서 항만주 투자타이밍을 결정하길 바란다. 참고로 V자 형태의 MACD 그래프는 상당히 드물다.

4.3 매물대로 본 항만주

코스코태평양과 선츠완B주는 대체로 고가 부근에 매물대가 형성되어 있다. 반면 중하이발전과 진강B주는 고가와 저가 부문에 강한 저항선이 구축되어 있다. 상승장으로 전환된다면 코스코태평양, 선추완B주 모두 10홍콩달러 이하는 비교적 빨리 회복될 것으로 판단된다. 다만 15홍콩달러 이상은 활황세가 아니라면 힘들 것이다. 중하이발전은 12홍콩달러 돌파가 우선 관건일 것이다. 2008년 10월말 현재 7홍콩달러 미만에서 형성된 주가를 감안한다면 추가로 상당한 매물이 쌓일 가능성 역시 존재한다. 7홍콩달러, 12홍콩달러, 20홍콩달러 전후로 3단계 상승저항대가 형성될 것이다. 진강B주 역시 0.4달러, 0.5달러, 0.7달러 구간대에 상승 저항선이 구축되어 있다.

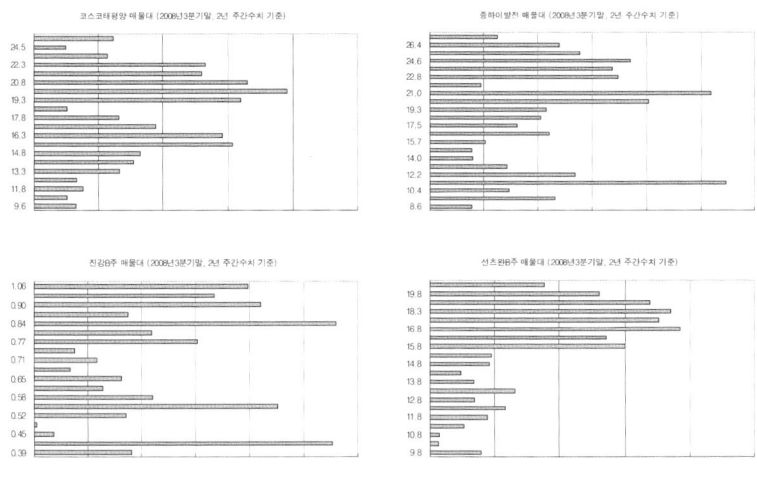

〈그림 11-13〉 항만주 매물대 분석(2008년 3분기 말, 2년 주가수치 기준)

자료제공 : 중국경제정보분석(CEIA)

증시상황과는 별도로 0.4달러 구간은 진강B주 경영실적에 따라 돌파 가능할 것으로 판단된다. 하지만 0.5구간 이상, 즉 0.6달러 수준은 증시상황과 함께 움직일 가능성이 높다. 전체 경제기조를 바탕에 두고 움직이는 항만주 특성상 시장과 별개의 움직임을 보일 것 같지는 않다.

중국주식투자 2009년
바이블 ②

제12장　전략적 투자종목 기계장비주

중국정부는 11차 5개년 규획을 통하여 기계장비업을 전략적 위치로 상승시켰다. 중국은 현재 정책적으로 기술개발과 도입을 장려하고 있으며 핵심장비의 국산화 비율 향상을 추구하고 있다. 그 가운데 특히 고효율 발전과 변전설비, 대형석유화학 공업설비, 운송장비, 자동화 시스템, 집적회로설비, 동력장비 등에 역량을 집중하고 있다. 중국은 운송장비 부문도 기계장비업으로 포함시키는 경향이 강한데, 한국 실정에 맞추어 운송장비 부문은 앞서 살펴본 10장에 따로 편입시켰다. 기계장비주에 포함된 제품범위가 상당히 넓어 1장에 소화하기는 힘든 감이 있다. 따라서 제품별로 개괄적인 현황만 점검하기로 한다. 종목분석은 앞장과 달리 5개 종목으로 1종목 더 추가하였다. 그 외 편입종목들은 본 장을 토대로 여러분 스스로 점검해 보길 바란다. 그럼 중국 기계장비 업계현황에 대하여 간략히 살펴보도록 한다.

1. 기계장비 시장 분석

글로벌 경기침체가 확산되고 있는 현재 기계장비주는 타 업종에 비하여 안정된 모습을 보이고 있다. 다만 품목별로 상당히 세분화 되어 있어 전체를 통하여 개별종목을 살펴보는 것이 상당히 힘들 다. 업종이 불황이어도 개별품목과 종목은 선전할 수 있다. 섬유방 직업의 경우 수출환급세 인하, 통상마찰, 업계 경쟁심화 등으로 대 부분 기업실적이 급격히 악화되었다. 하지만 징웨이팡즈(經緯紡織 0350.HK/000666.SZ) 같은 업종우량주는 상대적으로 좋은 모습을 그리고 있다. 반대로 업종 전체는 활황이어도 그 반대 결과를 기 록하는 경우도 있다. 기계장비주 가운데 전력 관련 종목이 그 좋 은 예일 것이다. 다만 일반론으로 접근한다면 업종현황이 부정적이

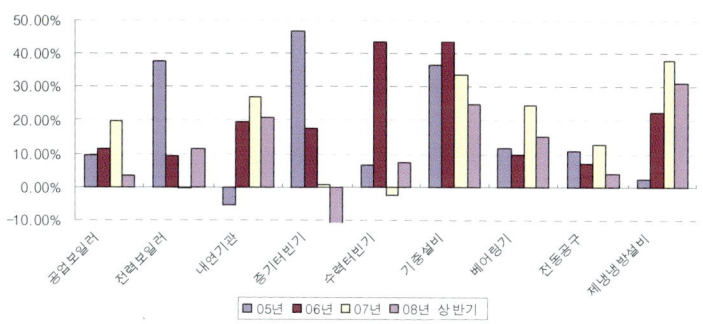

〈그림 12-1〉 주요 품목 생산량 증가율 추이

05년 ■06년 □07년 □08년 상반기

자료제공: 중국국가통계국

면 그에 속한 개별품목과 종목 역시 일정한 타격을 피할 수 없으며, 이는 주가에도 영향을 미친다. <그림 12-1>은 2005년부터 2008년 상반기까지 9개 품목 생산량 증가율을 나타낸 것이다.

그림 개별 업종환경이 기업에 어떤 영향을 미치는지 사례를 통하여 알아보자. 산업, 업종, 종목을 전혀 별개의 것으로 간주하는 투자자도 존재한다. 하지만 투자환경 자체가 불투명하다면 아무리 우수한 기업도 상승탄력을 받기는 힘들다. 대세를 역행하려면 순행시보다 더 많은 에너지가 소요되기 때문이다. 투자포트폴리오 조정도 크게는 투자대상, 국가, 업종, 기업 순으로 흐른다. 종목은 상위 개념이 업종의 비중변화에 민감할 수밖에 없다.

항치룬이라는 종목을 한번쯤은 들어보았을 것이다. 중국 증기터빈기 시장을 지배하는 기업으로 2004년, 2005년 100%대의 매출증가율을 실현하였다. 하지만 2005년 이후 침체국면을 그리고 있으며 2007년에는 20%대를 간신히 유지하였다. 2008년 상반기 현재 매출신장률이 13% 수준까지 떨어진 것으로 조사되고 있다. 항치룬 B주 매출증가율이 3년 사이에 5배 이상 감소한 이유는 무엇일까? 항치룬B주 경영자들이 무능하기 때문일까? 전혀 관계없지는 않겠지만 주 요인은 될 수 없다. 그 해답을 <그림 12-1>를 살펴보면 바로 알 수 있다. <그림 12-1>에서 보듯이 2006년부터 증기터빈기 시장이 급격히 둔화되고 있으며 2008년에는 축소현상까지 보이고 있다. 2008년 상반기 증기터빈기 생산량은 전년동기 대비 10% 감소된 것으로 집계된다. 만약 항치룬B주가 주도기업이 아니었다면 여타 중소기업과 같이 시장퇴출 압력에 시달렸을 것이다. 항치룬의 경영실적 악화는 기업요인보다는 시장요인이 강하게 작용한 것이다.

한편 베어링 부문은 2006년 9.7% 생산량 증가에서 2007년 24.6%로 2배 이상 상승하였다. 2008년 상반기 15%대로 떨어졌지만 2005년과 2006년 신장률보다는 여전히 높다. 그럼 관련 종목 현황을 들여다보자. 조우와B주 자체에 심각한 문제가 없는 한 업종흐름과 비슷한 실적추이를 그릴 것으로 예상된다. 2006년 조우와B주 매출증가율은 6% 수준에 머물렀지만 2007년에는 42%대로 7배 정도 신장률이 상승한 것으로 나타났다. 2008년 상반기 말 현재 이 수치는 27% 전후를 기록하고 있다. 업종현황과 기본적으로

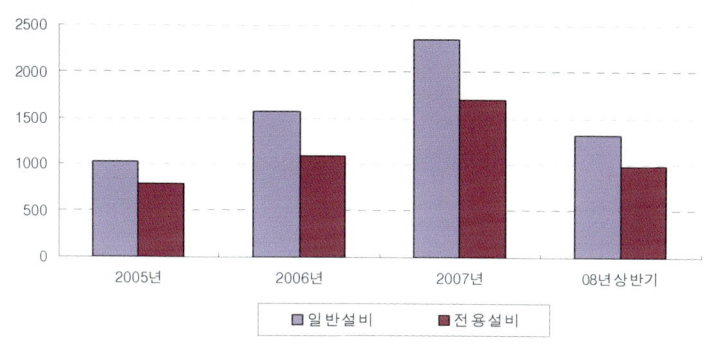

〈그림 12-2〉 일반·전용설비 고정자산투자 추이

일반설비 ■ 전용설비

자료제공: 중국국가통계국

일치하는 것을 발견할 수 있다. 전력보일러 부문 역시 비슷한 패턴을 그리고 있다. 업종과 종목 연관성이 100% 동일할 수는 없다. 하지만 상호 간의 연관성이 높은 것은 사실이다. 예외종목을 발굴하기보다는 업종현황과 기업실적이 연동되는 종목을 선택하는 것이 좋다. 개별 흐름을 보이는 종목은 그만큼 예측이 힘들며 상당한 시간과 노고를 요구한다. 일반투자자에게는 일정한 장벽이 존재하는 셈이다.

<그림 12-2>는 기계장비 부문 고정자산투자 현황을 일반설비와 전용설비로 구분한 것이다. 전용설비보다 일반설비 투자금액이 높게 집계되고 있다. 2007년 일반과 전용설비 투자액은 2,341억 위안과 1,696억 위안으로 집계되었다. 2008년 상반기에는 1,329억 위안과 977억 위안으로 35.7%와 45.4% 신장세를 기록하고 있다.

절대적 수치는 확대추세를 유지하고 있지만 신장률은 2007년보다 16.7포인트와 7.3포인트 하락한 것으로 나타났다. 참고로 전용설비는 광산, 시멘트, 농업, 제련, 환경보호 설비 등을 일컫는 말이다.

2. 주요 업종과 상장종목 이해

2.1 주요 기계장비 업종 이해

▣ 자동차 부속품 업계

자동차부속품 업종은 2004년부터 2007년 사이에 연 31% 성장세를 구가하였다. 2007년 업계 평균 순 이익률은 7% 수준으로 자동차 제조업보다 2.5포인트 높게 형성되었다. 자동차 부속품 제조업체 총 생산액은 7,560억 위안으로 약 37% 신장세를 기록하였다. 최근 부속품 업계는 자동차 메이커에 예속된 구조에서 탈피하여 전문화, 대형화 단계로 진입하고 있다. 글로벌 업체들이 중국으로 진출하고 있으며 기술합작업체도 1,000여 개에 이르고 있다. 한편 완성차 업체는 글로벌 구매 네트워크 구축과 아울러 본토화 전략을 추구하고 있다. 이는 부속품시장 수급불안정을 야기할 것이다. 2010년 중국 자동차부속품 생산규모는 1조 위안을 돌파할 것으로 전망된다. 자동차 부속품 산업은 현재 글로벌화가 가장 진척된 영역 가운데 하나로 경쟁 역시 그만큼 치열하게 전개되고 있다.

▣ 베어링 업계

중국 베이링업계 기업 수는 2003년 1,233개에서 2007년 1,641개로 400개 정도 확대된 것으로 집계되었다. 연 100개 기업이 새로 진입한 것이다. 사실 이 수치도 일정규모 이상 기업만을 대상으로 한 것이다. 통계에 잡히지 않는 영세기업을 포함할 경우 그 수는 더욱 확대될 것이다. 2007년 기준 업계 생산규모는 868억 위안으로 2006년보다 30% 정도 확대되었다. 대부분이 동부 연해 지역에 산재되어 있는데, 이는 기계장치업이 동부연해 지역과 동북 지방에 집중된 결과로 판단된다. 서부 지역 개발잠재력은 높지만 현실적인 뒷받침은 아직 미진한 상태이다. 구조조정과 아울러 업종 집중화가 이루어질 예정이다.

▣ 주형, 금형, 주조업계

중국 주형산업은 연 15% 성장세를 장기간 유지하고 있다. 시장 규모는 일본, 미국에 이어 세계 3위를 점하고 있다. 2007년 기준 1,600여 개의 기업이 주형업에 종사하고 있으며 생산규모는 792억 위안이다. 시장규모는 확대되고 있지만 내부상황은 그리 긍정적이지 않다. 대형화 발걸음이 상당히 완만하게 진행되고 있으며 정밀복잡한 주형을 소화할만한 기술 역시 부족한 실정이다.

한편 자동차와 항공업 발달로 금형업 역시 활기를 띠고 있다. 세계 금형시장의 46% 내외를 독일, 이탈리아, 중국이 점하고 있다. 기계공업 발전을 바탕으로 금형선반 부문 역시 장족의 성장세를 구가하고 있다. 2007년 중국 금형선반 시장규모는 270억 위안 정도로 집계된다. 다만 현 기술로는 향후 성장한계에 도달할 가능성 역시 존재한다. 선반시장은 국유기업 시장지배력은 공고화되고 있는 반면 민영기업은 퇴조를 보이고 있다. 대형 상장기업을 중심으로 업계 재편이 이루어지고 있다.

주조업계는 자동차, 석유화학, 철강, 전력, 조선, 장비제조 등 기간산업과 밀접한 연관성을 가지고 있다. 2000년부터 중국은 최대 생산량을 자랑하고 있으며 현재 2.4만개 이상의 기업이 관련분야에 종사하고 있다. 다만 특수주조, 정밀공업 부문에서는 선진국과 현저한 기술적 차이를 나타내고 있다. 중국 1인당 평균 생산량은

10톤 정도이며, 업계 우량기업도 30톤 미만에 머물러 있다. 반면 미국과 독일은 45톤~60톤, 일본은 60톤~85톤의 생산량을 기록하고 있다. 업계 수익성이 그만큼 떨어진다고 볼 수 있다.

▣ 금속선반 업계

금속선반은 자동차, 군수산업, 농업 및 공정기계, 조선업 등에 광범위하게 이용되고 있다. 수 년 동안 중국은 세계 최대 선반소비/수입국 위치를 점하고 있다. 생산량 역시 세계 3위로 집계된다. 2007년 금속커팅 부문 생산규모는 770억 위안 정도로 2006년 대비 34% 신장되었다. 참고로 2007년 매출액 대비 이익률은 15.2%로 제조업체 가운데 상위권에 속하여 있다. 중국정부는 금속커팅 부문을 이미 전략적 위치에 두고 대형화와 정밀화를 추구하고 있다. 2007년 고속성장 여파로 2008년은 조정현상을 보이고 있다. 다만 디지털제어와 중대형 선반부분은 고신장세를 여전히 유지하고 있다. 2008년 중국 선반업계 총 생산규모는 3,000억 위안으로 전망된다. 2010년경 디지털제어 부문 국산 점유율은 50% 이상에 이를 것으로 예상된다. 또한 부속품 자급률은 60% 수준을 기록할 것이다.

▣ 인쇄설비 업계

2007년 현재 중국에는 270개 정도의 인쇄설비 제조업체가 존재한다. 시장규모는 150억 위안 전후로 추정된다. 수익률은 6%를 약간 상회하는 수준이다. 중국 인쇄설비 산업 주 발전동력은 내수보다는 수출이다. 수출구조도 인쇄부품에서 전체 설비 분야로 전환되고 있다. 2010년 중국 전체 인쇄시장규모는 4,500억 위안 정도로 추정된다. 이 수치는 연 9% 성장률을 기준으로 계산한 것이다. 품목별로는 신문과 간행물은 연 12%, 포장 부문이 15% 성장률을 기록할 것으로 예상된다. 한편 2020년경에는 1조 위안으로 시장규모가 확대될 것으로 전망되며, 이는 GDP의 2.5% 수준이다.

▣ 내연기 업계

내연기 산업은 대표적인 멀티업종으로 공정기계, 농업기계, 선박, 발전설비, 석유탐사, 군용 등 각종 기계산업의 주 동력원으로 자리잡고 있다. 2007년 현재 생산업체수는 580개 정도로 총 시장규모는 860억 위안 정도이다. 전체 기계공업의 1.2% 내외를 점하고 있는 셈이다. 내연기는 일반적으로 경유, 휘발유, 여과기 및 기름분사계통으로 구분된다. 국제 내연기 시장은 고효율과 환경친화형으로 변모하고 있지만 중국은 이 분야 설계, 제조기술이 낙후되어 있다. 시장규모 확대와 아울러 기술개발과 독자브랜드 육성에 중점을 두고 있지만 단기간에 뚜렷한 성과를 기대하기는 힘들 것 같다. 안정적인 시장수요 존재로 생존환경은 긍정적인 편이다.

▣ 공기압축기 업계

공기압축기는 석유화학, 철강, 제련, 자동차 등에 광범위하게 사용되는 설비이다. 2007년 현재 공기압축기 생산업체는 350개 정도로 총 시장규모는 570억 위안이다. 시장경쟁은 치열한 상태이며 업종 집중도가 그리 높지 않다. 중국 정부가 핵발전 시설을 적극적으로 육성하고 있어 향후 관련 수요층이 두터워질 것으로 전망된다. 일부 다국적 기업에 생산능력이 집중되어 있으며 냉각압축기 부문은 히다치와 마츠시다 등 일본 업체들이 시장을 좌우하고 있다. 공업용 기체압축기 부문은 Atlas Copco와 Ingersoll-Rand 등 유럽계 기업이 선점하고 있다. 다국적 기업들이 중국 현지에 대형 생산시설을 보유하고 있어 중국업체들이 두각을 나타내기는 힘들 것 같다.

▣ 건설공작기계 업계

부동산과 고정자산투자 열기로 건축공정기계 시장은 신속한 발전을 이루었다. 2007년 총 시장규모는 1,300억 위안 정도로 2006년보다 50% 가까이 신장되었다. 또한 업계 이익총액은 148억 위안으로 1.5배 이상 확대되었다. 제품별로 적재기, 로드롤러, 굴착기, 콘크리트 기계 부문 성장세가 두드러졌다. 2007년 수출액은 41억 달러 정도로 70% 신장된 것으로 나타났다. 수출 지역 역시 개발도상국 중심에서 유럽과 북미 등 선진국으로 다양화되고 있다. 외자기업들도 합작, 독자 설립에서 합병으로 전환되고 있다. M&A 해당 기업 대부분이 대형업체라는 사실을 감안할 때 본토기업 생존공간은 그만큼 축소되고 있다. 부동산 침체와 글로벌 경기둔화로 2008년 성장동력이 퇴색되고 있으며 2009년 역시 부정적인 상태이다.

▣ 전선, 케이블 업계

전선과 케이블은 전기기계, 전기, 통신, 측량기, 자동차, 선반 등의 장치에 광범위하게 사용되는 재료이다. 2007년 현재 생산규모는 5,300억 위안을 약간 상회하고 있으며 성장률은 34% 전후를 그리고 있다. 일반적인 생각과 달리 자동차 업종을 제외한 중국 제2대 기계장비 산업으로 세계최대 시장규모를 자랑한다. 관련 기업 수는 3,400개 정도이며, 소규모 영세업체는 추산이 불가능할 정도로 산재되어 있다. 그 결과 타 산업에 비하여 업종 집중도가 상당히 낮게 형성되어 있다. 최대업체 시장점유율이 2%~3% 수준에 머물러 있다. 10대 제조업체로 확대하여도 15% 미만을 나타내고 있다. 업계 간 경쟁이 치열하게 벌어지고 있으며, 과잉생산 문제도 부각되고 있다. 개인기업이 전체 생산규모의 62% 이상을 점하고 있으며 외자기업은 고급 전선과 케이블시장에서 우위를 나타내고 있다. 향후 몇 년간은 GDP증가율보다 높은 수치를 제시할 것으로 전망되며 2008년 성장률은 13% 내외로 예상된다. 알루미늄, 구리 등 원재료 가격상승으로 수익성은 부정적이다.

▣ 보일러 업계

보일러와 보조설비는 증기동력장비의 핵심부품으로 화력발전소, 선박, 제조시설, 광산 등지에 널리 이용되고 있다. 2007년 현재 생산업체 수는 690개 정도로 그중 대형업체는 10개 미만이다. 대형기업 전체 시장점유율은 50% 내외로 업종 집중도가 높은 편이다. 글로벌 경제가 활황국면을 보임에 따라 전력보일러, 공업보일러 중심으로 보일러 시장도 안정된 성장세를 구가하였다. 하지만 2008년 성장률 침체가 감지되고 있으며 2009년은 한층 심화될 것으로 판단된다. 현재 미국, 일본, 유럽 소재 시장주도 기업들이 국제시장 주도권을 놓고 경쟁하고 있으며 업체 간 합병도 활발히 진행되고 있다. 글로벌 보일러 시장은 몇 개 대형업체들 간의 분할구조를 유지할 것으로 판단된다.

▣ 전동기 업계

전동기 부분은 중국 기계공업에서 비교적 중요한 위치를 점하고 있다. 그 이유는 전동기가 바로 자동화 시설의 밑바탕을 구성하기 때문이다. 현재 중국 발전량의 60%～70%는 전동기를 축으로 이루어지고 있다. 2007년 현재 전동기 제조업체는 850여 개로 시장규모는 850억 위안 정도로 추산된다. 수출액이 대폭 증대되고 있으며 주력제품은 중소형 전동기로 알려진다. 시장규모 확대와 달리 내부적으로 적지 않은 문제점을 보유하고 있다. 우선 업종 집중도가 낮으며, 자체 브랜드가 충분히 발달되어 있지 않다. 또한 제품 대부분이 저 부가가치 상품이며 핵심경쟁력도 미약한 상태이다. 에너지효율과 제품 질 면에서 선진국 제품과 일정한 차이를 보이고 있다.

▣ 발전설비 업계

발전설비는 크게 수력, 증기터빈, 핵, 풍력 및 이동 발전기와 그 보조시설로 구성되어 있다. 발전기 업종환경은 중국 전력수요와 밀접한 연관성을 가지고 있다. 중국전기공업협회자료에 의하면 2007년 중국 전기공업업계는 30% 이상 성장세를 유지한 것으로 나타난다. 2007년 발전장비 제조업체는 460여 개로 시장규모는 735억 위안 정도이다. 업계 마진율은 24% 정도로 나타났다. 다만 2007년부터 본격화된 전력투자 둔화세로 2008년 업계전망은 그리 밝지 못하다. 또한 2007년 이후 표면화되고 있는 실물경기 둔화가 2009년에는 한층 심화될 것으로 예상된다. 발전설비 업계도 타격을 피할 수 없을 것으로 판단된다. 그 추이는 앞서 <그림 12-1>을 통해서도 관찰할 수 있었다. 소규모 화력발전설비는 도태작업이 지속될 것으로 판단된다. 핵, 천연가스, 재생에너지 부문 이익현실화는 중장기과제로 돌려야 될 것 같다.

2.2 종목현황 이해

기계장비업이 가지는 전략적 위치와 달리 종목 자체는 큰 주목을 받지 못하였다. 이는 부동산, 금융, 통신, 석유 등 대형업종들이 테마를 이루면서 중국 증시를 좌우한 결과로 판단된다. 외형규모 이외에 너무 넓은 품목범위 역시 투자자에게는 진입장벽으로 작용한 것 같다. 우선 기계장비 업종 가운데 한국투자자들이 매매할 수 있는 종목들을 살펴보기로 하자. 주가평가에 앞서 기계장비업종에 어떤 종목이 있으며, 개별 종목별로 무엇을 생산하는지 알 수 있어야 투자판단을 할 수 있을 것으로 생각된다. 참고로 기계장비주는 업종 흐름보다 개별종목별로 움직이는 경향이 강하다. 이는 누차 언급했듯이 기계장비주라고 통칭하기에는 품목이 너무 세분화되어 있기 때문이다. 일례로 기계장비업에 편입된 종목이 전반적인 상승세를 지속하더라도 방직시장이 침체를 보인다면 업종기조와 달리 ST중방, 알팡B주 혹은 징웨이팡즈 주가는 약세를 보일 것이기 때문이다. 개별종목별로 상위 업종은 확연히 다르기 때문이다.

회사명	종목코드	상장거래소	생산품	연관산업
동베이B주	900956	상해	냉각압축기, 태양열 온수기	전기, 전자
쯔이B주	600848/900928	상해	계량과 계측기, 통제 시스템	전력, 비료, 시멘트
지띠엔B주	600835/900925	상해	엘리베이터, 인쇄포장기계	부동산, 인쇄업
상공B주	600843/900924	상해	재봉틀, 제본·인쇄용 사무용품	방직, 인쇄업
상차이B주	600841/900920	상해	자동차, 선박, 전력용 디젤기관	자동차, 조선, 전력
ST중팡	600610/900906	상해	방직기계, 환경보호 설비	섬유방직업
알팡B주	600604/900902	상해	방직기계	섬유방직업
항치룬B주	200771	심천	공업용 증기터빈기	기계공업
우구어B주	200770	심천	전력 및 특수 목적용 보일러	전력
쑤창차이B주	000570/200570	심천	자동차, 공정, 농업기계용 디젤엔진	자동차, 공정, 농업
조우와B주	200706	심천	베어링	기계장비, 자동차
따렁B주	000530/200530	심천	공업용 냉동설비	석유, 전력, 식료품
상해전기	2727	홍콩	전력설비, 엘리베이터, 운송장비	전력, 부동산, 물류
웨이차이동리	2338/000338	홍콩/심천	디젤엔진	자동차
동방전기	1072/600875	홍콩/상해	발전설비	전력
징웨이팡즈	0350/000666	홍콩/심천	섬유방직	섬유방직업
지아따쿤지	0300/600806	홍콩/상해	보링과 밀링기, 압축기	기계공업
동베이전기	0042/000585	홍콩/심천	고압전력제어설비, 전력콘덴서	전력
소우창커지	0521	홍콩	전화부품, 전선, 변압기, 인공지능정보	전력

자료제공: 중국경제정보분석(CEIA)

<표 12-1>은 홍콩, 상해 및 심천 증권거래소에 상장된 기계장비주를 간략히 요약한 것이다. 표를 보면 알 수 있듯이 개별종목별로 생산품목이 일치되는 경우도 있지만 전혀 다른 산업에 속한 경우도 적지 않다. 전력, 자동차, 섬유방직, 기계장비업, 부동산

등 상당히 다양한 산업이 상위 업계에 포진되어 있다. 연관산업에 대한 철저한 분석 없이 기계장비업이라는 말 하나만 믿고 종목을 매입한다면 큰 손실을 볼 수도 있다. 사실 업종 타이틀을 걸고 테마를 형성하는 것이 거의 불가능한 분야가 바로 기계장비주이다. 지면관계로 본 장에서는 상해전기(上海電气 2727.HK), 지아따쿤지(交大昆机), 항치룬B주(杭汽輪B), 지띠엔B주(机電股), 하얼빈동력(哈爾濱動力) 5개 종목에 한하여 기업분석을 수행하고자 한다. 다른 종목에 대한 개괄적인 자료는 <2008년 중국상장기업분석>을 참고하길 바란다.

3. 전략적 투자 기계장비주

3.1 대표종목 소개

▣ 상해전기(上海電气 2727.HK)

중국 최대 장비제조업체로 2005년 4월 홍콩증권시장에 상장되었다. 주요 사업 분야는 전력설비, 전기기계, 교통과 환경 설비 등이 있다. 2007년 매출액은 564.4억 위안으로 전력 설비 분야가 58.2%로 가장 높고 그 다음은 전기기계(22.4%), 운송장비(8.7%), 중장비(5.00%), 환경시스템(4.7%) 등의 순이다. 사업부 마진율은 전력설비와 전기기계가 7%대이며, 운송장비와 중장비는 3.8%와 2.1% 수준에 불과하다. 환경시스템 부문은 2% 이하를 기록하였다. 대형전력설비 증설물량 감소로 주력품목이 타격을 받고 있다. 또한 부동산 경기침체로 전기기계 부문(엘리베이터)도 예전만 못하다. 전략사업인 전력설비와 전기기계가 동반 몰락함에 따라 2008년 매출증가율이 급속히 하락하고 있으며 2009년은 한층 암울할 것으로 판단된다. 참고로 2008년 상반기 매출액과 순이익은 290억 위안과 15억 위안 정도로 집계되었다. 매출은 9% 내외 신장된 반면 순이익은 14% 정도 감소한 것으로 나타났다.

■ 지아따쿤지(交大昆机, 0300.HK/600806.SS)

운남(云南)에 위치한 기계장비 업체로 주 생산품목은 보링과 밀링기, 압축기 등이다. 2008년 경기침체로 매출증가율과 이익률이 둔화되고 있다. 다만 기계장비주로는 드물게 20%에 육박하는 이익률을 보이고 있어 상대적 투자가치는 높은 편이다. 2007년 매출액은 12.7억 위안으로 그중 수평식과 Floor 타입 보링·밀링기가 30.2%와 35.0% 매출 비중을 점하고 있다. 한편 테이블 타입 부문은 6.2%의 매출 공헌도를 기록하였다. 매출액 증가율은 Floor 타입이 97.6%로 가장 높고, 수평식과 테이블 타입은 58.1%와 62.2%의 신장세를 나타내었다. 2008년 상반기 매출액과 순이익은 8.1억 위안과 1.5억 위안 정도로 집계되었다. 매출과 순이익 신장률은 각각

47%와 50% 내외로 조사되었다. 3분기 말 현재 매출신장률은 상반기와 비슷한 수준을 기록하고 있지만 순이익은 23% 증가에 머문 것으로 집계되었다. 2008년 상반기보다 하반기 수익성이 악화되고 있는 상태이다.

■ 항치룬B주(杭汽輪B, 200771)

항치룬은 공업용 증기터빈기를 생산하는 업체로 이 분야에서 시장 지배력을 보유하고 있다. 2006년부터 증기터빈기 시장이 조정 양상을 보이고 있다. 전기터빈기와 달리 대형전력시설 투자감소세에 비교적 자유롭다. 또한 환경문제가 심화될수록 증기터빈기 중요성이 한층 부각될 것으로 판단된다. 중화학공업이 대형화, 집중화됨에 따라 주요 공업시설들이 전기터빈에서 증기터빈으로 전환되고 있는 점 역시 긍정적 요인이다. 2007년 매출액은 28.6억 위안으로 그중 공업용 증기터빈기 부문이 90.5%를 차지하고 있다. 지역별로는 국내와 해외 매출 비중이 각각 86.5%와 13.5%로 집계되었다. 2008년 상반기 매출액과 순이익은 14억 위안과 2억 위안 정도로 집계되었다. 매출과 순이익 신장률은 각각 13%와 14% 내외로 조사되었다. 3분기 말 현재 이 두 수치는 21.6%와 18.0%로 상반기보다 우수한 실적을 보이고 있다.

■ 지띠엔B주(机電股, 600835/900925)

지띠엔은 엘리베이터, 인쇄포장기계 등을 제조하는 업체이다. 중국의 엘리베이터 시장은 세계최대로 다국적 기업 40개 정도가 합작, 독자 방식으로 진출한 상태이다. 동사는 52%의 지분을 보유하고 있는 상해미츠비시(上海三菱) 엘리베이터를 통하여 사업부를 운영하고 있으며, 상해미츠비시(上海三菱) 시장점유율은 15%를 소폭 상회한다. 중국 인쇄포장기계 시장점유율은 37% 정도로 집계된다. 2007년 매출액은 91.9억 위안으로 그중 엘리베이터 부문이 67% 내외의 비중을 차지하고 있으며, 그 다음은 인조섬유판(9.02%), 용접기계(7.13%), 인쇄포장기계(6.29%) 등의 순이다. 2008년 3분기 매출액과 순이익은 79.2억 위안과 4.7억 위안 정도로 집계되었다. 매출과 순이익 신장률은 각각 18.8%와 1.1% 내외로 조사되었다. 하반기로 접어들면서 경영실적이 한층 부정적으로 전환되고 있다. 2008년 전체로는 순이익이 감소세로 돌아설 가능성 역시 존재한다. 부동산 경기 하락이 본격화되고 있어 2009년 역시 긍정적 결과를 기대하기 힘들다.

■ 하얼빈동력(哈爾濱動力, 1133.HK)

중국에서 가장 오래된 발전설비 제조업체로 주요 사업 분야는 화력, 수력, 핵발전 설비 제조 부문이다. 화력 발전소 설비시장이 위축됨에 따라 전력 보일러 생산업계들 간의 경쟁이 심화되고 있다. 그 영향으로 매출둔화 양상이 지속되고 있다. 2007년 매출액은 276.5억 위안으로 그중 화력 설비 부문이 74%, 그 외 기술서비스와 수력발전 부문이 7.6%와 7.9%를 점하였다. 교/직류 모터 부문에서도 6.5% 내외 매출실적을 기록하였다. 수력 부문이 30% 매출 신장세를 기록한 반면 화력과 기술서비스 부문은 6.3%와 30.5% 감소세를 나타내었다. 사업부별 마진율은 화력과 수력 부문이 15.8%와 14.1%로 비슷한 수준을 유지하고 있다. 기술서비스 부문은 미미한 수익률을 기록하고 있다. 2007년 수주한 오더물량을 바탕으로 2008년 매출증가율이 상승 반전되었다. 매출액 대비 이익률은 5% 미만이다.

3.2 경영실적 비교분석

장비업종의 경우 타 업종과 달리 업종구분의 명확성이 상당히 떨어지는데, 이는 업종 영역이 기계, 전자, 전기, 자동차 부문을 모두 아우르기 때문이다. 따라서 본서에서는 업종, 시장환경, 상장된 증시 등에 대한 고려를 바탕으로 5종목을 샘플로 선택하였다. 독자 여러분들은 본서에 언급된 종목보다 우수한 종목들도 존재한다는 사실을 염두에 두길 바란다. 본 단락에서 언급된 5종목 가운데 상해전기 하락세가 가장 두드러진다. 상해전기는 2007년 32%에서

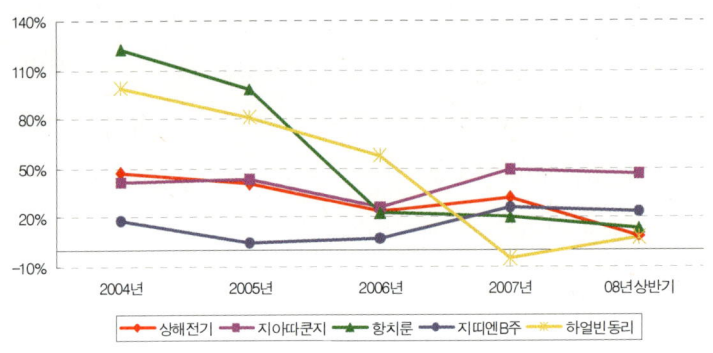

〈그림 12-3〉 주요 기계장비주 성장성 지표

자료제공: 중국경제정보분석(CEIA)

2008년 상반기 9%로 대폭 둔화되었다. 항치룬 역시 상반기 20%
에서 13%로 매출신장률이 둔화된 것으로 나타났다. 다만 하반기로
접어들면서 성장성이 회복되고 있다. 3분기 말 현재 21%의 매출
신장률을 기록하고 있다. 하얼빈동력은 예외적으로 2008년 상반기
매출이 확대된 것으로 나타났는데, 이는 2007년 마이너스(-) 성장
에 따른 착시현상으로 판단된다.

2007년 높은 성장성을 보인 지아따쿤지와 지띠엔 역시 올해는
주춤거리고 있다. 지아따쿤지는 공작기계에 속하는 종목으로 기계
장치산업 전반을 투사한다고 볼 수 있다. 업종 벤치마크 지수로도
활용할 수 있다. 지띠엔은 엘리베이터 제조가 주력산업으로 부동산
현황과 밀접한 관계를 가지고 있다. 부동산 시장이 침체를 보임에

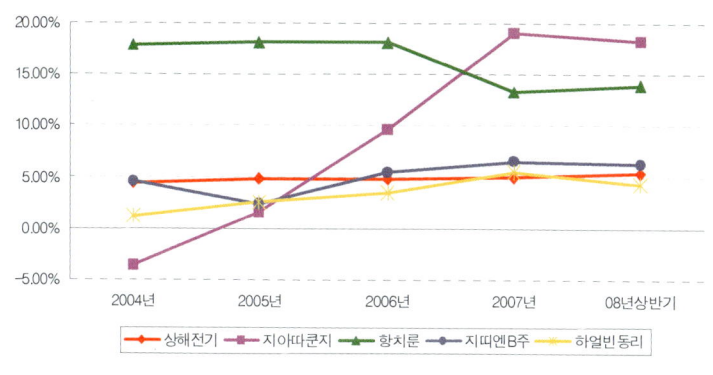

〈그림 12-4〉 주요 기계장비주 수익성 지표

자료제공: 중국경제정보분석(CEIA)

따라 2008 하반기로 접어들면서 성장성이 한층 둔화되고 있다. 2010년까지는 뚜렷한 실적 개선을 기대하기 힘들 것 같다.

수익성 지표는 5종목 모두 20008년 상반기까지는 전년수준 유지라는 특이한 현상을 나타내고 있다. <그림 12-3>에서 보듯이 매출증가율은 종목에 따라 급락을 연출하였다. 하지만 매출액 대비 순이익은 소폭의 변동만 있을 뿐이다. 상해전기는 매년 5% 전후를 고수하고 있으며 지띠엔B주와 하얼빈동리는 큰 변동을 그리지는 않는다. 항치룬은 이전 18% 수준에서 13%로 고착화된 경향을 나타내고 있다. 지아따쿤지 역시 가파른 상승세를 기록한 수익성이 2008년 상반기 급브레이크를 밟았을 뿐이다.

기계장비주는 타 업종에 비하여 마진율이 높지 않으며 시장에서 한번 정해진 판매가는 쉽게 변동되지는 않는다. 타 업종보다 성장, 즉 지속적인 매출 확대 가능성이 중요한 투자판단 근거로 작용될 소지가 크다. 다만 경기침체가 현실화되고 있는 하반기에는 종목별로 그 차이를 보이고 있다. 지아따쿤지와 지띠엔 수익성은 악화된 반면 항치룬은 개선된 모습을 보이고 있다. 경기불황 여파로 부동산, 자동차, 운수, 전력장비 등 상위 산업이 위축된 결과로 판단된다. 내년은 기계장비주에게도 불편한 한 해가 될 것 같다. 그렇다고 전체 종목을 부정할 필요는 없다. 항치룬처럼 선방하는 종목들도 나타날 것이기 때문이다.

4. 가치분석

　항치룬의 경우 30%로 기대수익률을 고정할 경우 매출증가율과 가중평균자본비용 격차축소로 주권가치 과대평가 현상이 발생한다. 그만큼 임의성이 강하게 작용한다고 볼 수 있다. 본서는 최소한 그 차이가 2포인트 이상이 되도록 강제하고 있다. 이런 방법이 적당한 것인가에 대해 논란의 여지가 존재한다. 여러분 스스로 본인만의 기준을 정해 결정하는 것 이외에 다른 방법이 없다. 공인된 모형들도 결국은 분석가 개인의 임의성에 좌우되는 것이 현실이다. 모형함정에 대해 항상 경계할 필요가 있다. 적정주가라고 생각하는 수준에서 다시 20~30% 다운시키는 이유이기도 하다. 사실 20~30%라는 수치 자체도 막연한 추론이다.

단위: 백만 홍콩달러(HKD)

종목명	시가총액			베타계수	상관관계
	실제	FCF 모형	Merton 모형		
상해전기	22,741	0	42,572	0.80	0.51
지아따쿤지	1,123	3,231	1,313	0.82	0.42
항치룬	1,796	2,892	3,005	1.02	0.70
지띠엔B주	3,493	-	7,148	1.07	0.81
하얼빈동리	6,122	0	28,137	0.80	0.49

자료제공: 중국경제정보분석(CEIA), 시가총액은 2008년 10월 기준임.

FCF모형의 경우 상해전기와 하얼빈동리 주권가치를 제로로 산출하였다. 또한 지아따쿤지와 항치룬은 32.3억 홍콩달러와 28.9억 홍콩달러로 현 시가총액보다 높게 추산하고 있다. 지띠엔B주는 산출불가로 나타났는데, 이는 주권가치가 제로라는 의미가 아니라 모형이 실제 변수값을 받아들이지 못한다는 의미이다. 머튼모형은 5개 종목 모두 현 시가총액이 과소평가되었다고 보고 있다. 상해전기, 항치룬, 지띠엔B주는 2배 내외, 하얼빈동리는 4배 정도 이론가보다 시가총액이 낮게 형성된 것으로 판단한다. 예외적으로 지아따쿤지는 머튼모형값이 시가총액과 근사한 수치를 제시하고 있다. 베타계수는 0.8 이상이며 항치룬B주와 지띠엔B주는 1에 가까운 값을 나타내고 있다. 증시변화에 상당히 민감하다고 볼 수는 없지만 그 정도면 낮은 편도 아니다. 주가지수와의 동조화는 지띠엔B주가 가장 높고, 지아따쿤지가 가장 낮다.

단위: 홍콩달러(HKD), 미 달러(USD)

종목명	실제주가	PER 수치도출		머튼모형		FCF 모형			
						기대수익률 20%		기대수익률 30%	
		최소	최대	10년	50년	장부	시가	장부	시가
상해전기	1.91	3.05	5.44	14.32	23.95	0.00	0.00	0.00	0.00
지아따쿤지	2.64	5.85	12.93	3.09	4.62	–	–	–	7.60
항치룬	5.65	8.01	25.81	8.08	12.22	–	–	–	7.77
지띠엔B주	0.48	0.99	2.21	1.20	1.64	–	–	–	1.91
하얼빈동리	4.45	14.10	25.17	20.43	34.50	0.00	0.00	0.00	0.00

자료제공: 중국경제정보분석(CEIA), 실제 주가는 2008년 10월 평균주가를 의미함.

2008년 10월 말 현재 상해전기 주가는 1.91홍콩달러로 나타났다. 이는 PER모형과 머튼모형 이론주가보다 상당히 낮은 가격이다. 머튼모형은 최대 24홍콩달러까지 상해전기 주가를 추정하고 있다. PER모형 역시 최소 3.1홍콩달러, 최대 5.4홍콩달러 정도로 주가를 추산하고 있다. FCF모형만이 유일하게 상해전기 주가를 휴지조각으로 판정하고 있다. 현 주가를 기준으로 근사치를 찾는다면 머튼모형보다 PER모형과 FCF모형이 유력할 것 같다. <표 12 - 3>을 보면 슬래쉬(-) 표시를 발견할 수 있을 것이다. 이 표시는 주가가 제로(0)라는 뜻이 아니라 FCF모형이 변수 값을 받아들이지 못함에 따른 결과이다. 모형적 한계를 무시한다면 기대수익률 30% 시가추정치보다는 상당히 높게 이론주가가 도출될 것이다. 독자 여러분이 <표 12 - 3>을 이용하실 때는 30% 시가추정치를 FCF모

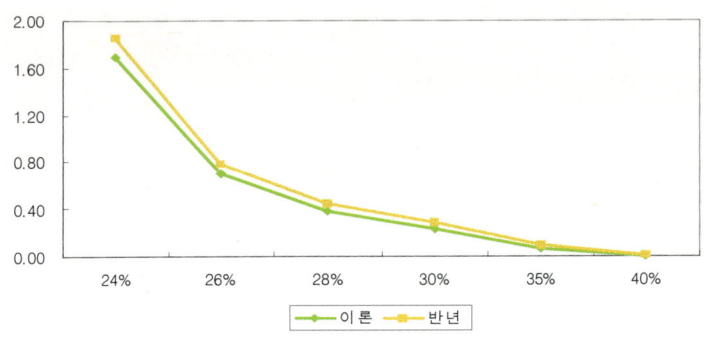

단위: 홍콩달러(HKD)

자료제공: 중국경제정보분석(CEIA)

형 최저치로 간주하여도 무리가 없을 것이다. 지아따쿤지 현 주가 2.64홍콩달러는 10년 생존기준 머튼모형값(3.09홍콩달러)에 근사한 것으로 나타났다. 이론주가 대비 현재 주가가 상당히 저평가된 상태이다. 지띠엔B주 역시 이론주가보다 최소 2배 이상 저평가되어 있다. 하얼빈동리의 경우 상해전기와 동일한 모습을 나타내고 있다.

<그림 12-5>는 매출증가율을 16%로 고정한 채 기대수익률 변화에 따른 주가추이를 살펴본 것이다. 2008년 10월 지띠엔B주 주가를 통하여 유추한 투자자의 기대수익률은 28% 정도인 것으로 나타났다. 과거보다는 지띠엔 투자위험을 높게 보고 있는 셈이다. 투자자들이 기대수익률을 높게 부르는 현상은 지띠엔에 국한된 문제만은 아니다. 글로벌 증시전반에 걸쳐 일어나고 있는 현상이다.

〈그림 12−6〉 매출증가율 변화에 따른 주가추이

단위: 홍콩달러(HKD)

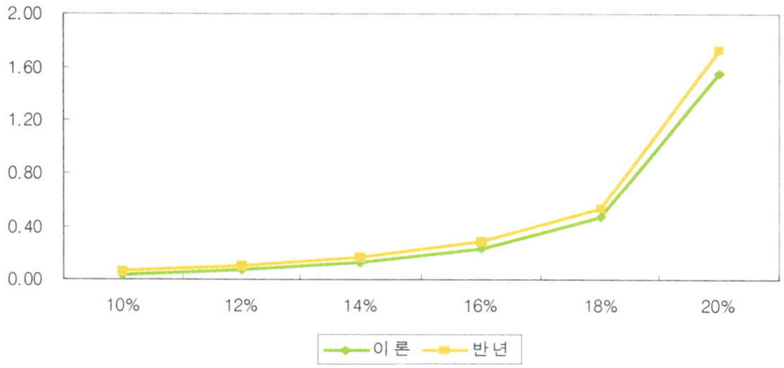

자료제공: 중국경제정보분석(CEIA)

투자자가 높은 기대수익률을 요구할수록 종목주가는 추가 하락을 거듭할 것이다.

<그림 12−6>은 기대수익률을 30%로 고정한 채 매출증가율을 상승시킨 그래프이다. 매출증가율 20% 수준에서 지띠엔 주가는 최대 1.72홍콩달러를 기록하였다. 증시가 불안정할 때는 실적이 모든 것을 설명한다. 2009년은 테마주, 낙폭과대주보다 실적우량주에 눈을 돌리길 바란다. 2010년까지는 실적이 모든 요인을 제압할 것이다.

5. 기술적 분석

5.1 기계장비주 주가흐름

<그림 12−7>은 기계장비주 5종목 주가흐름을 살펴본 것이다. 우측의 비교주가는 2005년이 아닌 2006년 1월 주가를 100으로 설정하였다. 한국에서도 기계장비주가 테마를 형성한 적이 있으니 이와 비교해 보는 것도 의의가 있을 것이다. 항치룬을 제외한 모든 종목이 2007년 10월을 기점으로 하락세로 전환되었다. 항치룬은 예외적으로 2007년 5월을 정점으로 주가가 꺾이는 모습을 그리고 있다. 좋을 때, 즉 활황장에서는 종목별로 그 격차가 크게 나타나지만 나쁠 때는 동일한 모습을 그리고 있다. 지아따쿤지는 18홍콩

실제 주가흐름

비교 주가흐름(2006년 초 주가＝100)

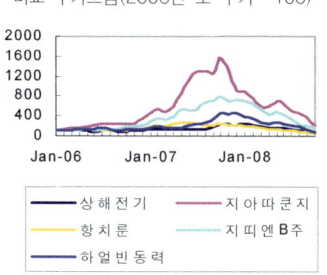

자료제공: 중국경제정보분석(CEIA)

달러를 돌파한 적도 있지만 2008년 10월 현재 2.6홍콩달러에 머물러 있다. 지띠엔, 하얼빈동력, 항치룬 역시 4～5홍콩달러에 불과하다. 최고 20홍콩달러 전후를 기록한 것과 대조되는 결과이다. 한편 상해전기는 2홍콩달러를 하회하고 있다.

상대적 주가흐름을 살펴보면 지아따쿤지가 최대 15.6배까지 상승한 것으로 나타났다. 지띠엔과 하얼빈동력은 각각 7.8배와 4.5배까지 주가가 상승하였다. 반면 항치룬과 상해전기는 2.5배 전후가 정점이었다. 2008년 10월 현재 지아따쿤지와 지띠엔B주만이 여전히 2.2배와 1.7배를 유지하고 있으며, 그 외 종목은 2006년 1월 주가수준을 하회하고 있다. 특히 항치룬은 63% 수준으로 하락 정도가 가장 심하다. 상해전기와 하얼빈동력은 70%와 80% 수준을 유지하고 있다.

5.2 기계장비주와 MACD

기계장비주 모두 MACD 시그널이 마이너스(-)를 가리키고 있다. 매매타이밍 측면에서 아직은 기다릴 것을 요구한다. 개별적으로 기술적 반응을 기대할 수는 있을 것이다. 하지만 추세흐름이 상승에 힘을 실어준 단계는 아니다. 하얼빈동력은 횡보에서 추가하락 기미를 나타내고 있다. 바닥을 논할 단계는 아닌 것 같다. 지아따뚠지는 마이너스(-)권이지만 그래프가 (+)권에 한층 다가서는 모습을 그리고 있다. 2009년은 등락을 반복하면서 바닥을 다지는 모습을 나타낼 것 같다. 항치룬 역시 급락세는 일단 진정된 것 같다. 당분간 횡보하는 모습을 보이면서 상승 모멘텀을 축적할 것이

〈그림 12-8〉 MACD로 살펴본 종목별 주가현황

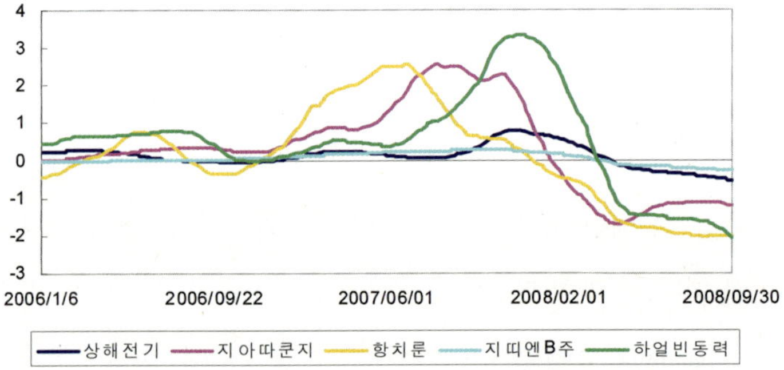

━ 상해전기　━ 지아따쿤지　━ 항치룬　━ 지띠엔B주　━ 하얼빈동력

자료제공: 중국경제정보분석(CEIA)

다. 지띠엔B주 역시 항치룬과 그 궤도를 함께할 것이다. 다만 상해전기는 시그널 형태가 분명할 때까지 지켜볼 필요가 있다.

5.3 매물대로 본 기계장비주

상해전기 매물대는 3.5홍콩달러에서 4.5홍콩달러 구간에 집중된 모습을 그리고 있다. 2008년 10월 말 현재 상해전기주가는 1.9홍콩달러에 머물러 있다. 3홍콩달러 이하는 그리 힘겨운 구간은 아니다. 다만 횡보가 상당 기간 진행될 경우 2홍콩달러~3홍콩달러 사이에 추가 매물대가 형성될 가능성은 존재한다. 지아따쿤지는 주요 구간별로 진입장벽이 놓여 있다. 4홍콩달러, 8홍콩달러, 16홍콩달러 전후가 두드러져 보인다. 항치룬은 20홍콩달러에서 강력한 저항선이 형성되어 있으며 10홍콩달러~12홍콩달러 전후 구간도 무시할 수 없다. 지띠엔은 0.7~0.8달러 구간에 1차 저항선이 놓여 있다. 일단 이 구간을 돌파한다면 1.2달러 턱밑까지 쉽게 진입할 것이다. 만약 1.3달러를 돌파한다면 다음 저항선은 2.0달러 전후에서 형성될 것 같다.

하얼빈동력은 고가보다는 중저가 부근에 매물대가 집중된 구조이다. 15홍콩달러를 돌파하기는 상당히 힘들 것 같다. 모든 매물대를 일순간 돌파할 여력 역시 현재로는 부족하다. 상위 산업인 전력 부문은 2009년 상반기까지 구조조정을 지속할 것으로 판단되며,

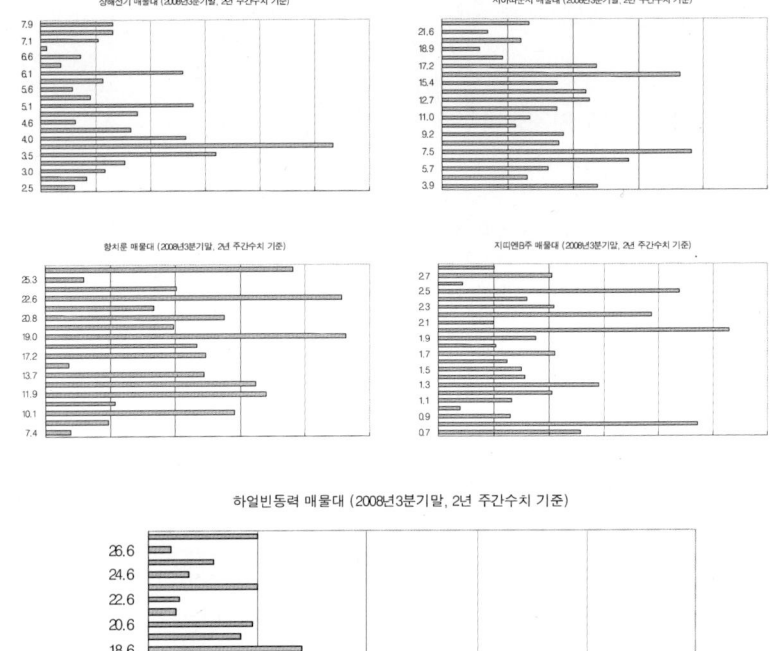

〈그림 12-9〉 종목별 매물대(2008년 3분기 말, 2년 주가수치 기준)

자료제공: 중국경제정보분석(CEIA)

설비투자는 2010년경에야 탄력을 받을 것이다. 기업 측면에서도 긍정적 요인보다 부정적인 측면이 더욱 어필되고 있다. 당분간은 8 홍콩달러 돌파도 단언하기 힘들다.

제13장   조정의 늪에 빠진 전력주

1. 중국 전력시장 이해

1.1 전력공급 현황

중국은 경제규모 팽창과 고정자산투자 증가로 2003년 이후 심각한 전력부족 사태를 경험하였다. 2003년 한 해 21개 성에서 전력부족 사태를 경험하였으며 2004년에는 24개 성으로 확대 심화되었다. 그해 중국은 전력공급을 제한하는 조치를 취한 것으로 알려지고 있다. 당시 전력부족분은 연 2500~3000만 킬로와트로 알려지고 있는데 이는 전체발전량의 7% 정도에 해당하는 수치이다. 2003년 이후 전력시설 투자를 대폭 확대함에 따라 2005년 하반기 이후 전력부족 사태가 점차 진정되었다. 전국적인 전력부족 사태가

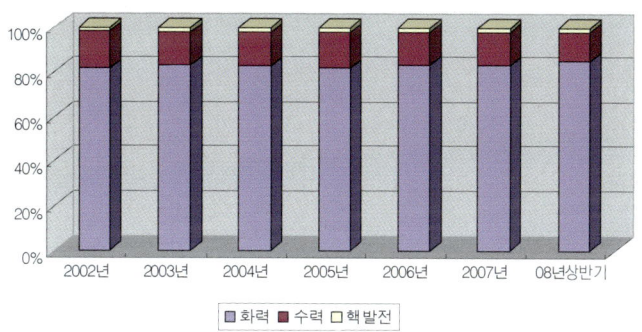

〈그림 13-1〉 전력원별 생산비중

자료제공: 중국국가통계국, 중국전력감독위원회

지역적, 계절적 문제로 완화되었으며 동북과 서북 지역의 경우 수요와 공급이 어느 정도 균형상태를 이루었다. 하지만 화동과 남방지방의 전력부족 사태는 여전히 미결로 남아 있었다. 2005년 전력공급시스템 확대를 위하여 2004년 대비 44.7% 증가한 총 4,754억위안의 자금을 전력 생산과 공급 부문에 투입한 결과 2006년부터 전력부족 사태는 완화된 모습을 보였으며 최대 부족분도 2004년도의 1/3 수준으로 떨어졌다.

2008년 상반기 말 현재 중국 발전량 신장률은 12.9%로 전년동기 대비 3.1포인트 하락한 것으로 나타났다. 참고로 2007년 이 수치는 14.4%를 기록하였다. 전력공급량은 기본적으로 경제성장률추이와 맥을 같이한다. 2008년 3분기 말 중국 경제성장률은 9.9%로 조사되었다. 2007년 11.9%로 비교할 경우 2포인트 정도 하락한 것이다. <그림 13－1>은 전력원별 비중을 나타낸 것이다. 화력이 85.1%로 대부분을 차지하고 있으며, 그 다음은 수력(12.9%), 핵발전(2.0%) 순이다. 수력, 핵발전 부문은 전략생산량 증가에도 상대적 비중은 하락세를 나타내고 있다. 참고로 2007년 중국 전체 발전용량은 71,329만 킬로와트로 2002년보다 2배 이상 확대되었다. 화력과 수력발전이 차지하는 비중은 77.7%와 20.4%로 조사되었는데, 화력 부문의 경우 발전용량보다 실제 발전량 비중이 4포인트 이상 높게 나타났다. 수력은 그 반대 결과를 산출하고 있다. 수력보다는 화력발전 효율성이 높은 것이다. 좀 멀게 느껴지는 2015년에도 전력원별 비중은 큰 변동이 없을 것이다. 중국에서도 환경, 재생에너지에 대한 관심이 증대되고 있는 것은 사실이다. 하지만 그것이 상업화, 현실화되기까지는 상당한 기간이 소요될 것이다. 투자잠재력과 실제 투자가치는 다른 문제이다.

1.2 전력수요 현황

2002년～2006년 사이 전력수요는 연평균 18.1% 성장하였다. 2007년은 2006년 대비 14.4% 수요가 증가된 것으로 나타났다. 글로벌 경기불황이 현실화되고 있는 2008년, 전력수요 증가율은 2007년보다 3.9포인트 하락한 11.7%를 그리고 있다. 수요가 공급보다 경기 민감도가 더 큰 셈이다. 전력 생산업체 입장에서는 상

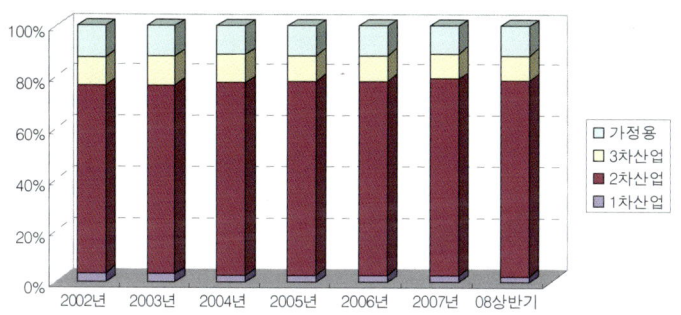

〈그림 13-2〉 산업별 전력소비 비중

가정용
3차산업
2차산업
1차산업

자료제공: 중국전력감독위원회

당히 곤혹스러운 상황이다. 공급보다 수요가 더 빨리 위축된 상황에서 원가상승을 전력판매가에 충분히 이전시키지 못하고 있다.

전력수요 변동과 상관없이 소비구조는 거의 일정한 것 같다. 전체 전력소비량의 75.6%를 2차 산업이 점하고 있으며, 3차 산업과 1차 산업은 각각 10.0%와 2.9%를 차지하고 있다. 가정용 전력사용량은 전체 소비량의 11.5%에 불과하다. 이 수치는 한국보다 4.6포인트 정도 낮은 것이다. 공공서비스용 전력을 가정용에 포함시킬 경우 최대 8.8포인트 정도까지 격차가 벌어진다. 한편 전력소비탄력성은 2003년 1.68을 최고점으로 점차 하락하여 2006년 1.28까지 떨어졌다. 하락세를 보이고 있지만 1990년대 0.75수준과 비교한다면 여전히 높은 수치이다. 무분별한 공업화와 도시화로 촉발된 소비탄력성 상승기조가 자원절약과 효율성 문제가 본격화됨에 따라 하향압력을 받고 있는 셈이다. 산업전반에 걸쳐 일어나고 있는 노후시설 교체작업 역시 전력효율성 향상과 연결된 문제이다.

1.3 전력 투자현황

2007년 중국 전체 발전용량은 2002년 대비 두 배 정도 확대되었다. 이는 동일 기간 중국 GDP 확대추세와 거의 맥을 같이한다. 참고로 2007년 중국 GDP 규모는 24조 9530억 위안으로 2002년보다 2.1배 신장된 것으로 조사되었다. 이 두 수치만 살펴본다면 특별한 문제점을 발견할 수 없다. 경제성장과 전력공급 간의 균형을 이룬 것뿐이다. 하지만 중국정부는 전력부문에 대한 투자를 제한하고 있다. 상식에서 크게 벗어난 결과도 아닌데, 왜 이런 조치를 취하는 것일까? 그 이유는 <표 13 - 1>을 살펴보면 알 수 있다. 먼저 전력투자 성장탄력성을 살펴보면, 2005년 4.3에서 2006년 0.9로 급감한 것을 관찰할 수 있다. 투자효율성이 대폭 악화된 상태로 무리한 전력투자는 자원낭비만을 초래할 뿐 경제적 이득은 높지 않은 상태이다.

또한 전력생산과 공급 간의 투자균형이 왜곡된 것을 발견할 수 있다. 전력생산 부문 투자가 확대되면 공급 부문 투자가 축소되고, 공급 부문이 감소하면 생산 부문이 증가하는 이중적 구조를 나타내고 있다. 그 결과 자원을 투입한 만큼 효율성이 확보되지 못한

단위: %, 억 위안

구분		2002	2003	2004	2005	2006	2007
GDP증가율		9.10	10.00	10.10	10.40	11.10	11.90
전력투자성장탄력성		1.99	2.60	1.34	4.30	0.90	–
전력생산	금액	747	1,880	2,048	3,228	3,122	3,042
	증가율	14.25	151.59	8.89	57.65	(3.28)	(2.56)
전력공급	금액	1,507	1,014	1,237	1,526	2,106	2,451
	증가율	43.88	(32.74)	22.02	23.34	37.98	16.41
총계	금액	2,297	2,894	3,285	4,754	5,228	5,493
	증가율	18.12	26.01	13.49	44.73	9.96	5.07

자료제공: 중국전력감독위원회

결과를 초래하였다. 2006년만 살펴보더라도 생산 부문 투자는 3.3% 감소한 반면 공급 부문은 2005년보다 38% 정도 확대된 것을 관찰할 수 있다. 2007년 역시 그 추세가 유지되고 있다. 자원배분 문제점이 도출되고 있는 셈이다. 발전용량은 필요수준에 근접한 반면 이를 소비자에게 배송하는 루트는 여전히 부실한 것이다. 수요와 생산을 연결시켜 주는 공급망 건설을 외면한 결과 기업체들은 필요한 전력을 제때 수혈받지 못하고 있다. 항치룬과 같은 전력설비 종목들이 부진한 이유도 바로 여기에 있다. 발전 분야는 2006년 이전 충분히 확장하였다. 2010년까지는 뚜렷한 신장세를 기대하기 힘들 것 같다. 2008년 상반기 말 현재 전력투자총액은 3,545억 위안으로 7.4% 증가한 것으로 나타났다. 투자금액은 확대되었지만 신장률은 전년동기 대비4.5포인트 하락하였다.

1.4 전력주 실적에 영향을 미치는 요인

▣ 전력가격

전력가격은 현재 중국 전력시스템 개혁의 핵심요소로 크게 두 방향에서 접근할 수 있다. 첫째는 전력생산, 공급과정에서 투입된 원가개념이며, 다른 하나는 정책가격 요인이다. 원가개념 접근 시 주 생산원료인 석탄, 구리 등의 원자재 가격변화를 우선 살펴볼 필요가 있다. 반면 정책가격은 정책변화를 파악하여야 한다. 원가개념은 앞서 살펴본 석탄가격 동향으로 대신하고자 하며 본 단락은 정책가격에 중점을 두기로 한다.

국민경제에 미치는 영향력을 감안하여 중국은 이전부터 전력가격을 정부관리하에 두었다. 2003년 7월 '전력가격개혁방안' 발표로 시장화 기틀을 마련하였는데, 그 주요 내용은 생산과 판매가격에 시장경쟁요소를 도입한다는 것이다. 단 송출가격은 정부 감독하에 두도록 하였다. 쉽게 말하면 생산과 공급의 연결고리 안에서 이루어지는 기업 간 가격시스템은 시장화를 추구하지만 최종 소비단계 가격은 정부가 조절한다는 의미이다. 2005년 국가발전개혁위원회는 전력판매가를 용도, 전압, 부하량 등으로 구분하여 결정하는 시스템을 각 성과 시에 채택하도록 요구했으며 지역 간 전력거래 규칙도 정비하였다.

2004년부터 실시된 전해알루미늄, 합금철, 시멘트, 철강 등 6개 업종에 대한 차등가격제는 확대 강화되고 있다. 현재 신장과 길림성을 제외한 29개 성에서 업종별 차등가격제를 실시하고 있다. 또한 고유가로 석탄가격이 급등하자 중국정부는 석탄과 전력가격을 연동시키는 시스템을 채택하였다. 이 시스템에 의하면, 지난주보다 석탄가격이 5% 초과 상승할 경우 초과분 대비 30%는 전력회사가 자체 소화한 후 나머지 70%에 한하여 전력가격과 연계 가능하도록 하였다. 석탄가격이 상승할수록 전력회사 이익공간은 축소되는 것이다.

　<그림 13-3>은 전력회사별 전력공급가격 추세흐름을 나타낸 것이다. 중앙전력회사는 중앙정부 관리하의 전력회사를 말한다. 5대

〈그림 13-3〉 그룹별 전력공급가격 추이

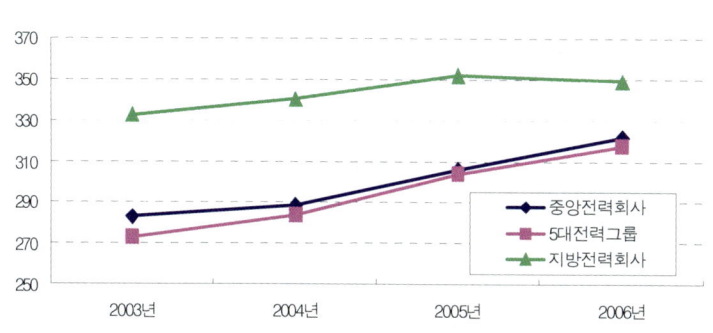

자료제공: 중국전력감독위원회

전력그룹은 중앙정부 산하 중국 5대 전력회사를 일컫는 말로 따당발전(0991.HK/HSI), 화능국제(0902.HK), 화띠엔국제(華電國際 이외에 꿔어티엔(國電)과 중띠엔토우(中電投)그룹이 이에 포함된다. 2007년 현재 이들 5대 전력회사는 전체 발전능력의 42% 정도를 차지하고 있다. 중앙전력회사는 선화그룹(神華集團), 장강샨시아공정개발총공사(長江三峽工程開發總公司), 화룬전력(華潤電力), 중국핵전그룹(中國核電集團公司) 등을 일컬으며 11% 내외의 점유율을 나타내고 있다. 그 외 47% 정도는 지방전력회사와 민영, 외자기업이 담당하고 있다. <그림 13-3>에서 보듯이 지방 전력회사의 전력판매가격이 중앙과 5대 전력그룹보다 높게 나타났다. 이는 가격책정에 있어 5대 전력회사와 중앙전력회사보다 자율성이 한층 보장되기 때문이다.

〈표 13-2〉 지역별 전력판매가격

연도	화북		동북		서북		화동		화중	
	금액	증가율	금액	증가율	금액	증가율	금액	증가율	금액	증가율
2003년	407.7		431.4		334.3		501.4		404.3	
2004년	426.3	4.58	444.1	2.94	342.4	2.44	491.8	(1.92)	412.2	1.96
2005년	447.1	4.88	471.2	6.09	354.9	3.64	548.2	11.47	438.1	6.28
2006년	474.5	6.13	493.6	4.77	366.2	3.20	551.0	0.52	464.7	6.09
2007년	488.0	2.85	510.4	3.40	378.3	3.30	554.8	0.69	476.3	2.50

자료제공: 중국전력감독위원회

전력생산시설 위치와 경제발전단계가 상이함에 따라 전력판매가격은 지역별로 큰 편차를 나타내고 있다. 최대 경제권인 화동은 천 와트시에 555위안인 데 반하여 경제 낙후 지역인 서북 지방은 378위안 정도에 판매되고 있다. 그 외 화북과 화중은 480위안 전후를 기록하고 있으며, 동북은 510위안을 나타내고 있다. 판매가격 증가율은 다음과 같다. 화동 지역은 2005년 11.5% 급상승한 이후 정체국면을 보인다. 화북, 동북, 화중 지역은 둔화양상을 나타내고 있으며, 서북 지역은 미미한 상승세를 유지하고 있다. 단일 지역으로는 광동이 701위안으로 전력비 부담이 가장 높다.

한편 전력공급비용은 동북 지역이 151위안으로 가장 높고, 그 다음이 남방(150위안)과 화중(133위안) 지역인 것으로 나타났다. 참고로 화북과 서북은 125위안 내외로 집계되었다. 판매가 대비 공급비용은 화동 지역이 23%로 가장 낮고, 서북 지역이 33%로 가장 높다. 그 외 지역은 27% 내외를 기록하고 있다.

이상의 결과로 볼 때 전력공급업체는 서북 지역에서 장사하는 것이 유리하며, 전력생산업체라면 화중 지역이 매력적이다. 동종업체보다 화룬전력 수익성이 높은 이유도 생산량의 40% 정도가 화중 지역에서 실현되기 때문이다. 따당발전(0991.HK/HSI), 화능국제(0902.HK), 화띠엔국제(華電國際) 같은 대형전력회사는 전력생산시설이 전국에 산재되어 있어 평준화 경향을 나타내고 있다.

▣ 전력시설 효율성

전력가격과 함께 전력생산설비 효율성 역시 수익성에 영향을 미친다. 제조기업의 가동률 개념으로 해석하면 쉽게 이해될 것이다. 생산시설이 충분히 가동되지 않는다면 비용부담이 확대될 것이다. <그림 13-4>는 수력, 화력발전소 가동시간을 연도별로 비교한 것이다. 2004년 이후 화력 부문 가동시간은 감소세를 보이지만 수력은 2006년을 제외하고는 상승세를 지속하고 있다.

상기 결과는 두 전력시설 간의 원재료 개념이 상이하기 때문이다. 화력발전소는 석탄이 주 원자재인 데 반하여 수력발전소는 강우량이다. 시설규모와 관계없이 연 강우량이 하락할 경우 수력발전소 가동률은 자연히 저하된다. 반면 화력발전소는 원가상승 압력이

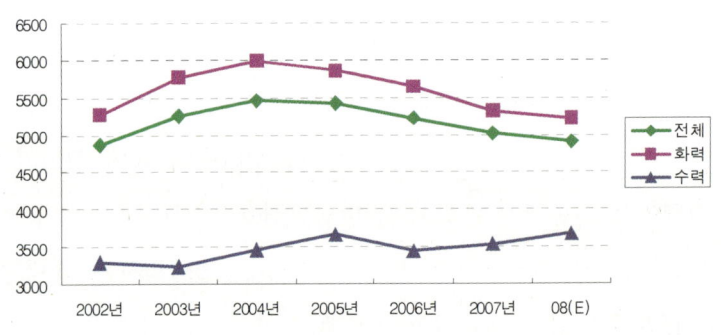

〈그림 13-4〉 전력설비 평균이용시간

자료제공: 중국전력감독위원회, 중국경제정보분석(CEIA)

누적될 경우 노후화된 전력설비 순으로 생산시설을 가동시키고 있다. 따라서 해당 종목이 화력과 수력 가운데 그 비중이 어디에 놓이는지도 확인해 둘 필요가 있다. 연관산업 종목 역시 동일한 원리가 적용된다.

<그림 13-5>는 전력시장 흐름을 가늠하는 지표 3가지를 살펴본 것이다. 발전용량 증가율은 2006년까지 꾸준한 상승세를 보였다. 반면 발전량 증가율은 2005년까지 하락세를 기록한 후 2006년, 2007년 보합세를 기록하고 있다. 소비증가세가 생산증가율을 하회하고 있는 셈이다. 2005년과 2006년은 중국 전력시장은 과잉생산 국면에 진입하였다. 정책적으로 전력시설 확장을 제한한 결과 2007년 발전용량 증가율은 하락세로 반전되었다. 한편 설비이용시

〈그림 13-5〉 연도별 주요 전력지표 추이

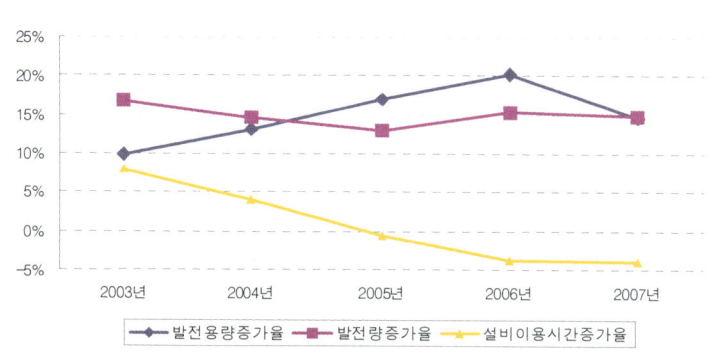

자료제공: 중국전력감독위원회

간 증가율은 하락세를 지속하다 2005년부터는 감소세로 돌아섰다. 몇 년 전부터 전력주 수익성은 악화일로를 걷고 있었던 셈이다.

전력주 매출증가율 하락과 수익성 침체도 동일 맥락에서 이해할 수 있다. 글로벌 경기 둔화로 중국 제조업 타격이 현실화되고 있는 현재 소비 부문 위축은 한층 심할 것으로 판단된다. 전력업종 수익구조 개선은 소비확대보다는 공급축소 관점에서 바라보는 것이 현명할 것으로 생각된다. 생산설비 축소작업이 전력시장에 현실화되기에는 2~3년의 기간이 소요된다는 점을 감안할 때 전력주와 연관산업에 대한 투자는 2010년경이 적당할 것이다. 선행투자자라면 2009년 상반기를 지켜본 후 입질을 시작해도 될 것 같다.

2. 조정의 기로에 선 전력주

2.1 대표종목 소개

■ 따당발전(大唐發電0991.HK/HSI)

따당발전은 중국 대형 전력업체로 현재 발전소 4개를 보유하고 있다. 또한 전국 각지에 30개 전력회사를 자회사 및 계열사 형태로 관리하고 있다. 산하 전력회사 가운데 화력발전 부문이 17개로 가장 많으며 그 다음은 수력(12개), 풍력(1개) 순이다. 석탄가격 향방에 따라 수익이 좌우되는 경향이 짙다. 2007년 신규설비가동과 자원절약기술 등으로 전력 1킬로와트시(Kwh) 생산에 투입된 석탄량이 2006년보다 6.22그람 감소한 것으로 조사되었다. 100만 킬로와트시(Kwh)당 소비되는 석유량은 5.76톤 축소되었으며 용수량 역시 20% 정도 감소세를 보이고 있다. 장기적으로 석탄위주의 발전소 설비시설을 수력, 원자력 등으로 다변화할 계획이며 현재 관련 프로젝트를 진행 중이다. 2006년을 기점으로 성장성과 수익성이 한계를 보이기 시작하였다. 2008년 상반기 매출증가율은 14.1%로 2007년 과반에도 미치지 못하는 실적을 기록하였다. 또한 매출 대비 순이익 비율도 10%에서 2% 수준으로 급하강하고 있다.

▣ 화능국제(華能國際, 0902.HK/600011.SS/HNP/HPO.L)

중국 최대의 상장 전력회사 가운데 하나로 현재 전국에 소속 발전소 16개가 산재되어 있다. 2007년 사천수력 발전소 보유지분을 60%에서 49%로 축소시킴에 따라 2007년 합병재무제표에 이 부문 실적은 제외되었다. 동사 전력생산량은 광동성 전체 사용량의 50%를 상회하는 것으로 추정된다. 2007년 매출액은 497.7억 위안으로 집계되었으며 마진율은 20%대 이하를 기록하였다. 지역별 매출비중은 장강 이남이 60.9%, 장강 이북이 38.9%를 차지하고 있다. 석탄/전력가격 연동제로 비용상승 요인이 판매가에 일부 반영은 되고 있지만 그 범위는 제한적이다. 그 결과 매출액 대비 석탄가격 비율이 지속적으로 상승하고 있다. 시설 증설로 매출액은 확대되고 있지만 수익성은 악화일로를 걷고 있다. 2008년 상반기 매출신장률은 32.8%로 조사되었으며 처음으로 적자를 실현하였다. 최근 지속된 공격적 경영에 따른 후유증이 우려된다. 재무부담에 대한 면밀한 검토가 필요하다.

▣ 화륜전력(華潤電力, 0836.HK)

화륜그룹(華潤集團)의 계열사로 전력사업부를 담당하고 있다. 2007년 발전능력이 56% 이상 신장된 것으로 나타났다. 지역별로는 화동(華東)이 4,362메가와트로 34.9%를 점하고 있으며 그 다음은 화남(華南, 24.4%), 화중(華中, 23.7%), 화베이(華北, 9.6%) 순이다. 2007년 매출액은 168.3억 홍콩달러로 73% 정도 신장된 것으로 나타났다. 2008년 상반기 역시 80% 이상 매출이 확대되었다. 발전설비 증대와 공급가격 상승이 복합적으로 작용한 결과로 판단된다. 2007년은 원가인상 요인을 비용통제와 효율성 향상을 통하여 적절히 통제하였지만 2008년 그 한계에 도달한 것 같다. 2008년 상반기 기준 매출액 대비 순이익 비율이 8.3%로 전년대비 56% 이상 폭락하였다. 2009년에도 수익성 하락기조는 유지될 것으로 전망된다. 다만 규모경제로 순이익 자체는 확대될 것이다.

▣ 위에티엔리B주(粤電力B, 000539/200539)

위에티엔리는 광동을 중심으로 전력업을 영위하는 업체이다. 2007

년 광동성 전력공급량과 수요량은 각각 8.9%와 13.0% 확대된 것으로 나타났다. 2008년 글로벌 경기여파로 광동 지역 경제가 상당히 위축됨에 따라 성장성과 수익성 모두 부정적으로 변하고 있다. 2008년 상반기 기준 매출증가율은 16.4%로 전년보다 3포인트 정도 하락하였으며, 화능국제와 동일하게 적자로 반전되었다. 발전량 증가가 석탄가격과 기타 비용상승분을 충분히 흡수하지 못하고 있다. 3.8억 위안 정도를 투입하여 양광재산(陽光財産) 보험지분 14.58%를 인수하였다. 2008년 3분기 말 현재 매출 90억 위안에 1억 위안 상당의 적자를 실현하고 있다.

2.2 경영실적 비교분석

홍콩과 중국 증시에 상장된 종목들을 기초로 전력업종 성장환경을 분석하면 <그림 13-6>과 같다. 화륜전력은 2004년 300%에 육박하는 매출증가세를 기록한 후 2006년까지 하락세를 지속하였다. 2008년 상반기 83% 수준까지 재도약한 것으로 나타났다. 따당발전은 2006년 38%을 정점으로 하락을 거듭한 끝에 2008년 상반기에는 14% 수준까지 떨어졌다. 위에티엔리는 등락을 반복하는 구조를 보이고 있다. 상승한 다음 해는 소폭 하락, 2년차에는 급락, 3년차에는 재상승하는 패턴을 나타내고 있다. 이런 추세를 감안한다면 2008년은 소폭 하락, 2009년은 급락으로 귀결될 것 같다. 화

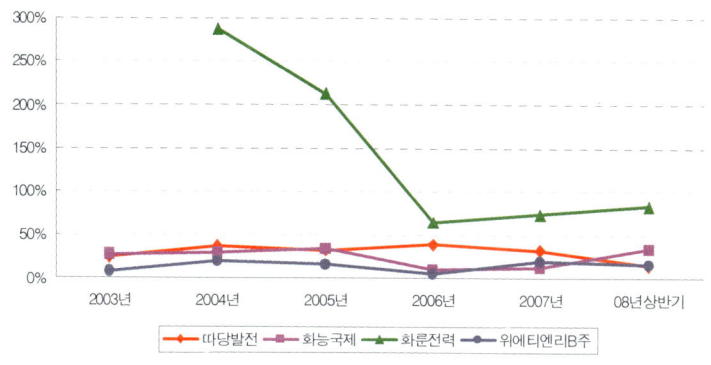

자료제공: 중국경제정보분석(CEIA)

능국제는 반대로 2년 연속 상승한 후 하락 반전되는 모습을 그리고 있다. 2008년은 매출상승으로 마감한 후 내년에는 증가율이 하락될 것이다.

상기 결과를 단순한 우연으로 단정하기는 힘들다. 시설투자 사이클이 그 밑바탕에 자리 잡고 있기 때문이다. 해마다 시설투자에 막대한 돈을 투하할 수 있는 기업은 극히 드물다. 올해 활발한 시설투자가 이루어졌다면 다음 회계연도는 중립 혹은 소극적일 수밖에 없다. 그 결과 전력부족 현상이 심화되고 이는 다시 투자촉진을 불러일으킨다. 전력업 매출증가율은 경제상황보다 투자주기가 더 직접적인 영향을 미친다. 또한 공급가격 변화 역시 상당한 공헌을 한다. 그럼 종목별 수익성 현황을 살펴보기로 하자.

〈그림 13-7〉 주요 전력주 수익성 지표

자료제공: 중국경제정보분석(CEIA)

　　매출증가율과는 별개로 모든 종목에서 수익성 하락이 감지되었
다. 이는 규모경제 효과가 충분히 발휘되지 못한다는 사실을 반증
한다. 즉 고정비가 아닌 변동비가 관건인 셈이다. 석탄가격이 하락
세로 반전되거나 전력가격 현실화가 선행되지 않는다면 매출확대
가 오히려 독으로 작용될 수도 있다. <그림 13-7> 내 화룬전력
수익성 그래프가 그 좋은 사례이다. 비용통제와 효율성 향상을 통
하여 원가절감 효과를 일부 실현할 수도 있다. 하지만 수익성 악
화의 구조적 사슬을 끊지는 못할 것이다. 전력주에 부정적 평가를
보내는 이유이기도 하다.

3. 가치분석

FCF모형은 모든 전력주 이론시가 총액을 제로로 추정하였다. 반면 머튼모형은 화륜전력을 제외하고는 시가총액보다 약간 높게 나타났다. 고정자산이 자산 대부분을 차지하는 특징이 잘 나타난 결과이다. 일단 시가총액을 제로(0)로 둔 FCF모형은 논외에 두고 종목별 상황을 살펴보기로 하자. 머튼모형 추정 값과 시가총액을 비교할 경우 4종목 가운데 위에티엔리B주가 가장 저평가된 것으로 나타났다. 그 다음은 따당발전과 화능국제 순이다. 화륜전력은 여전히 1.3배 정도 고평가된 것으로 조사되었다.

한편 베타계수는 4종목 모두 0.8 전후를 기록하고 있다. 위에티엔리B주가 0.87로 가장 높은 민감도를 보이고 있으며 화륜전력은

단위: 백만 홍콩달러(HKD)

종목명	시가총액			베타계수	상관관계
	실제	FCF 모형	Merton 모형		
따당발전	38,940	0	65,429	0.80	0.70
화능국제	53,497	0	87,656	0.79	0.68
화륜전력	60,310	0	46,607	0.77	0.50
위에티엔리B주	6,869	0	14,578	0.87	0.76

자료제공: 중국경제정보분석(CEIA). 시가총액은 2008년 10월 기준임.

0.77로 상대적으로 낮다. 주가지수의 동조화 역시 위에티엔리B가 0.76으로 선두를 차지하고 있다. 화륜전력은 0.50으로 증시상황보다 종목특성에 좌우되는 경향을 강하다. 물론 이는 상대적 결론이다. 일반적으로 볼 때 4종목 모두 높은 동조화 현상을 보이고 있다. <그림 13-10> 종목별 주가추이 그래프를 보면 상기 결과가 쉽게 이해될 것이다. 화륜전력의 주가등락폭은 증시흐름과 상당한 격차를 보이고 있다. 동일업종 내에서도 독보적인 위치를 점하고 있는데, 그 결과가 상대적으로 낮은 동조화로 표출된 것 같다.

<표 13-3>에서 나타난 결과를 주가로 변환시키면 <표 13-4>와 같다. 따당발전의 경우 PER모형 최소값과 현재 주가가 상당히 근접하는 사실을 알 수 있다. 현재 주가는 모형 최대값 8홍콩달러와는 일정한 격차를 보이고 있다. 또한 머튼모형 최소값보다 2홍콩달러 낮다. 다만 FCF모형에 따르면 추가 하락도 가능한 옵션

단위: 홍콩달러(HKD)

종목명	실제주가	PER 수치도출		머튼모형		FCF 모형			
						기대수익률 20%		기대수익률 30%	
		최소	최대	10년	50년	장부	시가	장부	시가
따당발전	3.32	3.68	8.01	5.57	11.30	0.00	0.00	0.00	0.00
화능국제	4.44	6.86	12.24	7.27	12.41	0.00	0.00	0.00	0.00
화륜전력	14.57	9.90	17.69	11.20	17.55	0.00	0.00	0.00	0.00
위에티엔리B주	2.58	0.00	5.11	5.48	7.81	12.59	2.01	3.15	0.00

자료제공: 중국경제정보분석(CEIA), 실제 주가는 2008년 10월 평균주가를 의미함.

이다. 화능국제는 PER모형과 머튼모형 최소값 대비 2~3홍콩달러 저평가된 상태이다. 흥미로운 점은 PER모형과 머튼모형 모두 최대 주가를 12홍콩달러로 거의 비슷하게 제시한 사실이다. 따당발전과 같이 FCF모형은 추가 하락을 제한하지 않는다. 화륜전력은 모형 최대값보다는 낮지만 최소값 9~11홍콩달러보다 높게 형성되고 있 다. 침체된 증시상황을 감안한다면 상승공간은 그리 크지 않을 것 같다.

위에티엔리 B주 주가는 최소 2.01홍콩달러~최대 12.59홍콩달러 까지 나타났다. 4종목 가운데 유일하게 FCF 모형이 가치를 평가하 고 있다. 시가보다는 장부가 추정치가 훨씬 높게 형성되고 있다. 기업의 장부가치만큼 시장이 제대로 평가하지 못하고 있는 셈이다. 기대수익률 30%하에서 위엔티엔리B주 이론주가는 3.15홍콩달러로 추정되었다. 실제주가 2.58홍콩달러보다 0.6홍콩달러 높은 수치이

단위: 홍콩달러(HKD)

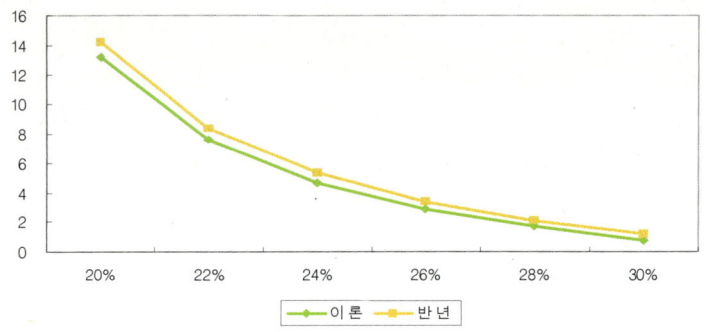

자료제공: 중국경제정보분석(CEIA)

다. 보수적 투자자입장에서도 현 주가수준은 저평가된 셈이다. 시가를 적용할 경우 가장 높은 수치가 2홍콩달러로 조사되었다. 만약 10%의 기대수익률을 적용한다면 시가는 3홍콩달러도 가뿐히 넘어설 것이다. 하지만 현실적으로 연 10% 투자수익률에 만족하는 투자자는 거의 없을 것이다. 3가지 모형을 적당히 믹스하여 보면 위에티엔리B주 이론주가는 3~5홍콩달러 사이가 적당할 것 같다. 2~3년 후 주가가 5홍콩달러를 돌파하더라도 8홍콩달러 이전에 이익을 현실화하길 바란다.

  <그림 13-8>은 기대수익률 변화에 따른 위에티엔리B주 주가추이를 나타낸 것이다. 참고로 매출증가율을 10%로 고정하였다. 2홍콩달러 이하에서 최대 14홍콩달러 이상까지 주가범위가 넓게 설

정되어 있다. 어느 구간이 정확하다고 단정하기는 힘들다. 만약 증시상황이 부정적이면 기대수익률은 상향될 것이며 이는 주가를 떨어뜨릴 것이다. 투자자의 매수진입 구간은 그만큼 하향화된다. 반대로 침체기를 벗어난다면 좀 더 낮은 수익률을 제시하더라도 매수세가 몰릴 것이다. <그림 13-8> 결과는 투자심리학과 연결되는 부문도 있다. 가치평가에 있어서 경영실적은 고정된 숫자로 임의로 변동이 불가능하다.

다만 기대수익률은 주관적인 변수이다. 동일한 종목을 두고서 독자 여러분과 저자와의 기대수익률이 같을 수는 없다. 대략적인 범위는 존재하겠지만 구체적 수치는 무궁무진하다. 위에티엔리B주를 3홍콩달러에 매도하는 투자자도 있는 반면 5홍콩달러에 매수하는 투자자 역시 존재하는 이유이기도 하다. 여러분이 원하는 기대수익률은 얼마인가? 그 기대수익률을 바탕으로 이론주가와 시장주가를 비교해 보길 바란다. 저평가된 상태라면 매입, 고평가라면 매도하면 끝이다. 앞뒤좌우 사람들에게 절대 물어보지 말라. 본인 이외에는 아무도 모른다.

<그림 13-9>는 <그림 13-8>과 반대로 기대수익률을 30%로 고정해두고 매출증가율을 변화시켜 본 것이다. 매출신장률이 높아질수록 주가도 상향곡선을 그리고 있다. 수익성과 더불어 성장성도 함께 점검하는 이유이다. 30%라는 높은 기대수익률을 요구하더라도(즉 증시상황이 불안정하더라도) 성장성이 받쳐준다면 주가는

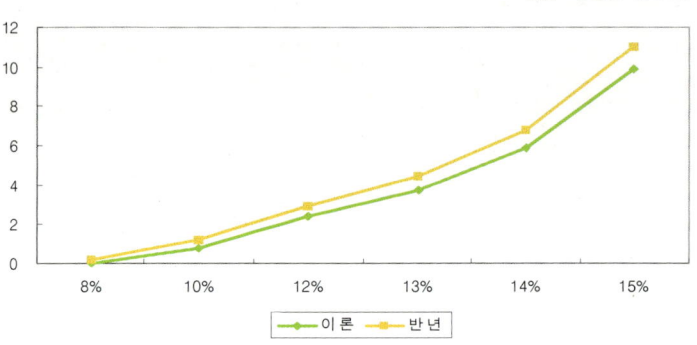

〈그림 13-9〉 매출증가율 변화에 따른 주가추이(위에티엔리)

단위: 홍콩달러(HKD)

자료제공: 중국경제정보분석(CEIA)

상승곡선을 그릴 수 있다. 불안정한 증시와 별도로 상승추세를 보이는 종목도 가끔 발견할 수 있다. 이런 종목들을 한번 파헤쳐보길 바란다. 십중팔구 우수한 경영실적이 버티고 있을 것이다. 위에티엔리B주 매출신장률이 10% 수준에 머문다면 2홍콩달러를 고수하기도 쉽지 않을 것이다. 기대수익률 30%가 아닌 20% 수준으로 다운시킨다면(즉 증시환경이 호전된다면) 10% 이하 매출신장률을 들고서도 주가는 3홍콩달러를 돌파할 수도 있다. 2009년은 실적이 모든 것을 설명하는 한 해가 될 것 같다. 동일업종도 종목별로 주가흐름이 차별화를 보일 것이며 투자자의 분석능력에 따라 수익성도 이원화될 것이다.

4. 기술적 분석

4.1 전력주 주가흐름

일반 종목들이 2007년 10월 정점을 그린 것과 달리 따당발전은 이보다 4개월 앞선 6월에 최고가에 도달하였다. 사전에 증시버블 시그널을 시장에 보낸 것으로도 해석할 수 있다. 전력업종이 부동산 업종보다 6개월~1년 정도 빠른 조정을 보인 것과 무관하지 않다. 위에티엔리B주는 따당발전보다 1개월 빠른 2007년 5월에 최고점을 기록하였다. 한편 화능국제와 화륜전력은 여타 종목과 같이 10월 최고가를 경신하였다. 동종업계라도 차별화된 주가흐름을 보인 셈이다.

실제 주가흐름

비교 주가흐름(2005년 초 주가＝100)

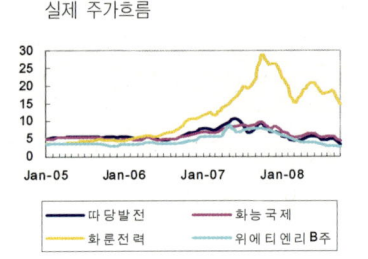

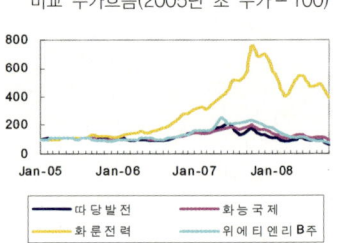

자료제공 : 중국경제정보분석(CEIA)

화륜전력은 2005년 1월 대비 8배 수준까지 주가가 상승한 것으로 나타났다. 그 외 종목들은 2배 수준에 머물렀다. 현재 8배 수준에서 4배 수준으로 화륜전력 주가가 반 토막이 났지만 여타 종목보다는 여전히 높은 수준을 유지하고 있다. 과거 화륜전력 주가폭등이 막연한 기대와 유동성이 믹스된 것이라면 향후 추가급락도 배제할 수 없다. 화능국제의 경우 2005년 1월 주가의 90% 수준까지 떨어진 모습을 보이고 있다. 위에티엔리 역시 따당발전(64%)보다 높지만 2008년 10월 현재 74% 수준까지 주가가 밀리는 모습을 보이고 있다. 2005년 이전 수준으로 주가가 회귀하고 있는 셈이다.

4.2 전력주와 MACD

전력주의 MACD 시그널은 타 업종보다 비교적 빠른 시그널 전

〈그림 13-11〉 MACD로 살펴본 종목별 주가현황

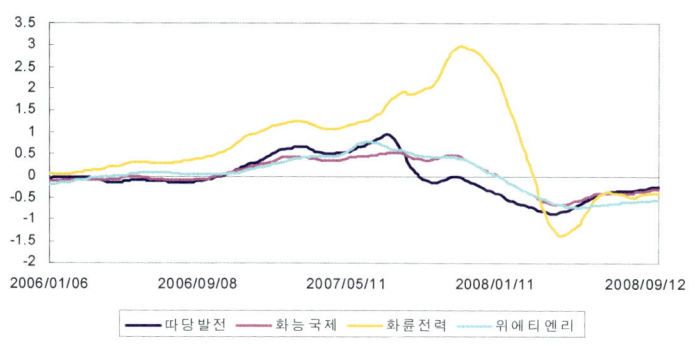

자료제공: 중국경제정보분석(CEIA)

환을 보이고 있다. MACD 수치가 여전히 마이너스(-)권에 걸쳐 있지만 추세전환 속도는 타 업종보다는 빠를 것이다. 타 업종보다 주가폭락 자체가 빨리 이루어진 결과로 판단되며, 업종 자체도 조정 마무리 단계에 있다. 플러스(+)권 전환 가능성은 긍정적으로 평가된다. 선행투자자라면 전력주 추이변화를 면밀히 관찰하기 바란다. 의외로 버블소외주인 전력주가 증시전환의 물꼬를 틀 수도 있다.

대다수 일반투자자는 시그널이 마이너스에서 플러스(+)권으로 좀 더 깊숙이 진입할 때까지 관망하여도 좋을 것이다. 지나친 관망으로 매수타이밍을 놓쳐도 괜찮다. 이때는 뒤를 받치는 업종을 선택하면 된다. 전력주가 상승 시그널을 분명히 발산한다면 기타 업종도 상승전환을 모색하는 단계일 것이다. 투자는 서두를 필요가 없다. 놓치면 다음 차를 타면 된다. 무리한 편승은 투자손실로 연결되며 다음 기회에 베팅할 자금까지 날릴 수 있다. 홍콩과 본토 증시(B주)를 포함하여 100종목은 여러분의 사정권에 둘 수 있다. 투자성향에 따라 적당한 종목을 발굴, 선택하면 된다. 미련을 떨쳐버리고 지금 잡을 수 있는 고기만 낚아도 만족할 만한 수익을 기록할 수 있을 것이다.

4.3 매물대로 본 전력주

따당발전의 경우 5홍콩달러에 1차, 9홍콩달러에 2차 매물대가 형성되어 있다. 향후 공방을 통하여 3홍콩달러에 추가 매물대가 구축될 가능성 역시 존재한다. 하지만 그리 두터운 장벽은 아닐 것이다. 다만 기존 매물대에 차익물량이 같이 쏟아질 경우 5홍콩달러 구간대에서 상당히 지루한 주가움직임을 그릴 수도 있다. 따당발전이 5홍콩달러를 돌파하였다면 조정장은 마무리된 것으로 생각하길 바란다. 화능국제는 7홍콩달러 밑에 비교적 두터운 매물대가 형성되어 있다. 이 매물대를 돌파한다면 9홍콩달러까지 빠르게 진입할 것이다.

한편 화륜전력은 18~20홍콩달러 사이에 두터운 매물벽이 존재한다. 또한 28홍콩달러 전후에도 긴 막대 구간이 걸쳐 있다. 2009

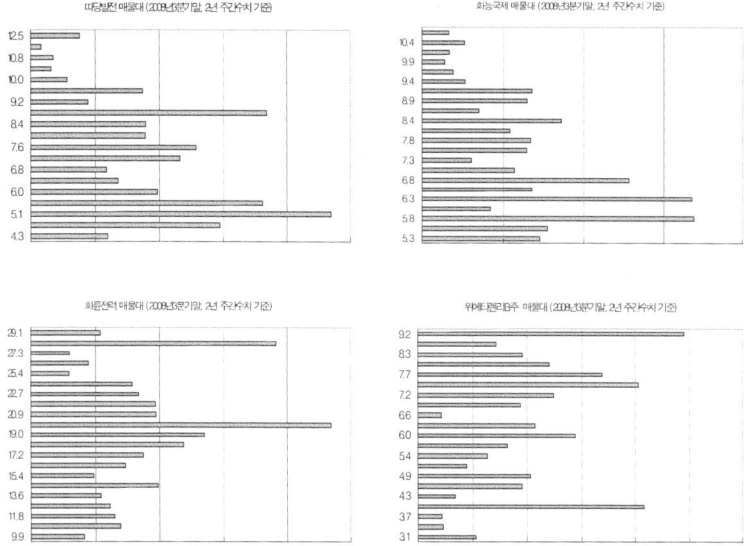

〈그림 13-12〉 종목별 매물대(2008년 3분기 말, 2년 주가수치 기준)

자료제공 : 중국경제정보분석(CEIA)

년에는 우선 15～17홍콩달러 안착이 관건일 것 같다. 그 이후 상황에 따라 18홍콩달러를 넘보는 수순으로 진입할 것이다. 위에티엔리는 4홍콩달러, 7홍콩달러, 9홍콩달러대에 저항선이 구축되어 있다. 우선은 4홍콩 진입을 확인하는 작업이 필요하다. 그 이전까지는 무리한 투자포지션 확대는 금물이다. 단기간에 7홍콩달러를 기대하는 것은 힘들 것 같다. 2009년에 3～4홍콩달러 박스구간만 형성되어도 일단 긍정적 신호이다.

4. 기술적 분석 **425**

중국주식투자 2009년
바이블 ②

제14장 나만의 차이나 펀드 구성하기

일반적인 의미에서 주식투자는 크게 4단계로 나누어 볼 수 있다. 그 첫째는 투자 시장을 선택하는 문제이며, 둘째는 투자 업종, 셋째는 투자 종목, 넷째는 포트폴리오 구성이다. 포트폴리오란 보유종목 다변화만을 의미하지는 않는다. 포트폴리오의 진정한 의미는 최소위험으로 최대수익을 추구하는 데 있다. 이는 투자비중과 관련된 문제이지 다양성과는 약간 거리가 멀다. 여러분이 개별종목 주가흐름에 대한 확고한 신념이 있다면 포트폴리오를 구성할 필요는 없다. 한 종목만 제대로 선택해도 된다. 하지만 주가흐름은 임의보행(Random Walk)하는 성질을 가지고 있으며, 우리는 미래를 예측하는 능력을 가진 초능력자가 아니다. 그래서 포트폴리오 구성을 통하여 위험과 수익을 평준화시키는 것이다.

포트롤리오 최적화 이론은 1950년대 노벨경제학상 수상자인 핸리말코비치(Harry Markowitz)에 의하여 제시된 것으로 효율적 시장가설을 토대로 한다. 투자종목의 분산과 공분산을 계산하여 최소한의 위험으로 최대의 수익을 창출하는 조합을 찾는 것이 바로 이 이론의 핵심이다. 포트폴리오 구성에 앞서 기본적 분석, 가치투자 혹은 각종 모형을 통하여 포트폴리오에 포함될 종목을 선별하는 작업은 필수적이다. 아마 사전작업 그 자체를 포트폴리오 투자의 끝으로 오해하는 독자도 있을 것이다. 하지만 그건 초벌작업에 불과하다. 그렇다고 초벌작업이 중요하지 않다는 말은 아니다. 초벌구이가 잘못된 도자기를 가마솥에서 아무리 정성을 들여 굽더라도 그 결과물은 폐기 처분될 것이다. 포트폴리오 투자 역시 동일하다. 초벌구이가 종목선택이라면 최적화는 가마솥에서 도자기를 굽는 과정이다.

포트폴리오 최적화는 일반투자자가 접근하기 힘든 분야이다. 보통 VBA, C언어, Matlab 등과 같은 프로그래밍 언어로 금융모형을 우선 구축해야 한다. 금융공학 혹은 통계학적 지식이 부족할 경우 직접 구현하기도 쉽지 않다. 그럼에도 군이 언급하는 이유는 세 가지로 요약한다.

첫째, 최적화 없이 그냥 방임하였을 때 어떤 손실이 발생하는지 확인하는 것이다. 이는 금융모형이 안 되면 경험적 과정을 통해서도 비중 조정이 필요하다는 것을 역설하기 위해서이다. 차후 다룰 실무사례를 통하여 검증할 수 있을 것이다.

둘째로 종목 간의 동조화를 살펴볼 수 있기 때문이다. 최적화 결과도출은 종목 간 상관관계 파악을 기초로 이루어진다. 독자 여러분에게는 두 번째 이유가 더 유용할 수도 있다. 종목 간 주가흐름을 파악할 수 있기 때문이다. 업종으로 확대 해석될 수도 있다.

429

마지막으로 타인의 생각, 패턴, 능력을 가늠할 수 있어야 사전대응이 가능하기 때문이다. 포커도 상대방의 패보다 생각을 읽는 것이 중요하다. 증시는 절대 Win‒Win 법칙이 좌우하는 곳이 아니다. 전쟁보다 더 치열하고 무자비하다. 규칙은 강제할 수 있어도 애국심, 동정과 같은 감정은 통하지 않는다. 기관투자자들 역시 경험적 원칙과 금융공학을 믹스하는 경향이 있다. 물론 대충 찍는 곳도 있을 것이다. 타인이 나와 같지 않다는 사실을 인식할 때 발전이 있다.

　　그럼 본 장의 주제인 포트폴리오 실무 해설로 돌아가 보기로 한다. 실무사례 설명에 앞서 관련 용어와 구성절차를 간략히 짚어보도록 한다.

1. 기초이론 이해

1.1 용어이해

▣ 주가수익률

주가수익률은 주가와 조금 다른 의미를 가지고 있다. 즉 주가는 절대적 개념이지만 주가수익률은 상대적 개념이다. 또한 수익률이라는 단어는 항상 기간과 함께 생각할 필요가 있다. 연 수익률 10%와 월 수익률 10%는 상당히 다른 의미이다. 간단한 사실일수록 쉽게 놓치기는 경향이 있다. 2년 수익률 15%보다 연 수익률 10%가 훨씬 가치가 있다.

▣ 무위험이자율(Risk free rates)

금융모형에서 자주 언급되는 단어 가운데 하나가 무위험이자율일 것이다. 흔히 무위험이자율은 연 국채 수익률로 표시된다. 본국통화로 표시된 국채는 디폴트 가능성이 제로라고 본 셈이다. 국채매입을 통해 얻을 수 있는 수익률을 투자수익의 마지노선으로 설정한 것이다. 참고로 본국통화가 아니라면 국가별로 디폴트 가능성에 대한 프리미엄을 요구하게 된다.

▣ 샤프지수

샤프지수는 투자자산의 초과수익률을 측정하는 지표로 그 수치가 높을수록 성공적인 투자성과를 실현한 것으로 간주한다. 일반적으로 포트폴리오(혹은 펀드)수익률에서 무위험수익률을 뺀 값을 포트폴리오(혹은 펀드)수익률의 표준편차로 나누어 계산한다.

▣ 분산

분산투자라는 말을 한 번쯤 들어보았을 것이다. 이 경우 분산은 단순히 여러 곳에 퍼트린다는 의미가 강하다. 반면 통계학에서 사용되는 분산은 중심점으로부터 얼마나 떨어져 있는지에 관심을 가진다. 쉽게 말해서 투자종목 주가가 평균으로부터 얼마나 떨어진 곳에 분포하는지 그 면적을 측정하는 것이다. 그 면적이 크면 위험하다고 보는 것이다.

▣ 표준편차

정확한 의미는 아니지만 분산과 표준편차는 넓이와 길이로 생각해 볼 수 있다. 즉 분산은 퍼져 있는 범위를 나타내고 표준편차는 그 길이를 의미한다. 표준편차의 제곱이 바로 분산이다. 표준편차는 위험을 측정하는 주요 지표로 활용된다. 중심에서 벗어나면 예측이 힘들며 그만큼 투자위험이 크다고 보는 것이다.

표준편차에 관해서는 생활상의 사례를 통하여 좀 더 살펴보자. 그만큼 중요한 개념으로 변동성과도 연결된다. 여름피서지로 주변 강가를 자주 갈 것이다. 표지판에는 평균수심 150㎝라는 문구가 적혀 있었다. 만약 수영을 못 한다면 안심하고 풍덩 들어가다가 의외의 참변을 당할 수도 있다. 그 밑에 표준편차 50㎝라는 말을 놓치면 말이다. 즉 그 강 최대수심은 150㎝가 아닌 200㎝가 될 수 있다.

필자처럼 수영을 못 하는 경우 생존유무는 본인의 손이 아닌 확률의 세계로 넘어간다. 재수 좋으면 살고 그렇지 않으면 피안의 세계로 가는 것이다. 표준편차가 큰 종목, 즉 변동성이 큰 종목을 회피하는 이유도 여기에 있다. 변동성이 큰 종목일수록 투자자는 고수익을 요구하게 된다. 삶과 죽음이 확률에 좌우되니 더 높은 프리미엄을 요구하는 것은 당연하다.

시장은 이미 공개된 위험에 큰 비중을 두지 않는다. 그 원인을 앞서 사례를 통하여 알아보면 다음과 같다. 만약 평균수심이 150cm가 아닌 200cm이고 표준편차가 10cm라고 생각해 보자. 아마 신장이 2.5미터를 초과하는 사람이라면 들어갈 수도 있을 것이다. 하지만 수영을 못 하는 대부분의 사람들은 날씨가 아무리 더워도 주위에서 여담을 나누며 휴가를 마무리할 것이다.

평균수심(주가수준) 그 자체는 피서객에게 중요한 것이 아닌 셈이다. 본인이 감당할 수 없을 정도면 수영을 배운 후 들어가면 되고, 아님 회피하면 된다. 즉 생존유무는 불확실한 확률이 아닌 예측 가능한 나의 선택에 좌우되는 것이다. 또한 그 예측도 표준편차 50cm보다 10cm가 더 쉽다. 시원함이라는 고수익을 위하여 위험을 무릅쓰고 강에 뛰어들 수도 있다. 그건 어디까지나 본인 판단에 따른 행동이며 그 결과도 본인이 짊어지는 것이다. 그럼 다음 단락에서는 포트폴리오 구성절차를 간략히 살펴보도록 하자.

1.2 포트폴리오 최적화 절차

1) 포트폴리오에 선택될 업종과 종목을 선택한다. 본서는 총 포트폴리오 조합을 3개(블루칩, 옐로칩, 중립)로 구분하였으며, 업종별로 1개 종목만 포함되도록 설정하였다. 그 결과 개별 포트폴리오에 포함된 종목 수는 13개로 나타났다.

2) 종목별 보유 수량은 1,000주로 설정하였다. 1,000주로 설정한 것은 편의상의 조치이다. 실무적으로는 보유하고 있는 수량만큼 기입하면 된다. 아직 해당종목 주식을 매수하지 않았다면 보유를 원하는 수량을 대용하면 된다.

3) 본서는 종목별로 2006년 01월부터 2008년 09월 평균 주가수익률 데이터를 추출하였다. 중장기 투자자라면 최하 2005년 혹은 그 이전 자료를 기준점으로 안정적 결과를 도출하는 것이 좋을 것이다. 본 장은 중장기보다는 1년 이내의 상황을 염두에 두고 샘플 기간을 조금 짧게 들고 갔다. 포트폴리오 최적화는 미래예측 작업이 아니라는 사실을 염두에 두길 바란다.

4) 본서는 목표 수익률을 연 20%, 30%, 50%로 구분하였다. 목표수익률 변화가 포트폴리오에 미치는 영향을 살펴보기 위해서이다. 2007년 중국, 홍콩증시 상황을 염두에 둔다면 50% 초과 수익률을 목표로 포트폴리오를 구성할 수도 있다. 다만 보편성 측면에서 연 30% 이상도 결코 쉬운 수준은 아니다.

5) 마지막으로 무위험수익률, 주가수익률과 같은 기초변수를 입력한 후 프로그래밍을 실행한다. 무위험수익률 자료로는 1년 국채수익률이 자주 이용되지만 홍콩은 채권시장 발달이 미미한 관계로 금융권 우대대출 금리(5.28%)를 대용으로 삼았다. 2008년 9월 말 현재 한국 국채수익률이 6%대에 근접한 것을 감안할 때 그리 무리한 설정은 아닌 것 같다.

이상의 5단계를 통하여 포트폴리오 최적화 절차를 살펴보았다. 응용보다는 다음 단락에서 언급될 사례에 대한 이해를 돕기 위하여 마련한 장이다. 본 장 마지막 부문에 포트폴리오 차이를 종합 평가하였다. 전체 내용을 보기 번거롭다면 결론만 확인해도 무방하다. 그럼 상기 과정을 통하여 도출된 결과를 살펴보기로 하자. 참고로 블루칩, 옐로칩, 핑크칩으로 나누어 분석을 진행하였다. 본 사례에 등장한 종목들은 그냥 샘플로써의 가치뿐이다. 포트폴리오 구성에 절대 응용하지 않기를 바란다. 블루칩에 편성된 종목 가운데 창청자동차, 위에띠엔리, 중국평안, 공상은행 대신 지앙링, 화륜전력, 중바오국제, 초상은행을 대입할 때 더 좋은 결과가 도출되기도 하였다. 최적화 효용성을 검증하는 자리이지 추천 포트폴리오를 권하는 장은 아니다. 이 점 분명히 인식하기를 바란다.

2. 블루칩 종목을 통한 안정적 조합

먼저 13개 업종을 대상으로 업종별 블루칩 종목을 각각 1개씩 선택하였다. 투자경향과 판단기준에 따라 일부 종목을 탈락시킬 수도 또한 새로이 첨가할 수도 있을 것이다. 사례로 제시된 종목들이 모두 우량주라고 단언하기는 힘들다. 본서에 언급되지는 않았지만 훨씬 매력적인 업종과 종목도 분명히 존재한다. 시장(홍콩과 본토B주), 업종, 종목 선택에 있어 조화를 추구하고자 하는 의도가 상당 부분 반영되었다. 그대로 적용하기는 적합하지 않다는 의미이다.

2.1 연 20% 수익률 목표

<표 14-1>은 소위 블루칩 종목으로 기업실적, 주가 등을 주 선택요소로 고려하였다. 물론 이들이 반드시 옳은 조합인가에 대해서는 논란의 여지가 있다. 특히 현 주가수준과 이론주가 간의 간격을 고려할 때는 탈락되어야 할 기업들도 있다. 다만 블루칩으로

〈표 14-1〉 최적포트폴리오 추정결과(블루칩 - 연 20%)

단위: 주, %

종목명	현재포트폴리오		조정범위		최적포트폴리오	
	비중	보유수량	조정비율	비중	보유수량	조정비율
중하이요우	3.10%	1,000	3.85%	1,243	6.95%	2,243
중국선화	8.99%	1,000	(6.87%)	(764)	2.12%	236
강서동업	3.12%	1,000	2.86%	917	5.98%	1,917
쓰추안청유	0.84%	1,000	(0.75%)	(887)	0.10%	113
광조우광추안	3.65%	1,000	15.73%	4,310	19.38%	5,310
창청자동차	1.34%	1,000	(1.05%)	(784)	0.29%	216
중하이발전	4.31%	1,000	5.62%	1,304	9.93%	2,304
지아따쿤지	1.66%	1,000	16.16%	9,761	17.81%	10,761
차이나모바일	42.44%	1,000	(40.10%)	(945)	2.34%	55
루지아B주	3.49%	1,000	4.51%	1,294	8.00%	2,294
위에티엔리	1.62%	1,000	0.58%	358	2.20%	1,358
중국평안	23.09%	1,000	(3.30%)	(143)	19.79%	857
공상은행	2.36%	1,000	2.76%	1,171	5.12%	2,171

기존 포트폴리오			최적 포트폴리오		
평균수익률	표준편차	샤프지수	평균수익률	표준편차	샤프지수
2.31%	11.47%	0.163	3.59%	13.96%	0.226
연 20% 수익률 달성 가능성: 52.24%			연 20% 수익률 달성 가능성: 55.47%		

자료제공: 중국경제정보분석(CEIA)

선택된 13개 종목의 포트폴리오 성과가 차후 언급될 2개의 포트폴리오 조합보다는 우수한 것은 사실이다. 그럼 분석 결과를 세부적으로 살펴보기로 하자.

13개 종목에 일괄적으로 1,000주를 배당하였을 경우 평균수익률은 2.31%, 샤프지수는 0.163로 나타났다. 또한 수익률 연 20% 달성 확률은 52.24%로 추산되었다. 하지만 최적화 이론에 따라 투자 비중을 조정한다면 평균수익률은 2.31%에서 3.59%로 1.2포인트 이상 상승하였다. 사프지수와 실현확률 역시 0.226과 55.47%로 최적 포트폴리오 구성 전보다 높게 나타났다. 참고로 샤프지수가 높을수록 그 조합이 잘 짜인 것으로 평가한다. 평균수익률 1.2포인트 개선이 만족스럽지 못할 수도 있다. 하지만 이는 기존성과보다 55% 정도 향상된 수치이다. 목표수익률을 30%로 조정한다면 어떤 결과가 도출될까? 한번 살펴보기로 하자.

2.2 연 30% 수익률 목표

<표 14-2>는 연 수익률을 30%로 상향 조정한 결과이다. <표 14-1>과 달리 중하이요우, 중하이발전, 지아따쿤지 비중은 감소된 반면 쓰추안청유, 차이나모바일은 대폭 확대된 것으로 나타났다. 목표수익률 인상이 석유, 항만, 기계장비주 감소, 물류(기초인프라), 통신주 확대라는 결과를 제출하였다. 상기 결과는 <표 14

－1>과 대비한 것이다. 참고로 유가와 경영실적이 연동된다는 측면에서 중하이요우, 중하이발전은 동일한 추이를 나타내고 있다.

최적 포트폴리오 평균수익률은 3.35%로 목표수익률 20%일 때보다 0.2포인트 정도 떨어졌다. 다만 샤프지수는 거의 비슷한 수치

〈표 14-2〉 최적 포트폴리오 추정결과(블루칩-연 30%)

단위: 주, %

종목명	현재 포트폴리오		조정범위		최적 포트폴리오	
	비중	보유수량	조정비율	비중	보유수량	조정비율
중하이요우	3.10%	1,000	(0.12%)	(40)	2.97%	960
중국선화	8.99%	1,000	(6.96%)	(775)	2.03%	225
강서동업	3.12%	1,000	1.28%	410	4.40%	1,410
쓰추안청유	0.84%	1,000	14.25%	16,870	15.09%	17,870
광조우광추안	3.65%	1,000	19.80%	5,424	23.45%	6,424
창청자동차	1.34%	1,000	(0.61%)	(459)	0.72%	541
중하이발전	4.31%	1,000	(3.52%)	(816)	0.79%	184
지아따쿤지	1.66%	1,000	5.07%	3,065	6.73%	4,065
차이나모바일	42.44%	1,000	(25.77%)	(607)	16.67%	393
루지아B주	3.49%	1,000	(0.09%)	(25)	3.40%	975
위에티엔리	1.62%	1,000	2.35%	1,452	3.96%	2,452
중국평안	23.09%	1,000	(5.85%)	(253)	17.24%	747
공상은행	2.36%	1,000	0.18%	77	2.54%	1,077

기존 포트폴리오			최적 포트폴리오		
평균수익률	표준편차	샤프지수	평균수익률	표준편차	샤프지수
2.31%	11.47%	0.163	3.35%	12.83%	0.227
연 30% 수익률 달성 가능성: 49.34%			연 30% 수익률 달성 가능성: 52.63%		

자료제공: 중국경제정보분석(CEIA)

를 제시하고 있으며, 목표수익률 달성확률은 3포인트 정도 하락하였다. 목표수익률 인상에 따른 반대급부로 달성 가능성이 하락한 것이다. 논리적으로도 받아들일 수 있는 결과이다.

2.3 연 50% 수익률 목표

연 50%로 목표 수익률을 조정한다면 앞서 30%일 때 도출된 결과가 한층 분명해졌다. 중하이요우, 중하이발전, 지아따쿤지 이외에 강서동업, 루지아B주, 공상은행 비중도 축소되었다. 반면 비중 확대종목에는 쓰추안청유, 차이나모바일 이외에 중국선화와 광조우 광추안이 추가 편입되었다. 공격적인 목표치를 제시할 경우 부동산, 은행주보다는 석탄, 조선업종(본서는 운수에 편입시킴) 지지가 필요한 셈이다. 이는 상승에서 활황으로 증시가 전환되기 위해서는 부동산, 은행주가 아닌 석탄, 조선업 가세가 필요하다는 것으로 확대 해석될 수 있다. 실제 그러한지는 따로 분석해 볼 필요가 있다. 참고로 현상은 언제나 동전의 양면과 같다. 증시상황이 부정적일 때는 상기 결과를 역으로 해석할 수 있다. 즉 증시가 침체기에 빠질 때는 오히려 석탄, 조선비중 축소가 정답일 수도 있는 것이다.

최적화 결과 평균수익률은 30%일 때보다는 오히려 약간 높게 나타났다. 다만 20%보다는 낮게 형성되고 있다. 표준편차 수치를 감안할 때 의외의 결과는 아니다. 종목 변동성 확대가 시뮬레이션

단위: 주, %

종목명	현재 포트폴리오		조정범위		최적 포트폴리오	
	비중	보유수량	조정비율	비중	보유수량	조정비율
중하이요우	3.10%	1,000	(2.58%)	(834)	0.52%	166
중국선화	8.99%	1,000	2.00%	223	11.00%	1,223
강서동업	3.12%	1,000	(0.16%)	(50)	2.96%	950
쓰추안청유	0.84%	1,000	3.44%	4,070	4.28%	5,070
광조우광추안	3.65%	1,000	20.64%	5,655	24.29%	6,655
창청자동차	1.34%	1,000	(0.32%)	(240)	1.02%	760
중하이발전	4.31%	1,000	(2.39%)	(554)	1.92%	446
지아따쿤지	1.66%	1,000	6.88%	4,156	8.53%	5,156
차이나모바일	42.44%	1,000	(28.18%)	(664)	14.26%	336
루지아B주	3.49%	1,000	1.04%	298	4.53%	1,298
위에티엔리	1.62%	1,000	2.12%	1,309	3.73%	2,309
중국평안	23.09%	1,000	(1.94%)	(84)	21.15%	916
공상은행	2.36%	1,000	(0.54%)	(231)	1.81%	769

기존 포트폴리오			최적 포트폴리오		
평균수익률	표준편차	샤프지수	평균수익률	표준편차	샤프지수
2.31%	11.47%	0.163	3.60%	13.42%	0.236
연 50% 수익률 달성 가능성: 43.57%			연 50% 수익률 달성 가능성: 48.32%		

자료제공: 중국경제정보분석(CEIA)

결과에 영향을 준 것 같다. 샤프지수 역시 50%가 30%보다 높게 계산되었다. 다만 수익률 달성확률은 48.3% 정도로 20%(55.5%), 30%(52.6%)보다는 높게 추산되었다. 100% 수익률이라는 극단적인 상황을 가정할 경우 달성확률은 35% 정도로 조사되었다. 참고로 2008년 10월 H지수는 5,000포인트를 위협받았다. 그 후 2개월도 지나지 않아 8,000포인트를 넘어서고 있다. 근 70%에 육박하는 수익률을 기록하고 있는 셈이다. 이론과 달리 현실에서는 극단적인 상황이 생각보다 자주 발생한다. 홍콩증시에 있어 극단적 상황은 100%가 아닌 200%를 의미할지도 모르겠다.

2.4 종목별 상관관계

종목별 상관관계를 살펴보는 것 역시 투자에 있어서 상당히 중요한 사항이다. 특히 업종 주도주는 종목 간 상관관계를 업종전반으로 확대 해석할 수 있다. 우선 <표 14-4>에 나타난 결과를 살펴보면 다음과 같다. 자원관련주(중하이요우, 중국선화, 강서동업, 쓰추안청유, 중하이발전) 간의 동조화가 타 업종보다 높은 것으로 나타났다. 굳이 증시를 언급하지 않더라도 경제적 관점에서 항만, 자원, 물류는 업종 간 연계성이 높을 수밖에 없다. 자원생산과 이동이라는 동일한 산업시스템상에 놓여 있기 때문이다.

한편 창청자동차는 광조우광추안와 상대적으로 높은 동조화를 나타내었다. 두 종목 모두 자동차와 운수업종이라는 동질성을 가지고 있다. 지아따쿤지는 광조우광추안과 가장 높은 상관관계를 기록하고 있다. 예상과 달리 창청자동차와의 주가연관성(0.55)은 상대적으로 낮은데, 이는 지아따쿤지 주 생산품이 보울링, 밀링, 압축기 등으로 자동차보다는 조선 부문에 가깝기 때문으로 판단된다.

〈표 14-4〉 블루칩 종목 간 상관관계(주가기준)

	1	2	3	4	5	6	7	8	9	10	11	12	13
1	1.00	0.86	0.79	0.81	0.57	0.62	0.77	0.59	0.72	0.50	0.45	0.83	0.68
2	0.86	1.00	0.78	0.83	0.68	0.65	0.69	0.67	0.72	0.42	0.37	0.79	0.71
3	0.79	0.78	1.00	0.65	0.70	0.69	0.73	0.55	0.77	0.46	0.37	0.78	0.62
4	0.81	0.83	0.65	1.00	0.54	0.63	0.69	0.62	0.74	0.47	0.34	0.71	0.65
5	0.57	0.68	0.70	0.54	1.00	0.76	0.58	0.68	0.60	0.46	0.34	0.57	0.41
6	0.62	0.65	0.69	0.63	0.76	1.00	0.62	0.55	0.70	0.43	0.31	0.58	0.53
7	0.77	0.69	0.73	0.69	0.58	0.62	1.00	0.60	0.68	0.60	0.40	0.65	0.68
8	0.59	0.67	0.55	0.62	0.68	0.55	0.60	1.00	0.36	0.57	0.57	0.63	0.47
9	0.72	0.72	0.77	0.74	0.60	0.70	0.68	0.36	1.00	0.29	0.27	0.75	0.79
10	0.50	0.42	0.46	0.47	0.46	0.43	0.60	0.57	0.29	1.00	0.78	0.44	0.23
11	0.45	0.37	0.37	0.34	0.34	0.31	0.40	0.57	0.27	0.78	1.00	0.43	0.23
12	0.83	0.79	0.78	0.71	0.57	0.58	0.65	0.63	0.75	0.44	0.43	1.00	0.75
13	0.68	0.71	0.62	0.65	0.41	0.53	0.68	0.47	0.79	0.23	0.2	0.75	1.00

자료제공: 중국경제정보분석(CEIA)

차이나모바일은 지아따쿤지, 루지아B주, 위에티엔리를 제외하고 전 종목에 걸쳐 0.7 내외의 높은 연관성을 보이고 있다. 업종연관성, 기업규모 등이 작용한 결과로 생각된다. 금융주(보험, 은행)는 자원과 물류주 간의 연관성이 대체로 높게 감지되었다. 이들 종목 대부분이 중소형주가 아닌 대형주이기 때문으로 생각된다. 대형주들은 포트폴리오 관리 측면에서 함께 편입, 운용하는 경향이 강하다. 여러분이 투자한 차이나펀드 상위 5개 종목만 검색해 보아도 알 수 있을 것이다. 업종 연관성보다는 규모에 따른 종목 간 동조화가 더 큰 효과를 발휘하는 셈이다.

3. 옐로칩 종목을 통한 도전

앞서 살펴본 포트폴리오 조합이 업종 대표주 혹은 우량주라고 정의한다면, 본 단락에서 언급될 종목들은 기업실적, 투자위험, 주가 수준 등을 감안할 때 조금 떨어지는 측면이 존재한다. 다만 스테레오 타입처럼 항상 동일하게 적용할 수는 없다. 어느 지표에 더 높은 비중을 두는가에 따라 종목평가는 달라질 수 있기 때문이다.

3.1 연 20% 수익률 목표

포트폴리오 최적화 결과 기존 포트폴리오보다 88% 정도 수익성이 향상되었다. 샤프지수는 0.08에서 0.19로 상승하였으며 목표수익률 달성확률도 52.8%로 4포인트 이상 높아졌다. 한편 블루칩과 옐로칩 성과를 비교한다면 최적화 유무를 떠나 블루칩이 옐로칩보다 현저히 우수한 것으로 나타났다. <표 14-1>에 나타난 블루칩 평균수익률은 3.59%이지만 레드칩은 2.39% 수준에 불과하다. 또한 목표수익률 달성 가능성 역시 52.8%로 블루칩 대비 3포인트

〈표 14-5〉 최적 포트폴리오 추정결과(옐로칩 - 연 20%)

단위: 주, %

종목명	현재 포트폴리오		조정범위		최적 포트폴리오	
	비중	보유수량	조정비율	비중	보유수량	조정비율
중국해양석유	7.29%	1,000	(2.84%)	(390)	4.45%	610
이엔조석탄	6.04%	1,000	(3.94%)	(651)	2.11%	349
우광자원	1.04%	1,000	3.19%	3,059	4.23%	4,059
광선철도	3.48%	1,000	7.35%	2,111	10.83%	3,111
전화b주	6.24%	1,000	8.05%	1,290	14.29%	2,290
지앙링	4.95%	1,000	(1.58%)	(319)	3.37%	681
선츠완B주	9.09%	1,000	(8.65%)	(952)	0.44%	48
항치룬	6.65%	1,000	(5.78%)	(869)	0.87%	131
차이나텔레콤	3.24%	1,000	(1.62%)	(500)	1.62%	500
베이징베이천	1.14%	1,000	4.54%	3,982	5.68%	4,982
화륜전력	17.14%	1,000	5.35%	312	22.49%	1,312
차이나라이프	27.46%	1,000	(2.13%)	(77)	25.34%	923
교통은행	6.22%	1,000	(1.93%)	(311)	4.29%	689

기존 포트폴리오			최적 포트폴리오		
평균수익률	표준편차	샤프지수	평균수익률	표준편차	샤프지수
1.27%	9.90%	0.084	2.39%	10.39%	0.188
연 20% 수익률 달성 가능성: 48.38%			연 20% 수익률 달성 가능성: 52.77%		

자료제공: 중국경제정보분석(CEIA)

정도 낮게 형성되고 있다. 현실에서도 동일한 결과가 나타날지 단언하기 힘들다. 다만 모형결과는 옐로칩보다 블루칩에 더 높은 점수를 주고 있다.

그럼 <표 14-1> 결과를 종목별로 해석하여 보자. 중국해양석유와 이엔조석탄은 비중축소를 보인 반면 우광자원, 광선철도, 전화B주는 3%~7%까지 비중이 확대되었다. 소위 블루칩 종목이 아니라면 석유, 석탄비중은 축소, 비철금속, 물류, 운수 부문은 확대를 권한 셈이다. 그 외 선츠완B주와 항치룬 역시 대폭적인 축소현상을 보이고 있다.

이상의 결과로 우리는 몇 가지 흥미로운 사실을 유추할 수 있다. 블루칩보다 자동차, 물류, 전력, 보험종목 비중이 확대된 반면 운수, 기계장비, 부동산은 상대적으로 축소된 모습을 그리고 있다. 통신의 경우 블루칩과 옐로칩 모두 비중감소를 경험하였지만 그 정도는 블루칩이 훨씬 뚜렷하였다. 보유펀드가 블루칩이 아닌 차선종목들로 구성되었다면 자동차, 전력, 물류, 보험주 비중 확대 현상이 뚜렷이 나타났을 것이다.

3.2 연 30% 수익률 목표

주어진 종목군에서 최선의 조합을 찾는 데 있다. 블루칩과 옐로칩이라는 근원적 장벽을 넘어서는 시도는 아니다. <표 14-6>에서 보듯이 동일 종목군이라면 최적화 전후의 수익률 차이는 현저하다(1.27% - >2.31%). 30% 수익률 달성 가능성 역시 최적화 이전 45%에서 49%로 향상되었다. 참고로 앞서 살펴본 블루칩의 경

〈표 14-6〉 최적 포트폴리오 추정결과(옐로칩 - 연 30%)

단위: 주, %

종목명	현재 포트폴리오		조정범위		최적 포트폴리오	
	비중	보유수량	조정비율	비중	보유수량	조정비율
중국해양석유	7.29%	1,000	2.76%	379	10.06%	1,379
이엔조석탄	6.04%	1,000	(2.35%)	(388)	3.70%	612
우광자원	1.04%	1,000	1.11%	1,065	2.15%	2,065
광선철도	3.48%	1,000	(3.06%)	(878)	0.42%	122
전화b주	6.24%	1,000	4.82%	773	11.06%	1,773
지앙링	4.95%	1,000	(1.24%)	(250)	3.71%	750
선츠완B주	9.09%	1,000	(5.19%)	(570)	3.91%	430
항치룬	6.65%	1,000	(5.98%)	(899)	0.67%	101
차이나텔레콤	3.24%	1,000	1.46%	451	4.70%	1,451
베이징베이천	1.14%	1,000	5.75%	5,049	6.89%	6,049

종목명	현재 포트폴리오		조정범위		최적 포트폴리오	
	비중	보유수량	조정비율	비중	보유수량	조정비율
화륜전력	17.14%	1,000	(7.84%)	(458)	9.30%	542
차이나라이프	27.46%	1,000	10.47%	381	37.93%	1,381
교통은행	6.22%	1,000	(0.73%)	(117)	5.49%	883

기존 포트폴리오			최적 포트폴리오		
평균수익률	표준편차	샤프지수	평균수익률	표준편차	샤프지수
1.27%	9.90%	0.084	2.31%	10.41%	0.180
연 30% 수익률 달성 가능성: 45.05%			연 30% 수익률 달성 가능성: 49.28%		

자료제공: 중국경제정보분석(CEIA)

우 이 두 수치가 3.35%와 52.6%로 나타났다. 주어진 환경에서 최선의 결과를 찾는 것보다 사전에 좋은 환경을 만드는 것이 훨씬 중요하다는 평범한 사실을 되새기게 한다.

목표수익률 변화에 따른 평균수익률은 차이는 그리 크지 않다. 2.39%에서 2.31%로 0.08포인트 정도 하락하였을 뿐이다. 달성 가능성은 53% 수준에서 49%로 4포인트 내외 하락세를 기록하였다. 동일 포트폴리오 조합이라는 가정하에서 평균수익률은 목표수익률 변동과 큰 연관성은 없는 것 같다. 시뮬레이션 자체가 영향을 준 것 같다. 일반적으로 결과치(평균수익률)보다 표준편차가 2배 이상 높게 나타난다면 모형 위험이 큰 것으로 해석한다. 본 장에 나타난 최적화 결과 그 자체가 상당한 모형 위험에 노출된 셈이다. 확대해석을 경계하는 이유도 여기에 있다.

3.3 연 50% 수익률 목표

<표 14-7>에 주어진 종목으로 연 50% 수익률을 기대한다면 30%일 때보다 자원, 운수, 부동산, 보험주 비중은 축소하고 그 대신 전력, 통신, 은행주는 확대하여야 될 것 같다. 자원, 운수, 부동산은 연계산업이라는 공통분모가 있지만 꼭 경제적 연관성으로 단정할 근거는 없다. 개별종목 주가흐름에 따른 기술적 결과로 판단해도 될 것 같다. 자원, 부동산, 보험주가 전력, 통신, 은행주보다

〈표 14-7〉 최적 포트폴리오 추정결과(옐로칩 - 연 50%)

단위: 주, %

종목명	현재 포트폴리오		조정범위		최적 포트폴리오	
	비중	보유수량	조정비율	비중	보유수량	조정비율
중국해양석유	7.29%	1,000	0.14%	19	7.44%	1,019
이엔조석탄	6.04%	1,000	(4.41%)	(729)	1.64%	271
우광자원	1.04%	1,000	1.01%	974	2.06%	1,974
광선철도	3.48%	1,000	(1.68%)	(484)	1.80%	516
전화b주	6.24%	1,000	(2.12%)	(339)	4.12%	661
지앙링	4.95%	1,000	(1.85%)	(374)	3.10%	626
선츠완B주	9.09%	1,000	(4.14%)	(455)	4.96%	545
항치룬	6.65%	1,000	(5.16%)	(776)	1.49%	224
차이나텔레콤	3.24%	1,000	6.86%	2,117	10.10%	3,117
베이징베이천	1.14%	1,000	(0.92%)	(804)	0.22%	196
화륜전력	17.14%	1,000	5.72%	334	22.86%	1,334
차이나라이프	27.46%	1,000	(4.60%)	(168)	22.86%	832
교통은행	6.22%	1,000	11.14%	1,792	17.36%	2,792

기존 포트폴리오			최적 포트폴리오		
평균수익률	표준편차	샤프지수	평균수익률	표준편차	샤프지수
1.27%	9.90%	0.084	2.41%	10.10%	0.195
연 50% 수익률 달성 가능성: 38.48%			연 50% 수익률 달성 가능성: 43.11%		

자료제공: 중국경제정보분석(CEIA)

높은 등락세를 보인 것은 사실이다.

목표수익률 50% 실현확률은 43% 수준으로 30%일 때보다 7포인트 정도 하락하였다. 샤프지수와 평균수익률 모두 앞서 살펴본 목표수익률 30%보다는 약간 높게 나타났다. 시뮬레이션 과정에 의한 결과로 판단된다. 포트폴리오 운용지표는 최적화 이전보다 최적화 이후 결과가 모두 우수한 것으로 나타났다.

3.4 종목별 상관관계

앞서 블루칩 종목 간 상관관계를 통하여 유추한 결론이 옐로칩에서도 비슷하게 적용된다면 우리는 이러한 추정을 조금 일반화할 수 있을 것이다. 결론적으로 보면 앞서 살펴본 블루칩 경우와 거의 비슷한 내용을 담고 있다. 블루칩의 경우와 같이 자원주(석유, 석탄) 간의 깊은 동조화를 관찰할 수 있었다. 증시의 경우 석유주와 석탄주는 대체제가 아닌 보완재 성격을 가지고 있는 셈이다. 다만 물류주(광선철도)는 동조화의 틀을 벗어나는 모습을 보였다. 이는 철도를 통한 운송대상이 고속도로보다 제한적이라는 사실이 작용된 것 같다. 한편 우광자원은 강서동업과 달리 석유, 석탄주와 유사한 패턴을 나타내고 있다. 강서동업은 구리, 우광자원은 알루미늄이 주력제품이라는 차이점이 영향을 미친 것으로 판단된다. 중국해양석유, 이엔조석탄, 우광자원을 자원주로 함께 묶어 바라볼 수 있을 것이다.

또한 전화B주는 선츠완B주 및 항치룬과 높은 동조화를 보이고 있는데, 이는 이들 종목이 홍콩증시가 아닌 B주에 편입되어 있다는 공통점이 있기 때문이다. 개별종목 주가흐름은 업종, 종목보다 소속 시장(홍콩, 본토A, 본토B)에 더 좌우된다고 볼 수 있다. 앞서 살펴본 블루칩과 같이 동종규모(대형주 혹은 중소형주) 간의 동조화가 이종보다 더 높은 현상은 금번 옐로칩에서도 관찰되었다.

〈표 14-8〉 옐로칩 종목 간 상관관계

	1	2	3	4	5	6	7	8	9	10	11	12	13
1	1.00	0.81	0.78	0.45	0.48	0.36	0.51	0.33	0.78	0.51	0.72	0.69	0.74
2	0.81	1.00	0.79	0.53	0.60	0.48	0.79	0.49	0.66	0.59	0.74	0.64	0.65
3	0.78	0.79	1.00	0.49	0.55	0.36	0.61	0.39	0.62	0.52	0.73	0.66	0.64
4	0.45	0.53	0.49	1.00	0.49	0.55	0.73	0.75	0.58	0.68	0.57	0.62	0.51
5	0.48	0.60	0.55	0.49	1.00	0.52	0.64	0.71	0.55	0.43	0.59	0.62	0.55
6	0.36	0.48	0.36	0.55	0.52	1.00	0.61	0.68	0.36	0.32	0.42	0.61	0.47
7	0.51	0.79	0.61	0.73	0.64	0.61	1.00	0.64	0.56	0.77	0.66	0.70	0.55
8	0.33	0.49	0.39	0.75	0.71	0.68	0.64	1.00	0.54	0.50	0.51	0.52	0.52
9	0.78	0.66	0.62	0.58	0.55	0.36	0.56	0.54	1.00	0.53	0.74	0.70	0.71
10	0.51	0.59	0.52	0.68	0.43	0.32	0.77	0.50	0.53	1.00	0.45	0.45	0.38
11	0.72	0.74	0.73	0.57	0.59	0.42	0.66	0.51	0.74	0.45	1.00	0.83	0.75
12	0.69	0.64	0.66	0.62	0.62	0.61	0.70	0.52	0.70	0.45	0.83	1.00	0.80
13	0.74	0.65	0.64	0.51	0.55	0.47	0.55	0.52	0.71	0.38	0.75	0.80	1.00

자료제공: 중국경제정보분석(CEIA)

4. 핑크칩 종목의 존재 의의

일정한 투자가치와 장래성을 가진 종목들을 '핑크칩'으로 정의하였다. 핑크빛 환상이 현실화된다면 의외의 선물을 안겨줄 수도 있을 것이다. 투자위험 정도는 블루칩과 레드칩보다 높을 것으로 생각된다. 그럼 앞서 살펴본 절차에 따라 핑크칩 포트폴리오를 분석해 보도록 한다.

4.1 연 20% 수익률 목표

핑크칩 평균수익률을 살펴보면 2.42%로 조사되었다. 블루칩 (3.59%)의 아성을 무너트리지는 못하였지만 옐로칩(2.39%)보다 소폭 높게 나타났다. 상황에 따라 옐로칩와 핑크칩은 스위칭될 수 있다는 것을 의미한다. 또는 그 구분이 명확하지 않을 수도 있다. 선두가 아니라면 업계 2위인지 혹은 3위인지는 별 관심을 받지 못한다. 참고로 블루칩, 옐로칩과는 달리 핑크칩에는 B주가 유달리 많이 포함되어 있다. 일정한 분석기준에 따라 종목군이 편성되었다는 점을 감안할 때 우연으로 치부하기는 힘들다.

20% 목표수익률 달성 가능성은 52.5% 정도로 옐로칩과 비슷한 수치를 제시하고 있다. 상기의 지표만으로 본다면 옐로칩과 핑크칩이 주객전도된 것 같다. 하지만 샤프지수를 검토한다면 또 다른 일면을 발견할 수 있을 것이다. 핑크칩의 샤프지수는 0.163으로 옐로칩 0.188보다 0.02 이상 낮게 나타났다. 즉 위험 대비 포트폴리오 성과는 옐로칩이 핑크칩보다 높은 셈이다. 이 결과는 차후 언급될 30%, 50% 수익률에서도 동일하게 관찰되었다.

20% 목표수익률을 기준으로 핑크칩을 최적화하였을 경우 동평자동차, 지띠엔B주, 중국재산 등을 제외한 대부분 종목이 비중축소를 보였다. 특히 페트로차이나, 이타이B주, 중지B주, 완커B주, 건설은행의 감소세가 두드러진다. 자원, 물류, 부동산보다는 기계장비와 보험종목에 힘을 더 실어준 셈이다. 핑크칩 특성을 감안할 때 방어형 종목에 비중이 쏠리는 최적화 결과는 타당한 면이 존재한다. 보유종목들이 수익추구형이라면 안정형 혹은 방어형 종목도 일정비율 편성시키는 것이 좋을 것 같다. 그럼 연 30%의 경우 어

떤 결과가 도출되는지 살펴보기로 하자.

〈표 14-9〉 최적 포트폴리오 추정결과(핑크칩-연 20%)

단위: 주, %

종목명	현재 포트폴리오		조정범위		최적 포트폴리오	
	비중	보유수량	조정비율	비중	보유수량	조정비율
페트로차이나	9.56%	1,000	(9.41%)	(984)	0.15%	16
이타이B주	25.10%	1,000	(4.75%)	(189)	20.34%	811
쯔진광업	4.12%	1,000	(2.77%)	(671)	1.36%	329
심천국제	0.48%	1,000	2.80%	5,858	3.28%	6,858
중지B주	6.78%	1,000	(5.90%)	(869)	0.89%	131
동펑자동차	3.32%	1,000	5.02%	1,514	8.33%	2,514

종목명	현재 포트폴리오		조정범위		최적 포트폴리오	
	비중	보유수량	조정비율	비중	보유수량	조정비율
진강B주	3.48%	1,000	(1.98%)	(569)	1.50%	431
지띠엔B주	6.40%	1,000	15.08%	2,356	21.47%	3,356
차이나유니콤	16.17%	1,000	(1.09%)	(68)	15.07%	932
완커B주	7.84%	1,000	(5.04%)	(642)	2.81%	358
화능국제	6.93%	1,000	0.96%	139	7.89%	1,139
중국재산	3.96%	1,000	11.13%	2,810	15.08%	3,810
건설은행	5.87%	1,000	(4.04%)	(688)	1.83%	312

기존 포트폴리오			최적 포트폴리오		
평균수익률	표준편차	샤프지수	평균수익률	표준편차	샤프지수
1.29%	11.79%	0.072	2.42%	12.13%	0.163
연 30% 수익률 달성 가능성: 48.73%			연 30% 수익률 달성 가능성: 52.47%		

자료제공: 중국경제정보분석(CEIA)

4.2 연 30% 수익률 목표

<표 14-10> 최적 포트폴리오 추정결과(핑크칩 - 연 30%)

단위: 주, %

종목명	현재 포트폴리오		조정범위		최적 포트폴리오	
	비중	보유수량	조정비율	비중	보유수량	조정비율
페트로차이나	9.56%	1,000	(2.03%)	(212)	7.53%	788
이타이B주	25.10%	1,000	(2.56%)	(102)	22.54%	898
쯔진광업	4.12%	1,000	(1.04%)	(253)	3.08%	747
심천국제	0.48%	1,000	0.36%	763	0.84%	1,763
중지B주	6.78%	1,000	(5.86%)	(864)	0.92%	136
동펑자동차	3.32%	1,000	(1.71%)	(515)	1.61%	485
진강B주	3.48%	1,000	3.53%	1,014	7.01%	2,014
지띠엔B주	6.40%	1,000	1.48%	231	7.88%	1,231
차이나유니콤	16.17%	1,000	6.55%	405	22.72%	1,405
완커B주	7.84%	1,000	(7.47%)	(953)	0.37%	47

종목명	현재 포트폴리오		조정범위		최적 포트폴리오	
	비중	보유수량	조정비율	비중	보유수량	조정비율
화능국제	6.93%	1,000	4.19%	605	11.11%	1,605
중국재산	3.96%	1,000	(3.74%)	(944)	0.22%	56
건설은행	5.87%	1,000	8.30%	1,414	14.16%	2,414

기존 포트폴리오			최적 포트폴리오		
평균수익률	표준편차	샤프지수	평균수익률	표준편차	샤프지수
1.29%	11.79%	0.072	2.23%	10.62%	0.169
연 20% 수익률 달성 가능성: 45.92%			연 20% 수익률 달성 가능성: 49.00%		

자료제공: 중국경제정보분석(CEIA)

일반적인 결과는 앞 단락과 거의 동일한 결론을 제시하고 있다. 물론 시뮬레이션 결과에 따른 임의성이 충분히 개입될 소지는 많다. 그 점을 감안하더라도 핑크칩이 블루칩을 능가하는 결과는 여전히 감지되지 않는다. 목표수익률을 20%에서 30%로 상향 조정하여도 페트로차이나, 이타이B주, 중지B주, 완커B주 비중축소 현상은 동일하게 관찰되었다. 다만 중국재산 대신 건설은행이 그 자리를 차지하였다. 같은 금융업이라도 은행과 보험은 그 성격을 상이하게 보는 것 같다. 블루칩, 옐로칩, 핑크칩 유무를 떠나 나타내고 있다.

은행과 보험주를 포트폴리오에 편입시키지 않는 투자자는 드물 것이다. 은행주와 보험주는 상반된 패턴으로 비중을 조정하는 것이 더 효과적이라는 점을 감안하길 바란다. 보험과 은행을 같은 금융주로 묶어 동일한 방향으로 비중을 조정하는 우는 피하는 것이 좋을 것 같다.

4.3 연 50% 수익률 목표

몇 개 종목에 투자비중이 집중되는 현상은 블루칩, 옐로칩, 핑크칩 유무에 상관없이 동일하게 관찰되었다. 실제 운용 중인 펀드에서도 상위 5개 종목이 전체 투자비중의 과반수를 점하는 것을 흔히 목격할 수 있다. 또한 이들 대부분은 대형주에 편입되어 있다. 여러분이 실제 포트폴리오를 구성하거나 혹은 펀드를 매입할 때 핵심이 되는 종목 5개는 1장에서 살펴본 기업가치 분석절차에 따라 철저히 선정, 점검하길 바란다. 여러분의 투자펀드 혹은 포트폴리오가 블루칩이 될지 혹은 옐로칩, 핑크칩이 될지는 그 속에서 좌우될 공산이 크다.

〈표 14 – 11〉 최적 포트폴리오 추정결과(핑크칩 – 연 50%)

단위: 주, %

종목명	현재 포트폴리오		조정범위		최적 포트폴리오	
	비중	보유수량	조정비율	비중	보유수량	조정비율
페트로차이나	9.56%	1,000	(0.30%)	(31)	9.27%	969
이타이B주	25.10%	1,000	(3.62%)	(144)	21.48%	856
쯔진광업	4.12%	1,000	(3.43%)	(831)	0.70%	169
심천국제	0.48%	1,000	7.25%	15,173	7.73%	16,173
중지B주	6.78%	1,000	(4.95%)	(729)	1.84%	271
동펑자동차	3.32%	1,000	0.12%	36	3.43%	1,036
진강B주	3.48%	1,000	4.57%	1,314	8.05%	2,314
지띠엔B주	6.40%	1,000	1.51%	237	7.91%	1,237
차이나유니콤	16.17%	1,000	(0.81%)	(50)	15.36%	950
완커B주	7.84%	1,000	(6.36%)	(812)	1.48%	188
화능국제	6.93%	1,000	(3.17%)	(458)	3.75%	542
중국재산	3.96%	1,000	3.84%	969	7.80%	1,969
건설은행	5.87%	1,000	5.34%	910	11.21%	1,910

기존 포트폴리오			최적 포트폴리오		
평균수익률	표준편차	샤프지수	평균수익률	표준편차	샤프지수
1.29%	11.79%	0.072	2.24%	11.34%	0.159
연 30% 수익률 달성 가능성: 40.37%			연 30% 수익률 달성 가능성: 43.26%		

자료제공: 중국경제정보분석(CEIA)

<표 14-5>에서도 이제까지의 일반적인 결론은 거의 대부분 적용되고 있다. 높은 수익률의 대가로 실현 가능성은 하락세를 보였으며, 샤프지수도 가장 낮게 나타났다. 평균수익률은 2.24%로 최적화 이전 1.29%보다 70% 이상 높게 형성되었다. 또한 페트로차이나, 이타이B주, 중지B주, 완커B주 비중축소 현상도 관찰되었다. 시뮬레이션 결과는 임의성이 강력히 작용한다. 하지만 그것도 기초데이터를 바탕으로 이루어지는 행위이다. 기초를 벗어난 완전 새로운 결과를 창조하지는 않는다.

4.4 종목별 상관관계

핑크칩의 경우 우선 종목 간의 동조화 정도가 블루칩과 옐로칩보다 낮게 형성되고 있다. 이는 B주가 대거 포진됨에 따라 시장 간의(홍콩, 본토B주) 차별화가 부각되었기 때문이다. 업종별로는 자원주 간의 높은 동조화와 자원, 물류주 간의 심화된 관계를 발견할 수 있었다. 이는 블루칩, 옐로칩에서도 동일하게 관찰된 현상이다. 심천국제의 경우 페트로차이나와 0.82의 상관관계를 나타내고 있다. 다만 이타이B주는 중국선화, 이엔조석탄과 달리 소외 경향을 보인다. 홍콩이 아닌 중국본토에 상장된 종목이기 때문이다.

<표 14-12> 핑크칩 종목 간 상관관계

	1	2	3	4	5	6	7	8	9	10	11	12	13
1	1.00	0.26	0.64	0.82	0.40	0.61	0.17	0.34	0.63	0.43	0.69	0.68	0.70
2	0.26	1.00	0.41	0.58	0.52	0.39	0.69	0.71	0.43	0.44	0.41	0.51	0.53
3	0.64	0.41	1.00	0.66	0.28	0.71	0.17	0.34	0.48	0.40	0.40	0.66	0.64
4	0.82	0.58	0.66	1.00	0.62	0.63	0.48	0.52	0.61	0.58	0.64	0.66	0.74
5	0.40	0.52	0.28	0.62	1.00	0.49	0.59	0.66	0.52	0.59	0.49	0.41	0.38
6	0.61	0.39	0.71	0.63	0.49	1.00	0.26	0.44	0.50	0.46	0.53	0.69	0.63
7	0.17	0.69	0.17	0.48	0.59	0.26	1.00	0.79	0.29	0.28	0.36	0.24	0.18
8	0.34	0.71	0.34	0.52	0.66	0.44	0.79	1.00	0.50	0.52	0.52	0.56	0.31
9	0.63	0.43	0.48	0.61	0.52	0.50	0.29	0.50	1.00	0.55	0.55	0.53	0.55
10	0.43	0.44	0.40	0.58	0.59	0.46	0.28	0.52	0.50	1.00	0.49	0.58	0.60
11	0.69	0.41	0.40	0.64	0.49	0.53	0.36	0.52	0.55	0.49	1.00	0.57	0.60
12	0.68	0.51	0.66	0.66	0.41	0.69	0.24	0.56	0.53	0.58	0.57	1.00	0.65
13	0.70	0.53	0.64	0.74	0.38	0.63	0.18	0.31	0.55	0.60	0.60	0.65	1.00

자료제공: 중국경제정보분석(CEIA)

동펑자동차의 경우 B주 종목보다는 홍콩상장 주식들과의 동조화가 월등히 높게 조사되었다. 또한 대형주 간에 밀접한 주가흐름은 핑크칩에서도 동일하게 관찰되었다. 앞 단락에서도 언급했지만 동종규모 간의 동조화가 이종보다 더 높은 현상은 종목 자체 호불호(好不好)와는 그리 큰 연관성이 없는 것 같다. 철저한 기업분석 없이 기업규모만을 기준으로 포트폴리오(펀드) 형성할 가능성 역시 존재한다. 차이나유니콤은 페트로차이나와 0.63으로 가장 높은 동조화를 보였다. 석유와 통신 부분 대형주라는 공통점이 작용한 것 같다. 완커B주는 건설은행과 0.6으로 가장 밀접한 동조화를 보이고 있다. 공상, 중국은행과 달리 부동산 부문에 강점을 가진 건설은행이라는 점이 고려된 것으로 판단된다. 다음 단락에서는 지금까지 살펴본 내용을 간략히 요약해 보기로 한다.

5. 종합평가

본 장에서는 블루칩, 옐로칩, 핑크칩으로 구분하여 개별 포트폴리오 성과를 비교 검토하였다. 또한 각 포트폴리오에 편입된 종목 간의 상관관계를 통하여 업종, 종목, 기업규모별 동조화 특징을 살펴보았다. 이상의 과정을 통하여 우리는 다음과 같은 몇 가지 사실을 유추해 낼 수 있었다.

첫째, 기존 포트폴리오보다 최적화 작업을 거친 포트폴리오가 전 부문에 걸쳐 우수한 성과를 제시하고 있다. 또한 투자자가 보유 중인 종목들이 블루칩인지 혹은 옐로칩, 핑크칩인지 판단유무를 떠나 최적화를 통한 비중조정만으로 70%~80% 내외의 수익률 향상효과를 기대할 수 있었다.

둘째, 블루칩 종목으로 편성된 포트폴리오가 기타 옐로칩, 핑크칩보다 뛰어난 운용성과(수익률, 베타계수, 목표 수익률 달성 가능성)를 나타내었다. 옐로칩과 핑크칩의 경우 그 결과는 뚜렷하지 않다. 투자위험을 고려한다면 옐로칩이 핑크칩보다는 약간 우위에 있다고 볼 수도 있다.

셋째, 개별종목 주가흐름은 업종, 종목보다 소속 시장(홍콩, 본토A, 본토B)에 더 좌우되는 경향을 나타내었다. 또한 동종규모 간의 동조화가 이종보다 더 높게 조사되었다.

넷째, 동종 혹은 연관업종 간의 동조화가 이종업종보다 높게 조사되었다. 일례로 자원(석유, 석탄, 비철금속 등)과 물류주, 자동차와 운수주 간의 밀접한 주가흐름을 손꼽을 수 있다. 반면 전력과 부동산주는 타 업종(종목)과 약간 동떨어진 흐름을 보이고 있다.

이상의 특징들이 언제나 일괄적으로 적용된다고 보기 힘들다. 하지만 최적화 노력 없이 맹목적인 매매행위를 반복한다면 허공에 돈을 뿌리는 결과를 초래할 것이다. 더 높은 수익률을 향하여 탐구하고 노력하는 이에게 시장은 우선적으로 보답한다.

14장에 걸친 긴 여정은 본 장을 끝으로 마무리를 하고자 한다. 탁탁한 문체와 내용으로 편안히 읽혀지는 부문이 드물 것이다. 『중국주식투자바이블(Ⅰ)』과 달리 수필과 같은 편안한 분위기로 독자 여러분을 찾을 생각이었지만 결국 건조한 글로 본서를 마무리하였다. 머리말에서도 언급했지만 본서는 최소 1년, 최대 3년을 염두에 두고 기업가치와 주가분석을 진행하였다. 저자 입장에서 본서에 표현된 모든 내용을 정독하기를 희망하지만 쉽지 않을 것이다. 향후 투자함에 있어서 필요한 부문 혹은 점검할 내용만 발췌해서 투자에 참고하는 것도 괜찮은 접근법이다.

중국경제정보분석(CEIA) ─────────────────────────

중국경제분석 전문 업체로 주 연구분야는 중국경제와 금융, 주식시장과 상장기업 분석 등이다. 정성적 분석과 더불어 정량적 분석 업무도 함께 제공한다.

홈페이지: http://www.ceia.co.kr

2009
중국주식투자바이블 2

초판인쇄 | 2009년 4월 30일
초판발행 | 2009년 4월 30일

지은이 | CEIA
펴낸이 | 채종준
펴낸곳 | 한국학술정보㈜
주　소 | 경기도 파주시 교하읍 문발리 513-5 파주출판문화정보산업단지
전　화 | 031) 908-3181(대표)
팩　스 | 031) 908-3189
홈페이지 | http://www.kstudy.com
E-mail | 출판사업부　publish@kstudy.com

등　록 | 제일산-115호(2000. 6. 19)
가　격　32,000원

ISBN 　　　　　　　　　　　　Paper Book)
　　978-89-534-2192-9 18320 (e-Book)